U0926003

"六个浙江"研究丛书

全面依法治国
建设法治浙江

唐明良 等 / 著

Advancing Law-based Governance
Building Rule of Law in Zhejiang

社会科学文献出版社
SOCIAL SCIENCES ACADEMIC PRESS (CHINA)

“六个浙江”研究丛书
总　序

中共浙江省委书记
浙江省人大常委会主任　车俊

党的十九大将习近平新时代中国特色社会主义思想确立为我们党必须长期坚持的指导思想，高高举起了新时代中国共产党人的精神旗帜。学习贯彻党的十九大精神，最重要的就是深入学习领会习近平新时代中国特色社会主义思想这个党的十九大精神的“纲”和“魂”，用当代马克思主义中国化最新成果武装头脑、指导实践、推动工作。

浙江是中国革命红船的起航地、改革开放的先行地，也是习近平新时代中国特色社会主义思想的重要萌发地。2003 年 7 月，时任浙江省委书记习近平同志通过深入调研、深邃思考，在科学判断国际国内形势和全面把握浙江省情的基础上，作出了“八八战略”等重大决策部署，并全面推进平安浙江、法治浙江、文化大省、生态省建设和加强党的执政能力建设，在省域层面对中国特色社会主义进行了卓有成效的理论创新和实践创新。习近平总书记在浙江的探索和实践，与习近平新时代中国特色社会主义思想是前后相续、融会贯通的，在理论渊源、实践基础、思想内涵上具有内在一致性。浙江这些年改革发展取得的一切成就，是“八八战略”引领和实践的结果，也充分证明习近平新时代中国特色社会主义思想在浙江大地已经落地生根、正在开花结果，日益彰显出巨大的理论力量和实践力量。

思想灯塔照耀奋进之路，真理火炬引领前行方向。2017 年 6 月召开的浙江省第十四次党代会，根据习近平总书记对浙江提出的“在提高全面建成小康社会水平上更进一步，在推进改革开放和社会主义现代化建设中更快一步，继续发挥先行和示范作用”的要求，确定了“坚定不移沿着‘八八战略’指引的路子走下去”的主题主线，提出了“高水平全面建成小康社会，高水平推进社会主义现代化建设”的总目标和“富强浙江、法治浙江、文化浙江、平安浙江、美丽浙江、清廉浙江”的具体目标，确立了“改革强省、创新强省、开放强省、人才强省”的工作导向，描绘了今后一个时期浙江发展的美好蓝图。2017 年 11 月召开的省委十四届二次全会，深入学习贯彻十九大精神和习近平总书记南湖重要讲话精神，作出了《中共浙江省委关于高举习近平新时代中国特色社会主义思想伟大旗帜，奋力推进“两个高水平”建设的决定》，对“两个高水平”奋斗目标作了相应的具体安排，确保到 2020 年高水平全面建成小康社会，这个目标实现之后，分两个阶段高水平全面建设社会主义现代化：2020～2035 年，全面建成富强浙江、法治浙江、文化浙江、平安浙江、美丽浙江、清廉浙江，高水平完成基本实现社会主义现代化的目标；从2035年到本世纪中叶，全面提升物质文明、政治文明、精神文明、社会文明、生态文明水平，在我国建成富强民主文明和谐美丽的社会主义现代化强国的新征程中继续走在前列、勇立潮头。当前，浙江广大干部群众正高举习近平新时代中国特色社会主义思想伟大旗帜，大力弘扬红船精神，以永不懈怠的精神状态和勇往直前的奋斗姿态，坚定不移沿着“八八战略”指引的路子走下去，加快推进“两个高水平”建设，奋力谱写新时代中国特色社会主义浙江篇章。

浙江省社会科学院是我省学习、宣传、研究习近平新时代中国特色社会主义思想的重要阵地。一段时间以来，省社科院认真贯彻省委要求，组织科研骨干力量，积极开展“践行‘八八战略’、建设‘六个浙江’”专题研究，这对于浙江广大干部学懂弄通做实习近平新时代中国特色社会主义思想，更好地贯彻落实十九大精神和省第十四次党代会精神，具有重要的意义。希望省社科院紧紧围绕深入学习宣传贯彻习近平新时代中国特色社会主义思想，充分发挥哲学社会科学的综合学科优势，继续组织开展源头性研究、基础性研究、系统性研究、前瞻性研究，努力推出更多的具有理论深度、实践力度、情感温度的研究成果，为浙江加快“两个高水平”建设提供有力的智力支持。

目　录

导 言

习近平总书记在浙江工作期间，针对浙江“先成长先烦恼”的现实挑战，率先就省域层面社会主义法治建设的战略布局进行探索，于2006年作出建设法治浙江的重大决策。围绕法治浙江的决策和实施，习近平就法治建设的重要意义、重大原则、基本路径等作出了一系列重要论述，推动浙江走在社会主义民主和法治建设的前列。十多年来，历届省委坚决贯彻习近平同志关于建设法治浙江的重要论述，坚持把建设法治浙江作为一项重大战略任务，探索构建了党委统一领导，人大、政府、政协分口负责，逐级逐层抓落实的法治建设工作体制机制，浙江经济、政治、文化、社会和生态文明建设各个领域的法治化水平得到了显著提升，成为全国公认的法治化程度最高的省域之一。

党的十九大报告作出了“中国特色社会主义进入了新时代”的重大论断。这一论断不仅对我国发展新的历史定位予以明确，而且也为全面推进依法治国、建设法治中国指明了方向，提出到2035年实现“人民平等参与、平等发展权利得到充分保障，法治国家、法治政府、法治社会基本建成，各方面制度更加完善，国家治理体系和治理能力现代化基本实现”的战略目标。浙江在“八八战略”的指引下，在“两个高水平”奋斗目标的奋斗道路上，根据党的十九大的部署，按照省第十四次党代会和十四届省委二次全会提出的“在提升各领域法治化水平上更进一步、更快一步，努力建设法治浙江”“到2035年……全面建成法治浙江”的目标要求，不断提升全省经济、政治、文化、社会、生态文明建设以及党的建设法治化水平，为全面推进依法治国、建设社会主义法治国家、建设法治中国作出浙江贡献。

建设社会主义现代化强国，必须坚持全面依法治国，建设中国特色社会主义法治体系、建设社会主义法治国家。同样，省域现代化的实现，也需要区域法治的现代化。“八八战略”再深化，改革开放再出发。新时代深化法治浙江建设，需要进一步增强“四个自信”，坚定不移地走中国特色社会主义政治道路和法治道路，将法治精神落实到“两个高水平”建设的各领域各环节；进一步推进中国特色社会主义政治制度在浙江的生动实践，健全人民群众在国家政治生活和社会生活中当家做主的运行机制；进一步统筹推进科学立法、严格执法、公正司法、全民守法，推进浙江法治建设继续走在前列；进一步深化法治政府建设，努力使法治成为浙江核心竞争力的重要组成部分；进一步把“以人民为中心”的理念贯穿于法治浙江建设全过程各领域，不断增强人民群众对法治的信任感；进一步强化基层民主政治建设与法治建设的联动机制，不断提升基层治理的民主化法治化水平。[①]

本书以习近平新时代中国特色社会主义思想为指导，全面贯彻习近平总书记关于全面依法治国的重要论述，在全面依法治国的大背景下，就如何建设一个“更加公平正义的法治浙江”作出理论探讨，提出对策建议。换言之，本书的主要意旨是立足于对未来的展望，并提出一些学理上的建议，而非对法治浙江建设成就所做的总结。各章内容如下。

第一章在回顾法治浙江发生、发展的历程及其基本内涵、特征的基础上，对新时代法治浙江建设的新方向作出展望。新时代法治浙江建设应当以习近平总书记关于全面依法治国的新理念新思想新战略为根本遵循，在“两个高水平”建设的征程中，使法治成为浙江核心竞争力的重要组成部分，让法治浙江建设的先行优势进一步转化为领跑态势。

第二章围绕党对法治浙江建设的领导展开。加强党对法治建设的领导，需要进一步发挥省委全面依法治省委员会的枢纽作用，加强党对法治建设的统一领导；完善党委依法决策机制，促进党的政策和国家法律互联互动；党领导地方立法、保证行政执法、支持司法机关依法独立公正行使司法职权，同时党自身要带头守法。加强党对法治浙江建设的领导，还需要健全我省党内法规制度体系，完善党内规范性文件备案审查制度，强化党政联合发文规范化建设。

---

① 参见浙江省中国特色社会主义理论体系研究中心《从法治浙江到“法治中国”》（执笔人：何显明、陈柳裕），载《浙江日报》2018 年 7 月 22 日。

第三章聚焦立法。法治和治理现代化，离不开立法的现代化，在地方，要坚持科学立法理念，为经济、政治、文化、社会和生态文明建设提供立法引领和立法保障。我们既要注重立法过程，也要注重立法结果，即以“科学地立法”达致“科学的立法”。实现科学立法，需要完善地方立法体制，关键在于真正发挥人大及其常委会在立法工作中的主导作用，明确地方立法权限边界和范围边界，提升设区的市的地方立法能力和水平，健全地方立法中“释法”的体制机制，加强备案审查、维护法治统一。实现科学立法，还需要围绕“两个高水平”建设布局地方立法重点领域，加强促进高质量发展、民主政治建设、教育文化事业发展、民生改善、社会治理创新和生态文明建设的地方立法。

第四章在提出与两个高水平建设相适应的法治政府建设目标与愿景基础上，分析浙江目前在法治政府建设领域的短板，并以问题为导向，提出依法全面履行政府职能、推进行政决策科学化民主化和法治化、坚持严格规范公正文明执法、强化对行政权力的制约和监督、依法有效化解矛盾纠纷等方面的法治政府建设建议，认为：应当持续深化“最多跑一次”改革，打造平台型法治政府；以区域治理和法治现代化的标准实现“机构、职能、权限、程序、责任法定化”；强化和实化重大行政决策法定程序的履行，提升公共政策的“良法”品质；落实和深化重大行政执法决定法制审核、执法公示和执法全过程记录等三项制度；创新执法方式解决“刚性不刚，柔性不柔”问题；建构地方行政程序立法2.0版本，加强对行政权力的程序制约等。

第五章关注公正司法。推进公正司法，努力让人民群众在每一个司法案件中感受到公平正义，是建设更高水平法治浙江的必由之路。在提出公正司法价值基准的基础上，提出“两个高水平”建设背景下浙江推进公正司法的目标导向。实现这一目标，需要巩固和完善司法体制改革的“四梁八柱”，包括：进一步通过体制机制建设解决案多人少的矛盾；推进以审判为中心的诉讼制度改革；全面深化和落实司法责任制。实现这一目标，需要深入推进司法体制综合配套改革，着力提升司法办案质效，夯实司法人才正规化专业化职业化发展的制度保障，维护司法权威、优化法治环境。实现这一目标，需要以科技融合释放司法改革红利，充分发挥杭州互联网法院的

"头部效应"，推动全方位"智能司法"。

第六章是促进全民守法。本章认为，全民守法与法治社会建设密切相关，全民守法是法治社会最核心的构成要素和基本特征。普法责任制是促进全民守法的一大抓手。其中，在深化普法责任制方面，需要按照"谁主管谁负责""谁执法谁普法"的要求，完善"谁执法、谁普法"的体制机制架构，解决好谁普法、普何种法、如何普法以及普法绩效评估等关键性问题。进入新时代，自治、法治、德治等"三治融合"是促进全民守法的另外一个主要抓手。其中，德治是自律，主要依靠自我监督，体现为守信；法治是他律，主要是依靠他人的监督，体现为守法；自治是在德治和法治的基础上的一种自我治理，是法治社会建设的重要组成部分。

第七章研讨高水平建设法治浙江的评估体系。如何评估法治浙江建设取得的成就和经验，诊断法治浙江建设中存在的短板，是高水平建设法治浙江的重要组成部分。本章认为，随着形势的变化，如何建构更科学的法治浙江评估体系，也面临着新时代的挑战和压力。高水平建设法治浙江，也需要高水平的法治浙江评估体系。这需要我们在总结归纳已有法治浙江评估的经验基础上，围绕中心工作和法治浙江建设的未来愿景，梳理积弊，提升创新，对法治浙江评价体系进行重新思考、价值重塑和方法重构。本章尝试在原有制度基础上拟定高水平建设法治浙江评估标准与实施办法，形成新时代法治浙江建设成效的科学评价体系，切实发挥法治评估对高水平建设法治浙江的助推作用。

第一章
新时代法治浙江建设的基本背景和科学内涵

从法治浙江到法治中国，站在新的历史方位上，着力决胜全面建成小康社会实现第一个百年奋斗目标，着眼国家富强、人民幸福、民族复兴中国梦实现第二个百年奋斗目标，我们比任何时候更有决心、更有信心、更有能力在党的领导下按照“五位一体”总体布局，坚定不移推进全面依法治国，把我国建设成为社会主义现代化法治强国。新时代的法治浙江建设，也应立足于建设现代化法治强国的总目标，让法治成为浙江核心竞争力的重要组成部分，为两个高水平建设提供强有力的现代化法治引领和法治保障。

第一节　法治浙江：先发地区的先行法治化实践

法治浙江是习近平同志在浙江工作期间首次提出来的，是“法治中国”在省域层面的大胆实践与创新探索。自 2006 年 4 月习近平同志开创并实施法治浙江战略十多年来，我省不断推进法治浙江战略，探索构建了党委统一领导，人大、政府、政协分口负责，逐级逐层抓落实的法治建设工作体制机制，在不断发展党内民主，有效开展党内法规制度体系建设的同时，积极运用法治思维和法治方式深化改革、推动发展、化解矛盾、维护稳定。浙江经济、政治、文化、社会和生态文明建设各个领域的法治化水平得到了显著提升，走出了一条经济发达地区法治先行先试的新路子，为法治中国建设提供了鲜活的样本。

一 法治浙江战略的提出

（一）在浙江现代化建设总体布局中谋划法治，法治浙江雏形初现

21 世纪以来，浙江进入了全面建设小康社会的攻坚阶段。这一时期既是发展的战略机遇期，又是社会矛盾的凸显期，城乡发展不协调、区域发展不平衡、收入差距扩大以及利益关系调整等引发的人民内部矛盾，迫切需要在社会主义法治框架下予以解决。2002 年，习近平同志到浙江工作后，坚持调研开局、调研开路，在跑深吃透浙江省情、市情、县情基础上，省委相继作出了“八八战略”、全面建设“平安浙江”、加快建设文化大省、加强党的执政能力建设和先进性建设等重大决策部署，有机构成了我省经济、政治、文化和社会建设“四位一体”的总体布局。正如习近平同志当时指出的，“这‘四位一体’的总体布局，是内在统一、有机联系、相辅相成、不可分割的”，体现了“历史和逻辑的一致性”“你中有我、我中有你的互动性”“科学发展的整体性”。其中，法治建设既是发展社会主义民主政治的有效途径，同时又是推进我省经济繁荣、社会发展、党的执政基础巩固的重要保障。“四位一体”总体布局的形成过程，充分体现了省委对于法治建设的高度重视和创新发展。在 2003 年 7 月浙江省委十一届四次全会作出的“发挥八个方面优势”“推进八个方面举措”（即“八八战略”）的决策部署中，法治建设与信用建设、机关效能建设一起被确定为进一步发挥浙江软环境优势的主要举措；2004 年 5 月，省委十一届六次会议对“平安浙江”建设作出了全面部署，提出了创造“四个环境”的重点内容和维护“六个安全”的工作要求，民主法制建设、推进依法治省是维护“政治安全”的重要内容；同年，省委十一届七次全会关于加强党的执政能力建设的意见，提出必须致力于巩固党执政的政治基础，全面推进法治社会建设，不断增强发展社会主义民主政治的本领；2005 年 7 月，省委十一届八次全会通过的关于加快建设文化大省的决定，提出要大力实施文化建设“八项工程”，加快建设教育、科技、卫生、体育“四个强省”，要求开展以普及科学知

识、普及法律知识为主要内容的“双普”活动，增强法治意识，弘扬科学精神等。

（二）法治浙江战略部署正式启动，开创全省法治工作新格局

习近平同志高度重视法治浙江的建设，在实施“八八战略”、建设平安浙江等重大决策部署中，都将法治建设作为重要内容。2004 年 9 月，习近平同志批示要求研究建设法治浙江问题，随后亲自主持建设法治浙江重点调研课题，组织 14 个省级部门和单位开展系统调研，在省委政策研究室具体起草《关于建设法治浙江的决定》（以下简称《决定》）的过程中，习近平同志又与省委有关领导同志亲自带队赴浙江各地开展建设法治浙江调研，派出两个由省领导带队的调研组分赴北京、上海、山东、江苏等省市考察调研，并多次就《决定》的起草工作作出重要指示。2006 年 4 月，省委十一届十次全会审议通过了《中共浙江省委关于建设法治浙江的决定》，开始了法治中国建设在省域层面的实践探索。《决定》提出的建设法治浙江的“五项基本原则”“三个坚持”“四个加强”“一个确保”，构成了习近平同志关于建设法治浙江决策部署的核心内容。

（三）一任接着一任干，法治浙江建设不断深化

法治浙江建设是一项长期的、系统的工程。2007 年以来，历届浙江省委沿着习近平同志开创的法治浙江道路砥砺前行，一任接着一任干，不断赋予浙江现代化总体布局新的时代内涵，不断提炼法治浙江建设新的工作重点和载体抓手，续写了法治浙江建设新的篇章。省第十二次党代会把建设法治浙江纳入“创业富民、创新强省”总战略，同时提出“重基层、打基础、强基本”的工作要求，把固本强基作为法治建设的关键环节重点推进，扎实推动执法、司法、普法等各项工作向基层延伸。省第十三次党代会以来，省委相继提出了建设“两富”“两美”浙江的新的目标，把建设法治浙江作为深化改革再创体制机制新优势的重要内容。2014 年省委十三届六次全会通过《中共浙江省委关于全面深化法治浙江建设的决定》，强调法治浙江建设要在六个方面继续走在前列，同时把“三改一拆”“五水共治”等省委中

心工作作为法治浙江建设的大平台、试验田、试金石和活教材。2017 年 6 月，省第十四次党代会强调要“在提升各领域法治化水平上更进一步、更快一步，努力建设法治浙江”；2017 年 11 月，省委十四届二次全会通过的《中共浙江省委关于高举习近平新时代中国特色社会主义思想伟大旗帜奋力推进“两个高水平”建设的决定》则更加鲜明地提出，建设更高水平的法治浙江，统筹推进科学立法、严格执法、公正司法、全民守法，努力在建设中国特色社会主义法治体系中走在前列。

2006 年以来法治浙江建设的生动实践，进一步加深了对为什么建设法治浙江、建设什么样的法治浙江、怎样建设法治浙江等重大问题的认识和把握，为全面深化并高水平建成法治浙江奠定了坚实的基础。

二 区域先行法治化的重要基础

区域先行法治化是指中国东部地区在其经济与社会“先发”的基础上，在国家法制统一的原则下，率先推进区域法治化。区域法治是在遵循国家法治发展的总体方向的前提下，适应特定空间范围内的区域发展的现实需求，营造有机协调的区域法治环境，推动区域发展的法治进程，是治国理政的区域性依法治理模式。[①]中国特色社会主义法治道路内在地蕴含着国家法治发展与区域法治发展协调推进的基本要求。《宪法》第 3 条规定的“遵循在中央的统一领导下，充分发挥地方的主动性、积极性的原则”，可以说从最高规范层面提供了区域法治试验的宪法依据。党的十八届四中全会决定从建设中国特色社会主义法治体系、推进国家治理现代化的战略高度，高度重视区域法治发展与区域社会治理现代化问题，提出完善立法体制，明确地方立法权限和范围，依法赋予设区的市地方立法权，完善不同层级政府特别是中央和地方政府事权法律制度，根据不同层级政府的事权和职能，合理调配执法力量；探索建立跨行政区划人民法院和人民检察院，办理跨地区案件；推进多层次多领域依法治理，深入开展多层

① 参见张文显《变革时代区域法治发展的基本共识》，载《法制现代化研究》（2013 年卷），法律出版社，2014，第 28 页。

次多形式法治创建活动，进而提高社会治理法治化水平；并且提出把法治建设成效作为衡量各级领导班子和领导干部工作实绩的重要内容，纳入政绩考核体系，等等。这些都为区域法治发展奠定了重要的制度基础。与此同时，法治的渐进性和具体性构成了区域法治的理论依据，而地方的能动性则构成了区域法治的实证基础。①

（一）法治的渐进性决定区域先行法治化的必要性

法治具有渐进性，这种渐进性既是法治的本质特点，也是由法治的实现条件所决定的。就法治本身而言，在静态意义上，法治是经济、政治、文化和社会发展到一定程度的产物，是一种比较理想的社会状态；而在动态意义上，法治则体现为从没有法治到具有法治，从法治不完善到法治逐步完善的一个历史过程，这个过程反映了法治的渐进性特征。就法治实现的条件而言，尽管不同国家实现法治的路径各不相同，而其实现程度则主要取决于这些国家或地区市场经济、民主政治和理性文化的发展程度。其中，市场经济奠定了法治的经济基础，民主政治创造了法治的政治前提，而理性文化提供了法治的文化条件。由于这些条件的满足都需要有一个过程，因此，从法治实现的条件上看，法治也就明显地体现了渐进性特征。在实现法治国家目标的过程中，法治的渐进性决定了地方法治是必要的。由于我国领土辽阔，各地经济发展程度、民主政治和文化建设程度差别较大，因而整体地、齐头并进地实现法治不仅是有难度的，实际上也是不可能的。质言之，在超大型的国家里建设法治，法治成长的区域差异客观存在，各省区所面对的问题具有一定的地方特性，因此，对于能够满足法治国家的经济、政治、文化和社会等条件的一些省份，利用制度演进和治理方略的设定，率先在某些方面达到法治国家的目标，不仅是可行的，也是必要的。可见，诸如建设法治浙江等地方法治战略在长三角这一经济、政治、文化相对比较发达的地区出现并非偶然。

首先，在经济上，浙江以民营经济为主的市场经济的发展非常迅速，浙

① 参见陈柳裕等《论地方法治的可能性——以法治浙江战略为例》，载《浙江社会科学》2006 年第 2 期。

江民营经济总产值、销售总额、社会消费品零售额、出口创汇额、全国民营经济 500 强企业户数等五项指标多年位居全国第一，并最终形成了以温州模式为代表，以市场为取向、以民营经济为主体发展经济的浙江模式。可以说，正是市场经济的发达为法治浙江奠定了坚实的经济基础。

其次，在民主政治建设方面，浙江基层民主政治的发展为法治浙江创造了必要的政治前提。浙江创造了“民主恳谈会”制度、民主听证制度、党代表常任制、“五常委会旁听制”、村务监督委员会制等基层民主制度，这些制度突出地反映了浙江草根民主和基层社会的发达，也使得浙江的民主政治建设带有明显的自下而上的特征，既培育了浓厚的民主氛围，为浙江民主政治建设奠定了坚实的基础，又为法治浙江创造了必要的政治前提。

再次，以重商为特色的理性文化为法治浙江提供了文化条件。在历史上，浙江就形成了“义利并重”和“工商皆本”等价值观念与文化传统，这些传统经由永康学派、永嘉学派、金华学派及王阳明和黄宗羲等大家思想的提升，得以凝练为重商文化，其典型特征就是理性诚信、务实开放和开拓创新。可见，浙江文化的传统、积淀和发展为法治浙江奠定了文化基础。

总之，由于浙江在经济、政治及文化建设各个方面的优势，使得浙江在地方立法、执法、司法等方面能够具有一定的开创性，从而使得法治浙江不仅在一定程度上、一定范围内成为可能，而且在很大程度上也能成为“法治中国”的一个开路先锋。

（二）法治的具体性决定区域先行法治化的必然性

法治在国家层面具有其普遍性和共性，在地方层面则具有其特殊性和个性，后者即所谓具体法治。地区的特殊性，不只表现于香港、澳门等特别行政区以及民族区域自治地方，在其他省市也同样存在。正是地方的特殊性决定了法治的具体性。在强调法治普遍性的同时，为了具体实现法治国家的各种目标，我们应同时思考法治的具体性。法治的具体性从地域角度看就是与作为整体的国家法治相对应的地方法治。这种具体性包括法治国家抽象理念在地方的具体落实、法治国家核心目标在地方的具体实现、法治国家治国模式在地方的具体运用及法治国家生活方式在地方的深入体现。由于法治具有具体性，即使未来中国已经在整体上实现法治的情况下，地方法治仍然有其存在的必要性。

法治浙江作为地方法治的一种，其存在的可能性之一决定于浙江地方的特殊性。而正是浙江在社会、经济和文化传统上的前述特殊性决定了法治浙江的具体性，从而也决定了在浙江实现地方法治的可能性。

（三）地方的能动性决定区域先行法治化的现实性

主体在进行活动时不仅具有客观受动性，而且具有主观能动性。在中央与地方之间的关系方面，毛泽东就曾指出既要发挥中央的积极性，也要发挥地方的能动性，因此，地方在国家实现法治的过程中也能够并需要体现能动性。这种能动性主要是指各地区在实现国家法治过程中应当而且能够发挥的能动作用，客观上反映了各地区在国家法治化进程中的作用，从而构成了地方法治的实证基础。首先，在地方立法方面，这种能动性一是表现在为实施法律、行政法规，根据本行政区域的实际情况作出具体规定，二是表现在除国家专属立法权之外，就国家尚未制定法律或者行政法规的事项进行先行立法。浙江自改革开放以来，在许多领域都进行过可贵的立法探索，不仅制定了《浙江省农民专业合作社条例》《浙江省村经济合作社组织条例》《浙江省保护消费者合法权益条例》《浙江省实行九年制义务教育条例》《浙江省禁止赌博条例》等创制性地方性法规，而且创设了海域排污权区域调剂制度、森林生态效益补偿制度、工资支付保证制度、著名品牌保护制度等符合浙江经济文化社会发展要求的制度，这些都是地方立法能动性的具体表现。其次，在执法上，地方的能动性主要是行政的能动性，即地方政府活动的能动性。地方政府的执法与立法的保守、滞后，司法的中立、消极不同，它是面对社会执行法律，接触社会的变化，必须要灵活主动处理各种事务。浙江省政府在执法上也有许多能动性的表现，在转变政府职能方面，坚持政企分开、政资分开、政事分开、政社分开，推进简政放权、放管结合、优化服务，通过深化行政审批制度改革、推进“四张清单一张网”改革，特别是通过全面推进“最多跑一次”改革，基本理顺了政府与市场、政府与社会的关系，为基本建成职能科学、权责法定、执法严明、公开公正、廉洁高效、守法诚信的法治政府奠定了良好基础。目前，浙江已成为“审批事项最少、办事效率最高、投资环境最优、群众和企业获得感最强”的省份之一。再次，在司法方面，浙江以司法理念的及时更新和全面深化改革为内生动力，锐意改革创新，先后推出“三项承诺”“八项司法”“三大机制”等一系列创新举措，积极稳妥推进各项司法改革，切实提高司法能力和公信力。2006年初，省高级人民法院向全省人民作出了三项承诺：“努力做到不使有诉求的群众因经济困难打不起官司，努力做到不使有理有据的当事人因没有关系打不赢官司，努力做到不使胜诉当事人的合法权益因没有关系得不到保护。”2009年初，省高级人民法院向全省人民作出了“抓好八项司法，服务科学发展”的承诺，在实现法院自身科学发展的同时有效提升了法院工作服务科学发展的能力和成效。2016年9月，省高级人民法院又制定出台了《关于建立健全“大立案、大服务、大调解”机制的指导意见》，着力优化司法资源配置，设法提升司法服务水平，实现了让案件立得进、办得出，让解决纠纷的渠道更多、效率更高、效果更好，树立了诉讼服务的浙江品牌，等等。

三 区域先行法治化的重大实践：从法治浙江到“法治中国”

伟大的思想源自实践创新与理论创新的良性互动。习近平同志在浙江工作期间，针对浙江“先成长先烦恼”的现实挑战，坚持先行先试，率先就省域层面社会主义法治建设的战略布局进行探索，作出建设法治浙江的重大决策。围绕法治浙江的决策和实施，习近平同志就法治建设的重要意义、重大原则、基本路径等作出了一系列重要论述，推动浙江走在社会主义民主和法治建设的前列，也为习近平总书记关于法治建设的重要思想的形成发展提供了直接的思想准备和实践经验支撑。从建设法治浙江到建设“法治中国”，习近平总书记关于法治建设的重要思想一脉相承、具有内在一致性。①

① 参见浙江省中国特色社会主义理论体系研究中心《从法治浙江到“法治中国”》，载《浙江日报》2018年7月22日，第3～4版。

（一）始终将法治作为党执政的基本方略，充分体现了习近平总书记关于法治建设重要思想的总体要求

2006 年 2 月，习近平同志在省委理论中心组学习会上谈到法治浙江建设的指导思想时，就曾明确指出，“法治建设是政治文明建设的重要内容，法治进步是社会文明进步的重要标志，法治社会是人民梦寐以求的理想社会。法治为党的执政提供基本方式，为发展社会主义民主政治提供制度之源，为落实科学发展观提供制度支持，为构建社会主义和谐社会提供基本保障，为参与经济全球化提供必要条件”。这实际上已经把法治提升到治国理政基本方式的战略高度。

法治浙江是全国范围内最早将中央“建设社会主义法治国家”要求同地方法治建设有机结合在一起，就全面提升地方治理的法治化水平率先进行的总体部署，充分体现了习近平同志坚持先行先试、走在前列的政治担当。他曾明确指出，“我省经济社会发展较快，社会主义市场经济体制比较完善，一些地方在推进社会主义民主的制度化、规范化和程序化方面创造了不少好的做法和经验，我们完全有基础、有条件、有责任在法治建设方面进行积极的探索，以适应我省经济社会发展走在前列的客观需要，并为建设社会主义法治国家作出应有的贡献”。他强调，法治浙江建设的目的，就是要通过逐步“实现浙江经济、政治、文化和社会生活的法治化”“不断提高经济、政治、文化和社会各个领域的法治化水平”。显然，习近平同志在浙江工作期间对法治建设在国家治理中重大作用的深刻认识和法治浙江的先行探索，为他在党的十八大之后提出“法治中国”建设目标，将依法治国确立为“党领导人民治理国家的基本方略”，将法治确立为“治国理政的基本方式”，以及作出全面依法治国的战略部署提供了重要的思想和实践基础。

（二）始终将法治建设作为现代化建设总体布局的重要内容，充分彰显了习近平总书记关于法治建设重要思想的战略定位

习近平同志在推动法治浙江建设的过程中，从一开始就将法治浙江纳入中国特色社会主义在浙江实践的总体布局之中进行谋划，2003 年 7 月提出“八八战略”时，就将法治建设纳入其中。2006 年 4 月，习近平同志在省委十

一届十次全会上指出，“省委提出并推进‘法治浙江’建设，是根据中央的决策部署，对浙江现代化建设总体布局的进一步完善”。他强调，建设法治浙江与党的十六大以来省委作出的深入实施“八八战略”、全面建设“平安浙江”、加快建设文化大省、加强党的执政能力建设和先进性建设等重大决策部署，有机构成了我省经济、政治、文化和社会建设的总体布局。法治浙江建设以提高经济、政治、文化和社会各个领域的法治化水平为总目标，致力于形成立法、执法、司法、普法的良性互动，形成法治建设的整体合力。为此，法治浙江围绕推进社会各方面活动的法制化和制度化，确定了十个方面的工作任务，充分体现了法治建设的系统性、全面性。

党的十八大以来，习近平总书记从坚持和发展中国特色社会主义全局出发，坚持把法治问题放到建设中国特色社会主义事业的战略全局中来加以思考和把握，提出了“四个全面”战略布局，其中之一就是全面推进依法治国。党的十九大提出了党在新时代坚持和发展中国特色社会主义的基本方略，“坚持全面依法治国”成为基本方略“十四个坚持”之一。显然，法治浙江在社会主义现代化建设总体布局中的战略定位，及其与其他重大战略相辅相成的内在关系，同全面依法治国在“四个全面”战略布局中的定位是完全一致的。这反映出习近平总书记始终高度重视法治在推进国家治理现代化和建设社会主义现代化强国中的基础性、支撑性、引领性作用，始终把依法治国摆在党和国家工作全局的关键位置。2018 年 8 月 24 日，习近平总书记主持召开中央全面依法治国委员会第一次会议并发表重要讲话。他强调，全面依法治国具有基础性、保障性作用，在统筹推进伟大斗争、伟大工程、伟大事业、伟大梦想，全面建设社会主义现代化国家的新征程上，要加强党对全面依法治国的集中统一领导，坚持以全面依法治国新理念新思想新战略为指导，坚定不移走中国特色社会主义法治道路，更好发挥法治固根本、稳预期、利长远的保障作用。

（三）始终坚持党的领导、人民当家做主、依法治国的有机统一，充分体现了习近平总书记关于法治建设重要思想的根本方针

坚持党的领导、人民当家做主和依法治国的有机统一，是贯穿习近平同

志法治浙江探索实践最鲜明的主线。2006 年 2 月，习近平同志在省委理论学习中心组学习会上强调，“建设‘法治浙江’，最根本的就是要把坚持党的领导、人民当家作主和依法治国有机统一起来”。在同年 4 月的省委十一届十次全会上，习近平同志进一步指出，“依法治国就是把社会主义民主与社会主义法制紧密结合起来，实现民主的制度化、法律化，从而保障人民群众在党的领导下，依照宪法和法律的规定，通过各种途径和形式管理国家事务，管理经济文化事业，管理社会事务，保证国家各项工作都依法进行，维护和实现人民群众的根本利益”。党的十八大以来，习近平总书记系统阐述了在新时代“坚持党的领导、人民当家作主、依法治国三者有机统一”的新内涵和新意义，进一步丰富和发展了“三统一”理论。他首次把“三统一”凝练为我国社会主义民主法治建设的基本经验，指出“党的领导是人民当家作主和依法治国的根本保证，人民当家作主是社会主义民主政治的本质特征，依法治国是党领导人民治理国家的基本方式，三者统一于我国社会主义民主政治伟大实践”。他强调“三统一”的根本与核心是坚持党的领导，人民代表大会制度则是“三统一”的汇合点、凝聚点和根本制度安排。2018 年 2 月，十九届中央政治局就我国宪法和推进全面依法治国进行第四次集体学习，习近平总书记在主持学习会时强调，决胜全面建成小康社会、开启全面建设社会主义现代化国家新征程、实现中华民族伟大复兴的中国梦，推进国家治理体系和治理能力现代化、提高党长期执政能力，必须更加注重发挥宪法的重要作用；要坚持党的领导、人民当家做主、依法治国有机统一，加强宪法实施和监督，把国家各项事业和各项工作全面纳入依法治国、依宪治国的轨道，把实施宪法提高到新的水平。可以说，从法治浙江到“法治中国”，坚持党的领导、人民当家做主、依法治国的有机统一，是贯穿始终的主线。

（四）始终坚持法治与德治相结合，充分体现了习近平总书记关于法治建设重要思想的基本原则

法治浙江把“坚持法治与德治相结合”作为基本原则，习近平同志指出，“法律和道德，如车之两轮、鸟之两翼，一个靠国家机器的强制和威严，一个靠人们的内心信念和社会舆论，各自起着不可替代而相辅相成、相

得益彰的作用，其目的都是要达到调节社会关系、维护社会稳定的作用，保障社会的健康和正常运行”。“和谐社会本质上是民主法治的社会。只有不断推进人民民主，提高法治化水平，才能确保发展健康安全、人民安居乐业、社会安定有序、国家长治久安。”

党的十八大以来，习近平总书记对法律与道德、依法治国与以德治国关系作出了进一步的阐述。2014 年 10 月，他在党的十八届四中全会第二次全体会议上指出，“必须坚持依法治国和以德治国相结合，法律是成文的道德，道德是内心的法律，法律和道德都具有规范社会行为、维护社会秩序的作用。治理国家、治理社会必须一手抓法治、一手抓德治，既重视发挥法律的规范作用，又重视发挥道德的教化作用，实现法律和道德相辅相成、法治和德治相得益彰”。2016 年 12 月 9 日，习近平总书记在主持中央政治局第三十七次集体学习会时指出：“法安天下，德润人心。法律的有效实施有赖于道德的支持，道德的践行也离不开法律的约束。在新的历史条件下，我们要把依法治国基本方略、依法执政基本方式落实好，把法治中国建设好，必须坚持依法治国和以德治国相结合，使法治和德治在国家治理体系中相互补充、相互促进、相得益彰。”“坚持法治与德治相结合”，蕴含着深厚的中国优秀传统文化精髓，成为习近平总书记关于法治建设重要思想的鲜明特色。

（五）始终坚持以人为本、执法为民，充分体现了习近平总书记关于法治建设重要思想的人民情怀

法治浙江将“以人为本”确立为基本原则。习近平同志强调，“执法为民是社会主义法治的本质要求”，要“在党的领导下，通过法律和制度保障人民当家作主，通过人民赋予的权力和民主程序制定法律，使各项法律制度符合人民的意愿、利益和要求”。党的十八大以来，习近平总书记进一步深化发展了关于执法为民和坚持以人为本的思想。2014 年 10 月，他在党的十八届四中全会第二次全体会议上强调：“我国社会主义制度保证了人民当家作主，也保证了人民在全面推进依法治国中的主体地位。这是我们的制度优势，也是中国特色社会主义法治区别于资本主义法治的根本所在。”党的十八届四中全会通过的《中共中央关于全面推进依法治国若干重大问题的决定》，把“坚持人民主体地位”明确规定为“全面推进依法治国”

必须坚持的基本原则。在党的十九大报告中，习近平总书记进一步将“坚持以人民为中心”确立为新时代坚持和发展中国特色社会主义的基本方略之一。从在浙江工作期间提出“以执法为民为本质要求”，到党的十八届四中全会提出把“坚持人民主体地位”作为全面推进依法治国基本原则，充分体现了习近平总书记关于法治建设的重要思想在人民性上的一脉相承。

（六）始终坚持在法治建设中发挥党总揽全局的制度优势，充分体现了习近平总书记关于法治建设重要思想的本质特征

在推进法治浙江建设过程中，习近平同志一再强调，“建设‘法治浙江’，必须旗帜鲜明地坚持党的领导”。为充分发挥党的领导这一社会主义法治建设的最大优势，浙江省委成立了建设法治浙江领导小组，习近平同志亲自担任组长，有关省领导担任副组长，每年召开工作会议，部署检查相关工作，为全面落实法治浙江建设各项任务提供了强有力的组织保障。在习近平同志的带动下，各级党委书记都担任了同级法治建设工作领导小组组长，形成了一级带一级、层层抓落实的推进机制。党的十八届四中全会关于全面依法治国的决定明确强调：“党的领导是中国特色社会主义最本质的特征，是社会主义法治最根本的保证。把党的领导贯彻到依法治国全过程和各方面，是我国社会主义法治建设的一条基本经验。”党的十九届三中全会专门成立中央全面依法治国委员会，作为党中央决策议事协调机构，负责全面依法治国的顶层设计、总体布局、统筹协调、整体推进、督促落实。这无疑也凝结着法治浙江建设的重要实践经验。

第二节　法治浙江的内涵与特征

法治浙江是在坚持中国特色社会主义发展道路和国家法治统一的前提下，充分发挥地方能动性，促进全省经济、政治、文化、社会、生态等各项事业在法治轨道上发展，打造“法治中国”示范样本的实践探索。党的十八大以来，法治浙江作为现代化浙江建设总体布局的重要组成部分愈发凸显。浙江省委把“最多跑一次”改革、数字经济等全省中心工作作为深化法治浙江建

设的试验田，不断促进全省经济、政治、文化、社会、生态等各项事业在法治轨道上健康发展。党的十九大报告指出“全面依法治国是国家治理的一场深刻革命”，从推进国家治理体系和治理能力现代化的高度，进一步拓展提升了法治浙江内涵深化的空间。

一 决策文本中的法治浙江

（一）《中共浙江省委关于建设法治浙江的决定》

2006年4月，浙江省委十一届十次全会审议通过《中共浙江省委关于建设法治浙江的决定》（以下简称《决定》），对建设法治浙江进行全面部署，提出“社会主义民主更加完善、社会主义法制更加完备、依法治国基本方略得到全面落实、人民政治经济文化权益得到切实尊重和保障”，这也是首次对法治浙江的全面概括。

1. 建设法治浙江的总体要求

《决定》提出：高举邓小平理论和“三个代表”重要思想伟大旗帜，全面落实科学发展观，致力于构建社会主义和谐社会，牢固树立社会主义法治理念，坚持社会主义法治正确方向。以依法治国为核心内容，以执法为民为本质要求，以公平正义为价值追求，以服务大局为重要使命，以党的领导为根本保证，在浙江全面建设小康社会和社会主义现代化建设进程中，通过扎实有效的工作，不断提高经济、政治、文化和社会各个领域的法治化水平，加快建设社会主义民主更加完善、社会主义法制更加完备、依法治国基本方略得到全面落实、人民政治经济和文化权益得到切实尊重和保障的法治社会，使我省法治建设工作整体上走在全国前列。

2. 建设法治浙江的基本原则

——坚持党的领导。在党的领导下发展社会主义民主、建设社会主义法治社会，实现坚持党的领导、人民当家做主和依法治国的有机统一。

——坚持以人为本。坚持一切权力属于人民，以最广大人民的根本利益为出发点和落脚点，尊重和保障人权，做到执法为民。

——坚持公平正义。在立法、执法、司法活动中维护社会公平正义，做到公开、公平、公正，维护群众权益，维护国家利益。

——坚持法治统一。以宪法和法律为依据，紧紧围绕党和国家大政方针和重大工作部署，结合浙江实际开展立法、执法、司法工作。

——坚持法治与德治相结合。坚定不移地实施依法治国的基本方略，充分发挥以德治国的重要作用，在加强社会主义法治建设的同时，进一步加强社会主义道德建设。

3. 建设法治浙江的主要任务

《决定》指出：建设法治浙江是一项长期任务，是一个渐进过程，是一项系统工程，并明确建设法治浙江要重点抓好十个方面的工作：提高依法执政水平，巩固党的执政地位；推进社会主义民主的制度化、规范化、程序化，保障人民当家做主；加强地方立法，完善地方性法律法规体系；全面实行依法行政，推进法治政府建设；坚持司法公正，维护社会公平正义；深入开展普法教育，着力提高全民法律意识和法律素质；建立健全监督体系，规范公共权力运作；加强推进科学发展的法制建设，促进经济社会全面协调可持续发展；加强社会建设和管理的法制建设，促进社会和谐稳定；坚持法治与德治并举，在全社会树立社会主义荣辱观。

（二）《中共浙江省委关于全面深化法治浙江建设的决定》

自《决定》作出后，顺应时代对浙江发展的新定位、新要求和新机遇，法治浙江的内涵不断丰富和完善。2007 年，浙江省第十二次党代会把建设法治浙江纳入“创业富民、创新强省”发展战略中。从 2009 年开始，浙江省委连续三年进行专题部署，把固本强基作为法治建设的重点，扎实推动执法、司法、普法等各项工作向基层延伸。2012 年召开的浙江省第十三次党代会将加快建设法治浙江列为建设物质富裕精神富有的现代化浙江的六大主要任务之一。2014 年 12 月，省委十三届六次全会审议通过了《中共浙江省委关于全面深化法治浙江建设的决定》（以下简称《深化决定》），深入贯彻中央关于全面推进依法治国重大决策部署，认真总结法治浙江建设的成功经验，提出了在新的起点上全面深化法治浙江建设的指导思想和目标任务。

1. 全面深化法治浙江建设的指导思想

认真贯彻落实党的十八大和十八届三中、四中全会精神，高举中国特色社会主义伟大旗帜，以马克思列宁主义、毛泽东思想、邓小平理论、“三个代表”重要思想、科学发展观为指导，深入贯彻习近平总书记系列重要讲话精神，坚持党的领导、人民当家做主、依法治国有机统一，坚定不移走中国特色社会主义法治道路，坚持依法治国、依法执政、依法行政共同推进，坚持法治国家、法治政府、法治社会一体建设，实现科学立法、严格执法、公正司法、全民守法，促进治理体系和治理能力现代化，为深入实施“八八战略”，干好“一三五”、实现“四翻番”，建设物质富裕精神富有现代化浙江和建设美丽浙江、创造美好生活提供有力法治保障。

2. 全面深化法治浙江建设的目标

总目标是在全面推进依法治国、建设中国特色社会主义法治体系、建设社会主义法治国家进程中继续走在前列，要认真落实形成完备的法律规范体系、高效的法治实施体系、严密的法治监督体系、有力的法治保障体系和形成完善的党内法规体系的要求，全面提升全省经济建设、政治建设、文化建设、社会建设、生态文明建设以及党的建设的法治化水平，到 2020 年，力争在六个方面走在前列。

第一，紧紧围绕依宪执政、依法执政，在社会主义民主政治建设方面走在前列，人民代表大会制度、中国共产党领导的多党合作和政治协商制度、民族区域自治制度、基层群众自治制度进一步巩固和完善，各级党组织和党员干部带头遵守宪法法律，以法治思维和法治方式推动改革发展的能力明显增强。

第二，紧紧围绕科学立法，在健全地方法规规章方面走在前列，遵循法定程序，完善立法体制机制，推进科学立法、民主立法，统筹推进法规规章制定、评估、清理、修改、废止、解释等各项工作，形成更加完备的与法律、行政法规相配套，与经济社会发展要求相适应，具有浙江特色的地方法规规章体系。

第三，紧紧围绕严格执法，在建设法治政府方面走在前列，各级政府依法全面履行职能，严格规范公正文明执法效果得到社会公认，依法行政水平明显提高，率先基本建成职能科学、权责法定、执法严明、公开公正、廉洁高效、守法诚信的法治政府。

第四，紧紧围绕公正司法，在推进司法体制机制改革方面走在前列，加快完成司法体制机制改革的各项任务，基本形成科学合理的司法管理体制和规范高效的司法权力运行机制。司法机关依法独立公正行使职权，司法公信力显著提升。

第五，紧紧围绕全民守法，在提升全民法治意识和法律素养方面走在前列，社会主义法治精神深入人心，社会主义核心价值观和当代浙江人共同价值观得到普遍认同，全社会尊崇宪法、遵守法律、信仰法治的氛围基本形成。

第六，紧紧围绕法治人才保障，在打造一支政治强、业务精、作风正、敢担当的社会主义法治工作队伍方面走在前列，思想政治建设不断加强，优势互补、结构合理的法治专门队伍和法律服务队伍、法学专家队伍等不断壮大，法治人才培养交流机制不断完善。

（三）《坚定不移沿着“八八战略”指引的路子走下去　高水平谱写实现“两个一百年”奋斗目标的浙江篇章》和《中共浙江省委关于高举习近平新时代中国特色社会主义思想伟大旗帜奋力推进“两个高水平”建设的决定》

1. “六个浙江”建设的重要组成部分以及政治文明建设的总抓手

高举中国特色社会主义伟大旗帜，坚持以马克思列宁主义、毛泽东思想、邓小平理论、“三个代表”重要思想、科学发展观为指导，深入贯彻习近平总书记系列重要讲话精神和治国理政新理念。

新思想新战略，切实增强“四个意识”，紧紧围绕“五位一体”总体布局和“四个全面”战略布局，始终坚持以人民为中心的发展思想，全面落实新发展理念，坚定不移沿着“八八战略”指引的路子走下去，统筹推进富强浙江、法治浙江、文化浙江、平安浙江、美丽浙江、清廉浙江建设，推动各项事业发展和党的建设再上新台阶，高水平谱写实现“两个一百年”奋斗目标的浙江篇章。

“六个浙江”建设分别对应经济建设、政治建设、文化建设、社会建设、生态文明建设和党的建设，从这一基本逻辑可以发现，法治浙江建设是浙江政治建设领域的总抓手。

2. 总体目标

浙江省第十四次党代会提出，在提升各领域法治化水平上更进一步、更快一步。人民代表大会制度优势进一步发挥，政协履职作用进一步显现，社会主义协商民主广泛多层制度化发展，地方立法有力保障经济社会发展，法治政府基本建成，法治监督更加有效，执法更加公正规范，司法质量、效率和公信力显著提升，省级党内法规制度体系基本形成，各级领导干部运用法治思维和法治方式推动工作的能力不断提高，人民群众的合法权益得到切实保护。

《中共浙江省委关于高举习近平新时代中国特色社会主义思想伟大旗帜奋力推进“两个高水平”建设的决定》则根据党的十九大精神，进一步提出，2020～2035年，在高水平全面建成小康社会的基础上，再奋斗15年，大幅提升各领域法治化水平，全面建成法治浙江，为完成高水平基本实现社会主义现代化的目标提供法治保障和引领。

总的来说，我们的目标是建设更高水平的法治浙江；统筹推进科学立法、严格执法、公正司法、全民守法，努力在建设中国特色社会主义法治体系中走在前列；更好发挥省委建设法治浙江工作领导小组作用，切实加强对法治浙江建设的统一领导；推进科学立法、民主立法、依法立法，扎实抓好地方法规规章立改废释各项工作，以良法促进发展、保障善治；深化法治政府建设，制定实施政府自身建设行动计划，不断提高行政质量、效率和政府能力、公信力。全面落实中央深化司法体制综合配套改革任务，强化司法责任制，努力让人民群众在每一个司法案件中感受到公平正义；推进社会主义法治文化建设，构建社会“大普法”工作格局，完善公共法律服务体系，促进全社会尊法学法守法用法。

3. 主要内容

第一，完善党的领导方式和执政方式。发挥党总揽全局、协调各方的领导核心作用，支持和保证同级人大、政府、政协和监察机关、审判机关、检察机关依法依章程独立负责、协调一致地开展工作；加强和改善党对政法工作的领导，坚持总体国家安全观，切实履行好政法战线维护社会大局稳定、促进社会公平正义、保障人民安居乐业的职责使命；加强和改进党对工青妇等群团组织的领导，不断增强群团工作和群团组织的政治性、先进性、群众性。坚决贯彻军民深度融合发展战略，充分挖掘优势，力争走在前列；大力支持驻浙部队改革和全面停止有偿服务，认真做好国防动员、国防教育、人民防空、双拥和优抚安置等工作。

第二，在国家政治生活和社会生活中让人民当家做主。与时俱进推进人民代表大会制度的生动实践，统筹推进各级人大工作和建设，充分发挥人民代表大会制度的根本政治制度作用；坚持和完善中国共产党领导的多党合作和政治协商制度，支持人民政协积极履行政治协商、民主监督、参政议政职能，推动协商民主广泛多层制度化发展；完善基层党组织领导的充满活力的基层群众自治机制，坚持和发展“后陈经验”，健全企事业单位民主管理制度，实现政府管理和基层民主良性互动。

第三，统筹推进科学立法、严格执法、公正司法、全民守法。加强和改进党委对立法工作的领导，发挥人大立法主导作用，加强重点领域立法特别是社会治理立法，切实提高立法质量和效用。全面推进依法行政，坚持严格规范公正文明执法，加强行政执法监督和问责机制建设；依法治理网络空间，切实维护网络安全；全面落实司法体制改革各项措施，优化司法职权配置，让人民群众在每一个司法案件中都感受到公平正义；加强社会主义法治教育，大力发展法律服务业，做好社会“大普法”工作，在全社会形成办事依法、遇事找法、解决问题用法、化解矛盾靠法的良好氛围，不断丰富依法治国和以德治国相结合的实践内容。

第四，积极用好统一战线法宝画出最大同心圆。牢牢把握大团结大联合主题，支持各民主党派、工商联和无党派人士积极发挥作用，加强与党外人士的团结合作；坚持和完善民族区域自治制度，支持畲族自治县和民族乡加快发展，探索城市少数民族流动人口服务管理创新；全面贯彻党的宗教工作基本方针，切实加强对宗教事务的依法管理，引导宗教与社会主义社会相适应；加强党外知识分子、港澳统战和侨务工作，做好新的社会阶层人士统战工作，促进非公有制经济健康发展和非公有制经济人士健康成长，不断巩固和发展最广泛的爱国统一战线；认真做好对台工作，积极促进浙台经济社会融合发展。

二 法治浙江的理论基础

从空间维度上讲，法治浙江是在省域层面对中国特色社会主义法治建设进行的实践探索，而中国特色社会主义法治理论是法治浙江的理论基石，是推动法治浙江建设的重要理论指导和思想基础。中国特色社会主义法治理论体系，指的是由中国特色社会主义法治理论构成的内在统一的整体。它既是一个由不同理论组成的理论群，也是中国特色社会主义法治理论的整体面貌。中国特色社会主义法治理论体系博大精深、内涵丰富。①

（一）中国特色社会主义法治哲学：法治价值理论和法治话语体系

1. 社会主义民主制度化、法律化、程序化理论

邓小平指出："为了保障人民民主，必须加强法制。必须使民主制度化、法律化，使这种制度和法律不因领导人的改变而改变，不因领导人的看法和注意力的改变而改变。"② 发展社会主义民主政治，制度问题更带有根本性、全局性、稳定性和长期性。从制度上、法律上保障和发展人民民主，这是我们党对社会主义民主法治规律认识的一个重大转变和提升。之后，党的十六大进一步提出"实现社会主义民主政治的制度化、规范化和程序

① 浙江省社会科学院课题组：《践行"八八战略" 建设"六个浙江"》，社会科学文献出版社，2018，第150页。

② 《邓小平文选》（第二卷），人民出版社，1993，第186页。

化”，强调程序的要求。党的十七大、十八大、十九大都重申了这一观点。民主政治的制度化、规范化、程序化改善了社会主义政治生态，不仅有利于党和国家长治久安，而且有利于在各领域各层次扩大公民有序政治参与范围。

2. 推进法治中国建设理论

党的十八大以后，习近平总书记明确提出“法治中国”的科学命题和建设法治中国的重大任务，十八届三中全会正式确认了这一概念，并作出推进法治中国建设的重大部署。十八届四中全会进一步提出，全面推进依法治国是一个系统工程，是国家治理领域一场广泛而深刻的革命。全党同志必须更加自觉地坚持依法治国、更加扎实地推进依法治国，向着建设法治中国不断前进。法治中国与富强中国、民主中国、文明中国、和谐中国、公平中国、美丽中国、平安中国等核心要素相辅相成，共同绘就中华民族伟大复兴的美丽画卷。“法治中国”概念和理论的提出，能够更加全面科学有效地统领依法治国和法治建设的所有理论与实践问题。

3. 国家治理体系和治理能力及其现代化理论

党的十八届三中全会将“完善和发展中国特色社会主义制度，推进国家治理体系和治理能力现代化”[①] 作为全面深化改革的总目标。习近平总书记指出，国家治理体系和治理能力是一个国家制度和制度执行能力的集中体现。推进国家治理体系和治理能力现代化，就是要实现党、国家、社会各项事务治理制度化、规范化、程序化，就是要提高党科学执政、民主执政、依法执政水平。习近平总书记还深刻阐述了法治与国家治理体系和治理能力的关系，指出法治是治理体系和治理能力的根本依托，要在法治的轨道上推进国家治理现代化。

4. 中国特色社会主义法治体系理论

党的十八届四中全会提出，全面推进依法治国的总目标是建设中国特色

① 《中共中央关于全面深化改革若干重大问题的决定》，《人民日报》2013 年 11 月 16 日。

社会主义法治体系，建设社会主义法治国家。中国特色社会主义法治体系是法治理论的新概念，是法治建设的新思想、新纲领，也是我们党在法治理论上的又一个原创性贡献。法治体系的形成是一个国家法治现代化的重要标志。全面推进依法治国，在实际工作中需要一个总揽全局、牵引各方的总抓手，在理论上也需要一个统领性的概念，这个总抓手、统领性概念就是中国特色社会主义法治体系。从“法律体系”到“法治体系”，一字之差，体现了我们党对法治建设规律的认识不断深化，推动了中国法治建设理论话语体系的战略升级。

（二）中国特色社会主义法治实践论：法治过程理论和法治方式理论

1. 依法治国、建设社会主义法治国家理论

1997 年，党的十五大正式将依法治国作为党领导人民治理国家的基本方略。1999 年，宪法修正案明确提出“建设社会主义法治国家”。党的十五大报告指出，依法治国，就是广大人民群众在党的领导下，依照宪法和法律规定，通过各种途径和形式管理国家事务，管理经济文化事业，管理社会事务，保证国家各项工作都依法进行。之后，党的历次全国代表大会和若干中央全会以新的观点丰富和深化了依法治国和法治国家理论，特别是党的十八届四中全会作出全面推进依法治国战略部署。党的十九大进一步明确了全面推进依法治国，是法治国家理论的创新发展。

2. 党的领导、人民当家做主、依法治国有机统一理论

党的十六大报告指出，发展社会主义民主政治，最根本的是要把党的领导、人民当家做主和依法治国有机统一起来。十六大之后，我们党对“三统一”理论进行了深刻阐述。十八大以来，习近平总书记进一步丰富和发展了“三统一”理论。他在庆祝全国人民代表大会成立 60 周年大会上强调指出，在中国，发展社会主义民主政治，关键是要坚持党的领导、人民当家做主、依法治国有机统一。人民代表大会制度是坚持党的领导、人民当家做主、依法治国有机统一的根本制度安排。党的十九大对此做了进一步强调。

“三统一”的法治理论是对马克思主义法学思想和中国特色社会主义法治理论的重大发展。

3. 党法一致、依法执政、依宪执政理论

依法执政，是中国特色社会主义法治体系的核心内容，也是它的生命线。理由有三：第一，依法执政，即中国共产党依法执政是中国特色社会主义法治的本质特征，离开了这条，中国特色社会主义法治便不复存在。第二，在党的权威文件中，几乎把依法执政与社会主义法治看成是同义语，党的十八大文件宣布：“法治是治国理政的基本方式。”党的十八届四中全会在决议中又指出：“把依法执政确定为治国理政的基本方式。”这就是说，中国共产党的依法执政就是治国理政的法治。法治在中国必然是共产党的依法执政；中国的法治必然是共产党依法执政。第三，依法执政贯穿于社会主义法治体系中的各个环节。[①] 近年来，党内法规制度建设大大加强，覆盖党的领导和党的建设各方面的党内法规制度体系正在形成，涵括于法治体系下的“党内法规同国家法律的衔接和协调”已由理论命题成为亟待解决的现实问题。随着党内法规在中国法治实践中重要作用和地位的确立，法学对于党内法规的研究不断深入，党内法规也经历了一个由法学研究的边缘问题向中心议题发展的过程。一方面，党内法规研究成为我国法治理论体系构建中一个重要且无法回避的问题；另一方面，对于党内法规研究中的一系列核心问题，如党内法规的属性、党内法规和国家法的关系等，都在中国法治理论体系的框架下给予新的阐释。

（三）中国特色社会主义法治文化论

1. 依法治国和以德治国相结合理论

儒家是中华传统文化的主流，儒家文化中蕴含着丰富的法律思想，并通过引礼入法对历代法制产生了巨大的影响。儒家所倡导的重以德化民、德主

① 李龙：《中国特色社会主义法治体系的理论基础、指导思想和基本构成》，《中国法学》2015 年第 5 期，第 25 页。

刑辅的法律传统，民为邦本、人本主义的法律传统，重伦常关系、孝亲亲伦的法律传统，重社会和谐、调解息争的法律传统，重情法两平、法理情贯通的法律传统，重自然生化、天人合一的法律传统等等直到今天仍然在影响着中国的法律与法治。[①] 党的十六大报告阐述了依法治国和以德治国的关系，指出依法治国属于政治文明范畴，以德治国属于精神文明范畴，依法治国与以德治国并非彼此对立，而是相互补充、相互促进。习近平总书记坚持并发展了这一理论，把坚持依法治国和以德治国相结合提升为中国特色社会主义法治道路的五项基本原则之一，指出治理国家、治理社会必须一手抓法治、一手抓德治，既重视发挥法律的规范作用，又重视发挥道德的教化作用，实现法律和道德相辅相成、法治和德治相得益彰。依法治国和以德治国相结合的理论是对中国古代治国理政经验的传承，也是对国家治理现代化理论的丰富和发展。

2. 社会主义核心价值观融入法治的良法善治理论

党的十八大以来，以习近平同志为核心的党中央高度重视社会主义核心价值观建设，并从坚持依法治国和以德治国相结合、推进国家治理体系和治理能力现代化的战略高度强调将社会主义核心价值观融入法治建设。2016 年 12 月，中央办公厅、国务院办公厅印发《关于进一步把社会主义核心价值观融入法治建设的指导意见》，明确提出社会主义核心价值观是社会主义法治建设的灵魂。社会主义核心价值观融入法治建设是以习近平同志为核心的党中央治国理政新理念新思想新战略的重要体现。党中央始终把培育和践行社会主义核心价值观融入地方立法，以鲜明的价值导向引领科学立法、民主立法。习近平总书记指出，人民群众对立法的期盼，已经不是有没有，而是好不好、管用不管用、能不能解决实际问题。良法是善治的前提，充分体现社会主义核心价值观的良法对于严格执法、公正司法、全民守法等法治建设的各个环节起到积极的推动作用。

---

① 参见张晋藩《中华民族的法律传统与史鉴价值》，《国家行政学院学报》2014 年第 5 期。

（四）中国特色社会主义法治保障论

1. 改革与法治关系理论

改革开放以来，一直存在改革与法治的关系问题，党的十八大以后这个问题更加突出。党的十八届三中全会作出全面深化改革的决定，四中全会作出全面推进依法治国的决定，由此中国社会主义现代化形成改革和法治“双轮驱动”的局面。习近平总书记深刻指出，全面深化改革需要法治保障，全面推进依法治国也需要深化改革。一方面，以法治凝聚改革共识，发挥立法对改革的引领和推动作用，实现改革决策和立法决策相统一、相衔接；以法治规范改革行为，做到重大改革于法有据，运用法治思维和法治方式推进各项改革；以法治确认、巩固和扩大改革成果，将实践证明已经比较成熟的改革经验和行之有效的改革举措尽快上升为法律，使其更加定型化、精细化，并以法律的强制力保证其实施。另一方面，在全面深化改革的总体框架下推进依法治国，在改革中完善法治，以改革驱动法治现代化。改革与法治关系理论既丰富了法治理论，也丰富和发展了现代化理论。

2. 法治思维、法治方式理论

党的十八大提出“法治是治国理政的基本方式”，同时提出要用法治思维和法治方式治国理政。党的十八大以来，习近平总书记深刻阐述了法治思维和法治方式，要求各级领导干部在全面深化改革、全面依法治国、全面从严治党进程中，运用法治思维和法治方式深化改革、推动发展、化解矛盾、维护稳定，做到在法治之下，而不是法治之外，更不是法治之上想问题、做决策、办事情，带头打造办事依法、遇事找法、解决问题用法、化解矛盾靠法的法治环境。法治思维和法治方式理论以其有的放矢的问题导向，把先进的法治理念转化为科学的法治实践。[①]

---

① 王乐泉：《坚持和发展中国特色社会主义法治理论》，《人民日报》2015 年 8 月 28 日。

3. 深化司法改革理论

改革开放以来，我们党一直把司法改革作为法治建设的重中之重，持续不断推进司法体制改革。党的十八届三中、四中全会全面系统地部署司法体制改革。在持续推进司法体制改革的过程中，我们党不断创新司法和司法改革理论，提出司法权是裁判权，本质上属于中央事权，司法的价值功能是权利救济、定分止争、制约公权，司法体制改革的终极目标是建立公正高效权威的社会主义司法制度，根本尺度是提高司法公信力，评价标准是人民群众在每一个司法案件中都感受到公平正义。党的十九大进一步强调深化司法改革，基本原则是坚持党的领导、坚持中国特色社会主义方向、坚持从中国国情出发、坚持人民主体地位、坚持统筹协调、坚持依法推进改革。科学的司法理论指引着司法改革既大刀阔斧又积极稳妥地进行。

三 法治浙江的基本内涵

省第十四次党代会及省委十四届二次全会提出的“六个浙江”战略目标之一的法治浙江，是对习近平同志主政浙江以来所强调的法治浙江的继承与发展；是新时代决胜全面建成小康、高水平基本实现社会主义现代化的法治总要求。

法治浙江是指浙江在坚持中国特色社会主义发展道路和国家法治统一的前提下，充分发挥地方能动性，逐步完善地方法治，实现地方法治化，在高水平决胜全面建成小康社会、高水平基本实现社会主义现代化进程中促进全省经济、政治、文化、社会、生态等各项事业在法治轨道上发展，不断提高地方法治水平，打造“法治中国”示范样本的实践探索。①

多年来，几届省委沿着习近平同志开创的法治浙江建设道路砥砺前行，坚持把法治浙江建设作为深入实施“八八战略”的重要内容和重要保障，

① 浙江省社会科学院课题组：《践行“八八战略” 建设“六个浙江”》，社会科学文献出版社，2018，第380页。

作为我省社会主义民主政治建设的总抓手，把法治浙江建设放到建设物质富裕精神富有现代化浙江和建设美丽浙江、创造美好生活战略布局中谋划和推动，坚持不懈、循序渐进，开拓进取、干在实处，取得了丰富的理论成果、制度成果和实践成果。2006 年以来法治浙江建设的生动实践，进一步加深了对为什么建设法治浙江、建设什么样的法治浙江、怎样建设法治浙江等重大问题的认识和把握，为全面深化法治浙江建设积累了经验。通过以上对政策文本中法治浙江的梳理，概括起来，法治浙江应包含以下几方面内容。

（一）法治浙江的根本——坚持党的领导

习近平总书记指出，坚持党的领导，是社会主义法治的根本要求，是全面推进依法治国题中应有之义，要坚定不移走中国特色社会主义法治道路，坚持党的领导、人民当家做主、依法治国有机统一，充分发挥党委总揽全局、协调各方作用，坚持依宪治国、依宪执政，把全面贯彻实施宪法作为根本的活动准则，发挥广大党员干部先锋模范作用；要把依规治党摆在更加突出位置，进一步加强党内法规制度建设，注重党内法规同国家法律的衔接和协调，提高党内法规执行力，要真正把领导地方立法的责任扛起来，完善立法工作中重大问题决策程序，研究决定涉及重大体制和重大政策调整的立法事项，善于把党的主张通过法定程序成为国家意志。

（二）法治浙江的出发点和立足点——人民的根本利益

始终秉持以人民为中心的理念，把保障人民根本利益作为制度安排、法规制定和法治各项工作的出发点和落脚点，维护人民群众合法权益，构建党政主导的维护群众权益体系，建立健全矛盾预警、利益表达、协商沟通、救济救助等机制；推进基层依法治理。坚持系统治理、依法治理、综合治理、源头治理，提高社会治理法治化水平，积极探索村（社区）实现依法自治的有效途径，完善村（社区）民主选举、民主决策、民主管理、民主监督制度；围绕践行社会主义核心价值观和当代浙江人共同价值观，加强公民道德建设，弘扬中华传统美德。

（三）法治浙江的突破口——改革创新

习近平总书记强调，改革和法治如鸟之两翼、车之两轮，要在法治下推进改革，在改革中完善法治；要以改革为动力推动法治建设，继续以深化“最多跑一次”改革和“四张清单一张网”为突破口，推进机构、职能、权限、程序、责任法定化，强化对行政权力的制约和监督；按照中央的统一部署，积极稳妥推进司法体制及其综合配套改革，落实好优化司法职权配置、员额制改革、司法责任制、司法职业保障等改革举措；同时，要在法治轨道上深化改革，以法治凝聚改革共识、引领改革方向、规范改革行为、化解改革风险、确认和发展改革成果，使改革与法治破与立、变与定的关系更好地统一起来、一致起来。

（四）法治浙江的价值目标——良法善治

习近平总书记明确要求，提高运用法治思维和法治方式深化改革、推动发展、化解矛盾、维护稳定能力，在法治轨道上推进各项工作。法治浙江建设是推进治理体系和治理能力现代化的必然要求，是推动“四个全面”战略布局在浙江生动实践的应有之义，是浙江高水平全面建成小康社会的重要内容；应当坚持法治和德治相结合，发挥法律的规范作用和道德的教化作用，将社会主义核心价值观融入立法、司法、执法等法治建设诸环节；健全对维护群众利益具有重大作用的法规制度体系，及时反映和协调群众各方面各层次的利益诉求，通过深化法治建设更好地改善民生；创新发展“枫桥经验”，完善自治法治德治“三治融合”的基层治理机制，发挥法治在社会治理中的重要作用，依法组织人民群众参与社会治理，不断提高社会治理法治化水平。

（五）法治浙江的主要内容——三位一体格局中的“大法治”

从2006年以来的法治浙江决策文本和建设实践来看，法治浙江建设的内容均是基于治国理政基本方式这样一个宏大格局下的“大法治”，即坚持“党的领导”“人民当家作主”“依法治国”三位一体、有机统一的格局中展开的全面法治，而不仅限于“科学立法、严格执法、公正司法、全民守法”的法治十六字方针。从这个角度而言，浙江省第十四次党代会将“完善党的领导方式和执政方式”“在国家政治生活和社会生活中落实人民当家作主”“统筹推进科学立法、严格执法、公正司法、全民守法”“积极用好统一战线法宝画出最大同心圆”作为着力加强民主法治建设、提高法治浙江建设水平四大主要任务，体现了对“大法治”的理解。这一点，也与《中共浙江省委关于建设法治浙江的决定》提出的“加快建设社会主义民主更加完善、社会主义法制更加完备、依法治国基本方略得到全面落实、人民政治经济和文化权益得到切实尊重和保障的法治社会”目标一脉相承、精神契合。①

四　法治浙江的特征

（一）解读法治浙江的纵向维度：国家法治——区域法治

法治浙江是与作为整体的国家法治相对应的区域法治。这里所说的“区域”，主要是指主权国家范围内的以特定行政辖区为基本构成单元的特定地域空间，涉及诸如省级、市级和县级的不同行政辖区层级。同时，由相邻地域所组成的跨越不同层次的行政辖区的空间地域，亦属于区域的观念内涵的构成要素。在当代中国，区域法治乃是实施依法治国基本方略、推进法治中国建设的有机组成部分，是在国家法治发展进程基本要求的基础上，根据区域发展的法律需求，运用法治思维和法治方式推进区域社会治理现代化的法治实践活动。在“国家法治——区域法治”的框架下，法治浙江具有以下特征。

1. 法治浙江是国家法治发展的有机组成部分

作为国家法治发展以及法治中国进程的有机构成要素的区域法治发展，乃是国家法治发展以及法治中国建设在国家的特定区域范围内的具体实现，是在从传统的总体社会向现代的多元社会转变的进程中国家法律系统转型与变革在特定区域的历史性展开，因而并不存在一个脱离国家法治发展以及法

---

① 参见张伟斌《坚定制度自信建设法治浙江》，载《浙江日报》（观点版）2017 年 6 月 21 日。

治中国建设的历史进程而孤立存在的区域法治发展。因此，一方面，法治浙江坚决抵制地方保护主义。地方保护主义的实质是非制度化的分权现象，如此私设游戏规则的最大弊端是：带来的预期不确定，“上有政策，下有对策”会造就机会主义的政治经济社会伦理，不仅不利于中国统一的市场经济发展，而且会威胁中国的法制统一和稳定。另一方面，法治浙江体现浙江风格但不盲求地方特色。结合省情进行制度创新的两个前提是，以国家实定法框架为界，遵循保障人权等一些公认的法治规则。①

2. 法治浙江动力机制的内生性

首先，法治浙江源于地方经济发展的内在需求。浙江是我国“重商主义”的发祥地，也是我国东部地区经济发展的标杆。经济的快速发展意味着资源的利用效率高，从而也更易引发纠纷，因而对法律也就提出了更高的要求。其次，法治浙江建设始终注重治理的地方性和基层特性。创新发展“枫桥经验”，推行村务公开、民主恳谈、村务监督等做法，推广“网格化管理、组团式服务”，推行村规民约、社区公约，做实基层、打好基础、做足基本功，不断夯实法治浙江建设的根基。再次，法治浙江始终秉持以人民为中心的理念，把保障人民根本利益作为制度安排、法规制定和法治各项工作的出发点和落脚点，实施公民权益依法保障行动计划，完善“大调解”工作体系，健全完善领导干部下访接访制度，加强法律服务、法律援助和司法救助，完善和落实33项防止冤假错案制度，有力地促进法治为民利民惠民安民。

（二）解读法治浙江的横向维度：法治浙江——“法治××”

随着依法治国的深入推进，近年来全国大多数省（自治区、直辖市）相继出台了推动地方法治建设的“决定”“规划”“纲要”“意见”，并在国家法制统一的大框架下进行了大量具有鲜明地方特色的实践探索。陆续有江

---

① 参见郑磊、王鉴岫《法治浙江的核心是什么》，《法治研究》2007年第3期。

苏、四川等二十余个省市提出了“法治××”，并制订相应的实施方案。[①]有学者对这些地方实践进行了类型化分析，提炼出了“程序型法治”的湖南案例、“自治型法治”的广东案例以及“市场型法治”的浙江案例。[②]这样的概括未必全面，但横向比较而言，法治浙江至少具有如下特征。

第一，将法治建设作为政治文明建设的“总抓手”。关于这一点，在法治浙江建设的主要内容部分已有阐述。这一定位，进一步明确界定了法治和政治文明的关系，更加精准地将法治作为治国理政的基本方式，与习近平同志开创法治浙江建设事业的“初心”高度吻合。2006年2月6日，在省委理论学习中心组学习会上，习近平同志指出，法治建设是政治文明建设的重要内容，法治进步是社会文明进步的重要标志，法治社会是人民梦寐以求的理想社会。法治为党的执政提供基本方式，为发展社会主义民主政治提供制度之源。将法治浙江建设定位在“政治建设领域总抓手”的层次上，有助于我们更好地把握法治浙江建设的目标、价值导向和任务措施。

第二，在法治浙江建设中，时刻以改革为牵引，注重体制机制的优势发挥。法治建设的重点是创制“良法美制”，增加制度供给。深化和推进法治浙江建设，就要坚定不移沿着“八八战略”指引的路子走下去，把浙江的体制机制优势总结、固化、发挥、创新、提升，形成经济社会发展各领域的“良法美制”，从而引领发展。在当下，以“最多跑一次”改革撬动各方面各领域改革，最大限度释放改革活力，再创浙江体制机制新优势。

第三，探索经济发达区域的“先行法治化”。浙江法学界的学者最先提出了“先行法治化”的概念。[③]它是指中国东部地区在其经济与社会“先发”的基础上，在国家法制统一的原则下，率先推进区域法治化。“先行法

① 提出“法治××”的省市包括但不限于：2004年，江苏、四川；2005年，宁夏；2006年，浙江、云南、海南；2008年，广东；2009年，湖北；2010年，山西；2011年，吉林、湖南、安徽；2012年，天津、西藏、陕西和内蒙古等。

② 参见周尚君《国家建设视角下的地方法治试验》，《法商研究》2013年第1期。

③ 参见孙笑侠等《先行法治化：法治浙江30年回顾与未来展望》，浙江大学出版社，2009，第314页。

治化”试图解决的是法治转型的路径问题，其实质乃是探寻法治建设的初始动力和初始路径而非最终成果。[①] 从市场经济出发思考法治，坚持“市场经济”就是“法治经济”，这在法治浙江建设中得到全面验证。举例而言，在传统农业社会的土地利用问题上，最多也就是自用、出租和转让三种形式，基本上不会存在买入的同时又卖出的情形。然而，在经济发展水平提高之后，土地的利用就可能以更多的形式出现，例如用土地出资成立公司或者合作项目。同时，土地交易也不是传统的一次性付清款项式的交易，在交付一定的预付款之后，即可转移权利，并且款项也可能来自抵押贷款。由此，参与一项土地交易的就不再仅仅是买方和卖方，还有第三方。这样，与交易相关的法律事项也就自然而然地复杂化了，发生纠纷的可能性随之增加。资源利用效率提高也意味着资源的周转速度加快。在传统社会很多年周转一次的财产，在现代社会可能一年就周转很多次，这也同样导致了法律的复杂化和纠纷数量的增加。因此，经济发展的水平越高，对纠纷解决机制的要求也就越高，或者说，经济发展内在地要求法律职业化，要求法律职业内部的分工。这是法治浙江法治先行最为基本的动力。

第四，积累与市场经济相适应的社会法治经验。市场经济的竞争性需要公平的规则、可预见性的规则、具有普遍适用效力和权威的规则以及能够与国际惯例相协调的规则等。浙江在历史上就有“义利并重”“工商皆本”的传统。改革开放以来，以民营经济为主的浙江市场经济的发展非常迅速，其民营经济总产值、销售总额、社会消费品零售额、出口创汇额以及全国民营经济 500 强企业户数等 5 项指标多年位居全国第一，并形成以“温州模式”为代表、以市场为取向、以民营经济为主体的浙江模式。经济的发展极大地刺激了市场对法制的渴求，如“温州模式”被认为是“自生自发的诱致型制度变迁”。为促进市场经济尤其是民营经济的全面可持续发展，浙江省率先制定了《浙江省农民专业合作社条例》《浙江省村经济合作社组织条例》《浙江省保护消费者合法权益条例》《浙江省禁止赌博条例》等创制性的地方性法规，并且创设了生态效益补偿制度、工资支付保证制度、著名品牌保

① 孙笑侠、钟瑞庆：《“先发”地区的先行法治化——以浙江省法治发展实践为例》，载《学习与探索》2010 年第 1 期。

护制度等促进民营经济健康发展、符合浙江经济发展要求的一系列制度。2003年，浙江省委围绕加快浙江全面建设小康社会、提前基本实现现代化的目标，制定了以发挥“八大优势”、推进“八项举措”为内容的“八八战略”，其核心思想就是通过依法保障以公有制为主体的多种所有制经济共同发展，尤其是通过法律手段促进民营经济的持续健康发展，为其提供良好的市场环境，在法治化的进程中进一步提升浙江的体制优势。

第三节　新的征程：新时代法治浙江建设的新方向

一　习近平总书记关于全面依法治国的新理念新思想新战略：新时代法治浙江建设的根本遵循

党的十九大把习近平新时代中国特色社会主义思想写入党章，这是马克思主义中国化的最新成果，系统回答了新时代坚持和发展什么样的中国特色社会主义和怎样坚持和发展中国特色社会主义的基本问题。习近平总书记关于全面依法治国的新理念新思想新战略，是新时代中国特色社会主义思想的重要组成部分，是中国特色社会主义理论体系的重要组成部分，是在总结党的十八大以来法治实践和理论的基础上，对全面依法治国方略作出的更加系统的阐述，使我们党关于法治的理论和思想趋向更加完善和成熟。

（一）“社会主义法治道路是建设社会主义法治国家的唯一正确道路”①

“中国特色社会主义法治道路”是习近平同志首次提出的。他指出：“中国特色社会主义法治道路，是社会主义法治建设成就和经验的集中体现，是建设社会主义法治国家的唯一正确道路。在走什么样的法治道路问题上，必须向全社会释放正确而明确的信号，指明全面推进依法治国的正确方

---

① 参见张文显《习近平法治思想研究（中）——习近平法治思想的一般理论》，载《法制与社会发展》2016年第3期。

向，统一全党全国各族人民认识和行动。”如何准确把握中国特色社会主义法治道路？习近平总书记高屋建瓴，将中国特色社会主义法治道路凝练为“三个核心要义”，指出：坚持党的领导，坚持中国特色社会主义制度，坚持中国特色社会主义法治理论，“这三个方面实质上是中国特色社会主义法治道路的核心要义，规定和确保了中国特色社会主义法治体系的制度属性和前进方向”。

（二）“人民代表大会制度是坚持党的领导、人民当家作主、依法治国有机统一的根本制度安排”

十八大以来，习近平总书记在一系列重大场合和重要讲话中，例如，2012年12月4日在首都各界纪念现行宪法公布施行三十周年大会上的讲话，2013年3月17日当选中华人民共和国主席之后在十二届全国人大一次会议闭幕会上的讲话，2013年11月12日在党的十八届三中全会上的讲话，2014年1月7日在中央政法工作会议上的讲话，2014年9月5日在庆祝全国人民代表大会成立60周年大会上的讲话，2014年9月21日在庆祝中国人民政治协商会议成立65周年大会上的讲话，2014年10月28日关于《中共中央关于全面推进依法治国若干重大问题的决定》的说明等，都强调要坚持党的领导、人民当家做主、依法治国有机统一，并进行了深刻论述。在这些重要讲话和论述中，习近平总书记阐述了在推进国家治理体系和治理能力现代化的新时期“三统一”的新内涵和新意义，进一步丰富和发展了“三统一”理论。首先，把“三统一”凝练为我国社会主义民主法治建设的基本经验；其次，强调“三统一”的根本与核心是坚持党的领导；再次，提出人民代表大会制度是党的领导、人民当家做主、依法治国三者的汇合点、凝聚点和根本制度安排。

（三）“坚持依法治国、依法执政、依法行政共同推进，法治国家、法治政府、法治社会一体建设”

“法治中国”的内涵比“法治国家”更加丰富、更加深刻，更具有时代特征：建设法治中国，不仅要建设法治国家，还要建设法治社会、法治政府、法治军队；不仅要推进依法治国，还要推进依法执政、依法行政、依法自治；不仅要搞好国家法治，还要搞好地方法治、社会法治，促进国家法治、地方法治、社会法治协调发展；不仅要推进法律制度硬实力建设，还要推进法治文化软实力建设，弘扬社会主义法治精神，培育社会主义法治文化；不仅致力于国内法治建设，还要面向世界，推动国际关系和全球治理法治化，构建民主法治、公正合理、合作共赢的国际经济政治新秩序，提升中国在全球治理中的话语权和影响力。总括这些综合意义，可以说法治中国是法治国家的升级版、拓展版。"建设法治中国"是对今后一个时期中国法治建设的科学定位和总体部署。习近平总书记强调指出："建设法治中国，必须坚持依法治国、依法执政、依法行政共同推进，坚持法治国家、法治政府、法治社会一体建设。"十八届三中全会《决定》和四中全会《决定》对此也都作出了明确的规定。除了三个"共同推进"、三个"一体建设"，建设法治中国也要促成国家法治、地方法治、社会法治协调发展。

（四）"社会主义法治必须坚持党的领导，党的领导必须依靠社会主义法治"

党和法的关系、党的领导和依法治国的关系，是社会主义法治建设和民主政治建设的核心问题。习近平总书记围绕党法关系的性质、社会主义法治必须坚持党的领导、党的领导必须依靠社会主义法治、正确认识党内法规与国家法律的关系、正确处理党的政策与国家法律的关系等方面，从理论、制度与实践的结合以及历史与现实的结合上，对党法关系进行了深刻阐述，澄清了模糊认识，批驳了错误观点，统一了思想认识，坚持和发展了中国特色社会主义法治理论。

提出党内法规与国家法律的关系并强调注重党内法规同国家法律的衔接和协调、共同发挥在治国理政中的互补性作用，是十八大之后我国政治生活和法治建设的重大理论和实践创新。关于这个问题，习近平总书记做过许多论述，丰富了中国特色社会主义法治理论和党建理论。习近平总书记指出：既要充分发挥法律法规的作用，还要充分发挥党规党纪的作用，使之相互作用、相得益彰，"在我们国家，法律是对全体公民的要求，党内法规制度是对全体党员的要求，而且很多地方比法律的要求更严格。我们党是先锋队，对党员的要求应该更严。全面推进依法治国，必须努力形成国家法律法规和党内法规制度相辅相成、相互促进、相互保障的格局”。“新形势下，我们党要履行好执政兴国的重大职责，必须依据党章从严治党、依据宪法治国理政。”

（五）“法律是治国之重器，良法是善治之前提”

习近平总书记在不同语境下提出了两个论断，科学地揭示了形式法治与实质法治的统一，说明了良法善治的实践导向。第一个论断：“法律是什么？最形象的说法就是准绳。用法律的准绳去衡量、规范、引导社会生活，这就是法治。”这一论断所指的是形式法治。第二个论断：“人民群众对立法的期盼，已经不是有没有，而是好不好、管用不管用、能不能解决实际问题；不是什么法都能治国，不是什么法都能治好国；越是强调法治，越是要提高立法质量。”“要抓住提高立法质量这个关键，深入推进科学立法、民主立法，完善立法体制和程序，努力使每一项立法都符合宪法精神、反映人民意愿、得到人民拥护。”这个论断抓住了社会主义法治的价值要义——良法善治。习近平总书记基于良法善治的崇高理念，从立党为公、执政为民的战略高度，重点强调了“人民主体”和“公平正义”的社会主义法治核心价值。“以人民为中心”就是习近平总书记所说的“法治为民”，这是社会主义法治最核心的价值，是中国特色社会主义法治价值体系的基石。公平正义是中国特色社会主义的内在要求，是社会主义法治的核心价值。

二 新时代建设社会主义现代化强国蕴含着现代化法治建设的基本目标

党的十九大报告明确提出：“经过长期努力，中国特色社会主义进入了新时代，这是我国发展新的历史方位。”在这一新的历史方位上，十九大提出至21世纪中叶建成社会主义现代化强国，同时明确了战略步骤，这同时也为法治建设提出了新的阶段性目标。[①]

① 以下有关社会主义现代化强国建设征程中法治建设阶段性目标的描述，来自全国干部培训教材编审指导委员会组织编写《建设社会主义法治国家》，人民出版社、党建读物出版社，2019，第35～36页。

第一，我们党提出的到2020年实现全面建成小康社会的战略目标中，蕴含着新时代建设现代化法治强国第一阶段的奋斗目标，这就是到2020年，要实现依法治国基本方略全面落实，中国特色社会主义法律体系更加完善，法治政府基本建成，司法公信力明显提升，人权得到切实尊重和保障，产权得到有效保护，国家各项工作基本实现法治化。

第二，党的十九大明确提出，2020～2035年，在全面建成小康社会的基础上，再奋斗15年，基本实现社会主义现代化。到那时，我国经济实力、科技实力将大幅跃升，跻身创新型国家前列；人民平等参与、平等发展权利得到充分保障，法治国家、法治政府、法治社会基本建成，各方面制度更加完善，国家治理体系和治理能力现代化基本实现；社会文明程度达到新的高度，国家文化软实力显著增强，中华文化影响更加广泛深入；等等。与此相适应，新时代建设现代化法治强国在这个阶段的目标是，我们党和国家顶层设计提出的全面建设法治中国的各项战略任务和重大改革举措顺利完成，新时代中国特色社会主义法治理论发展、法治体系建设、法治实践推进达成预定目标，一整套更加完善的制度体系基本形成，党和国家治理体系和治理能力现代化基本实现。把经济建设、政治建设、文化建设、社会建设、生态文明建设全面纳入法治轨道，用法治思维和法治方式推进全面深化改革、全面依法治国、全面从严治党取得新成就，在基本实现社会主义现代化的进程中，基本建成法治国家、法治政府、法治社会，基本建成现代化法治强国。

第三，从2035年到21世纪中叶，在基本实现现代化的基础上，再奋斗15年，把我国建成富强民主文明和谐美丽的社会主义现代化强国。到那时，我国物质文明、政治文明、精神文明、社会文明、生态文明将全面提升，实现国家治理体系和治理能力现代化，成为综合国力和国际影响力领先的国家，全体人民共同富裕基本实现，我国人民将享有更加幸福安康的生活，中华民族将以更加昂扬的姿态屹立于世界民族之林。这一阶段法治建设的目标是，把我国建成现代化法治强国，即科学立法、严格执法、公正司法、全民守法的各项制度得到全面贯彻，党领导立法、保证执法、支持司法、带头守法的各项要求得到全面落实，依法治国、依法执政、依法行政共同推进的现代化国家治理体系全面建成，国家治理能力显著提高，治党治国治军的制度体系更加完善更加成熟更加定型更有效能，法治国家、法治政府、法治社会一体建设的各项指标全面达到，依法治国基本方略得到全面深入落实，法治体系、法治权威、法治秩序全面发展，法治文化、法治精神、法治思想深入人心。

建设现代化的法治浙江，就是要在上述现代化法治强国建设的目标指引下，在地方、区域率先实现各项工作法治化，率先达成每一个阶段的目标。具体而言，浙江已经提出了高水平全面建成小康社会、高水平推进社会主义现代化建设的“两个高水平”建设，现代化的法治浙江，就是要为“两个高水平”建设提供法治力量。

三 为“两个高水平”建设提供法治力量

浙江省第十四次党代会报告明确提出，今后五年的奋斗目标是，确保到2020年高水平全面建成小康社会，并在此基础上，高水平推进社会主义现代化建设，以“两个高水平”的优异成绩，谱写实现“两个一百年”奋斗目标在浙江的崭新篇章。这是省委向党中央作出的庄严表态、向全省人民作出的庄严承诺，是浙江发展史上一个新的历史刻度。[①] 在浙江省委第十四届二次全会上，对推进“两个高水平”建设作出了具体安排，即第一阶段是2020～2035年，在高水平全面建成小康社会的基础上，制定实施浙江现代化建设中期规划（2020～2035年），再奋斗15年，大幅提升经济综合实力和质量效益、各领域法治化水平、文化软实力、人民群众获得感幸福感安全感、生态环境质量、全面从严治党水平，全面建成富强浙江、法治浙江、文化浙江、平安浙江、美丽浙江、清廉浙江，高水平完成基本实现社会主义现代化的目标；第二阶段是从2035年到21世纪中叶，在高水平完成基本实现现代化目标的基础上，再奋斗15年，全面提升物质文明、政治文明、精神文明、社会文明、生态文明水平，实现治理体系和治理能力现代化，综合实力和国际竞争力达到发达经济体前列水平，全省人民共同富裕水平全国领先，享有更加幸福安康的生活，在我国建成富强民主文明和谐美丽的社会主

① 《向着“两个高水平”的宏伟目标奋进——二轮学习贯彻省第十四次党代会精神》，《政策瞭望》2017年第6期。

义现代化强国的新征程中继续走在前列、勇立潮头。

新时代法治浙江建设，就是要在新的历史方位中，在推进“八八战略”再深化、改革开放再出发的总体布局下，为浙江谱写“两个高水平”建设的华美篇章提供坚实的法治基础。

（一）进一步增强“四个自信”，坚定不移地走中国特色社会主义政治道路和法治道路，将法治精神落实到“两个高水平”建设的各领域各环节

进一步强化“四个意识”，坚持党领导立法、保证执法、支持司法、带头守法，不断提高依宪执政水平，确保党的主张贯彻落实到法治建设全过程和各方面。进一步推动科学立法、严格执法、公正司法、全民守法，努力使法治成为浙江核心竞争力的重要组成部分。坚持依法治国和依规治党统筹推进，完善党内法规制度体系，注重党内法规同国家法律的衔接和协调，同时加强党内法规制度执行力度。支持和保证同级人大、政府、政协和监察机关、审判机关、检察机关依法依章程独立负责、协调一致地开展工作。贯彻《中国共产党政法工作条例》，坚持和加强党对政法工作的绝对领导，切实履行好政法战线维护社会大局稳定、促进社会公平正义、保障人民安居乐业的职责使命。

总体而言，在“两个高水平”建设的征程中，应当使法治成为浙江核心竞争力的重要组成部分，让法治浙江建设的先行优势进一步转化为领跑态势。

（二）进一步把“以人民为中心”的理念贯穿于法治浙江建设全过程各领域，不断增强人民群众的法治获得感

坚持法治为了人民、依靠人民、造福人民、保护人民，把实现好、维护好、发展好最广大人民根本利益作为法治建设的根本目的，把体现人民利益、反映人民意愿、维护人民权益、增进人民福祉、促进人的全面发展作为法治建设的出发点和落脚点，落实到法治浙江建设全过程、各领域，不断化解人民日益增长的高质量高标准多样化法治需要与法治供给能力不足以及法治发展不平衡不充分之间的矛盾，不断提高人民群众的获得感、幸福感、安全感，不断满足人民日益增长的美好生活需要。

（三）进一步推进中国特色社会主义政治制度在浙江的生动实践，健全人民群众在国家政治生活和社会生活中当家做主的运行机制

不断完善人民代表大会制度，统筹推进各级人大工作和建设，充分发挥人民代表大会制度的根本政治制度作用。坚持和完善中国共产党领导的多党合作和政治协商制度，支持人民政协积极履行政治协商、民主监督、参政议政职能，推动协商民主广泛多层制度化发展。加强和改进党对工青妇等群团组织的领导，不断增强群团工作和群团组织的政治性、先进性、群众性。

（四）进一步统筹推进科学立法、严格执法、公正司法、全民守法，推进浙江法治建设继续走在前列

加强和改进党委对立法工作的领导，发挥人大立法主导作用，加强重点领域立法特别是社会治理和民生领域立法，切实提高立法质量和效用。全面推进依法行政，坚持严格规范公正文明执法，加强行政执法监督和问责机制建设。全面落实司法体制改革各项措施，优化司法职权配置，让人民群众在每一个司法案件中都感受到公平正义。加强社会主义法治教育，大力发展法律服务业，做好社会“大普法”工作，进一步夯实法治社会的基础。提高法治宣传教育的针对性、实效性，让法治信仰根植人民心中，让广大干部群众自觉做宪法法律的忠实崇尚者、自觉遵守者、坚定捍卫者。

（五）进一步坚持改革和法治双轮驱动，抓住法治建设的关键环节和步骤

注重改革和法治两轮驱动，梳理总结依法执政实践的新鲜经验，以法规制度的形式固化下来，同时以改革为动力进一步推进依法执政。结合“最多跑一次”改革，以数字政府和政府行为标准化为重点，进一步规范政府行为，不断提高政府的公信力。紧紧抓住领导干部这一“关键少数”，引导和推动各级领导干部提升与依法执政要求相匹配的法治素养、法治能力，增强尊崇法治、敬畏法律的必备素质，增强带头遵纪守法、捍卫法治的行动自

党，提高运用法治思维和法治方式推动工作、解决问题的能力，更好地履行推进依法执政的职责。

（六）进一步强化基层民主政治建设与法治建设的联动机制，不断提升基层治理的民主化法治化水平

完善基层党组织领导的充满活力的基层群众自治机制，健全企事业单位民主管理制度，增强政府管理和基层民主良性互动。坚持和发展“枫桥经验”“后陈经验”，总结推广自治、法治、德治“三治合一”的基层治理经验，充分调动和引导基层群众参与社会治理的积极性，充分发挥法律法规、道德规范、村规民约等各种治理资源的作用。推进新时代民主法治村（社区）建设，及时总结和推广各地在民主法治村（社区）建设中取得的成功经验，广泛开展“民主法治示范村”创建工作，将民主法治村（社区）建设作为乡村振兴的重要内容，不断提高基层治理的民主化、法治化水平。

（七）进一步将党政主要负责人履行推进法治建设第一责任人职责落实落细

2016 年 12 月，中共中央办公厅、国务院办公厅印发的《党政主要负责人履行推进法治建设第一责任人职责规定》；2018 年 3 月，浙江省委办公厅省政府办公厅印发《浙江省党政主要负责人履行推进法治建设第一责任人职责实施办法》，有必要进一步将实施办法中规定的党政一把手职责落实落细，并在此基础上发挥考核督察的指挥棒作用和巡视巡察的利剑作用：加强对政府领导班子其他成员及政府部门主要负责人依法行政的监督考核，及时查处、纠正行政不作为、乱作为、慢作为；按要求将法治建设情况细化成各项具体指标，并纳入巡视巡察范围。

第　二　章

加强党对法治浙江建设的全面领导

把党的领导贯彻到依法治国的全过程和各方面，是我国社会主义法治建设的一条基本经验，也是法治浙江建设发生发展过程中贯穿始终的根本遵循。进入新时代，需要进一步加强党对法治浙江建设的全面领导。发挥省委全面依法治省委员会的枢纽作用，加强党对法治建设的统一领导；完善党委依法决策机制，促进党的政策和国家法律互联互动；党领导地方立法、保证行政执法、支持司法机关依法独立公正行使司法职权，带头守法。加强党对法治浙江建设的领导，还需要健全我省党内法规制度体系，完善党内规范性文件备案审查制度，强化党政联合发文规范化建设。

第一节　高水平建设法治浙江的根本保证

历史和现实都表明，加强党的领导是高水平建设法治浙江的根本保证。党的领导和法治建设高度统一，唯有进一步加强党的领导，才能更好地全面贯彻落实中央关于全面依法治国的统一部署，也才能更好地解决高水平建设法治浙江中遇到的困难和问题。

一　党的领导和依法治国的高度统一

党的十八届四中全会决定提出了“中国特色社会主义法治理论”的概念，明确指出全面推进依法治国，建设中国特色社会主义法治体系，建设社会主义法治国家，必须在中国共产党领导下，坚持中国特色社会主义制度，贯彻中国特色社会主义法治理论。如何理解坚持党的领导与坚持法治原则的关系，也成为中国特色社会主义法治理论最关键的论题。

（一）坚持党的领导是中国特色社会主义法治之魂

党的领导是中国特色社会主义最本质的特征，是社会主义法治最根本的保证。把党的领导贯彻到依法治国全过程和各方面，是我国社会主义法治建设的一条基本经验。中国特色社会主义法治理论的核心问题，是处理好党的领导和依法治国的关系，即党领导法治建设的理论。习近平总书记指出，抓住了这个根本问题，就是抓住了中国特色社会主义法治的本质和核心。全面推进依法治国这件大事能不能办好，最关键的是方向是不是正确、政治保证是不是坚强有力。具体讲就是要坚持党的领导，坚持中国特色社会主义道路，贯彻中国特色社会主义法治理论。习近平总书记进一步强调，对这个核心问题，要理直气壮讲，大张旗鼓讲。要向干部群众讲清楚我们社会主义法治的本质特征，做到正本清源、以正视听。习近平总书记的重要论述，为我国社会主义法治建设立下了定海神针，为全面依法治国定下了总根基。中国特色社会主义法治最大的“特”就“特”在这里。我们全面推进依法治国，绝不是要虚化、弱化甚至动摇、否定党的领导，而是为了进一步巩固党的执政地位、改善党的执政方式、提高党的执政能力，保证党和国家长治久安。

（二）党的领导和中国特色社会主义法治在本质上是一致的

这是正确认识党和法的关系的关键。社会主义法治必须坚持党的领导，党的领导必须依靠社会主义法治。习近平总书记指出，在我国，法是党的主张和人民意愿的统一体现，党的领导、人民当家做主、依法治国三者是有机统一的。坚持党的领导是全面推进依法治国的题中应有之义。只有在党的领导下依法治国、厉行法治，人民当家做主才能充分实现，国家和社会生活法治化才能有序推进。党领导人民制定宪法法律，党领导人民执行宪法法律，党自身必须在宪法法律范围内活动。党和法、党的领导和依法治国是高度统一的。坚持依宪治国、依宪执政，就包括坚持宪法确定的人民民主专政的国体和人民代表大会的政体不动摇。

（三）党和法的关系是政治和法治关系的集中反映

习近平总书记把我们的政治和法治的关系概括为“三个本质上”：“我们要坚持的中国特色社会主义法治道路，本质上是中国特色社会主义道路在法治领域的具体体现；我们要发展的中国特色社会主义法治理论，本质上是中国特色社会主义理论体系在法治问题上的理论成果；我们要建设的中国特色社会主义法治体系，本质上是中国特色社会主义制度的法律表现形式。”这些论述告诉我们，中国的法治建设没有也不可能照搬西方的法治理念和模式。中国特色社会主义法治道路的开辟，是中国法治建设成就和经验的凝结。1982 年的《党章》修改中首次确立了“党必须在宪法和法律范围内活动”的法治原则，这表明社会主义国家治理实践在理论认识上产生了实质性的重大飞跃，党与法律的关系被重新考虑，由此也为党的领导权与法治原则相互兼容开辟了历史可能性空间。此后，1999 年的法治原则入宪和 2014 年的以国家治理现代化为总目标的全面推进依法治国，更进一步使坚持党的领导和坚持法治原则成为当代中国国家治理制度安排的两个既定和不可放弃的选项。现行宪法第五次修正案第三十六条规定：宪法第一条第二款“社会主义制度是中华人民共和国的根本制度。”后增写一句，内容为：“中国共产党领导是中国特色社会主义最本质的特征。”宪法修正案的上述规定，是总结新中国宪法制定和实施的经验得出的重要结论，也是党在宪法和法律范围内活动、党依法执政从观念层面转化为具体的制度安排和实际行动迈出的重要一步。

二 治理改革需要加强党的领导

国家治理改革的系统性决定推进国家治理现代化必须加强党的领导。国家的治理体系是一个制度系统，包括政治、经济、社会、文化、生态等各个领域，必须从总体上考虑和规划各个领域的改革方案，从中央宏观层面加强对治理体制改革的领导和指导。碎片化、短期行为、政出多门以及部门主义和地方主义，是我国现行治理体制和公共政策的重要弱点，它们严重削弱了国家的治理能力。鉴于这样一种现实情况，顶层的制度设计和宏观指导，对国家治理体系现代化建设尤其重要。中国共产党是中国工人阶级的先进政党，也是最广大人民群众利益的忠实代表。一方面，它站在国家和民族根本利益的高度，可以超越部门和地区利益，进行全局性的统筹规划，挣脱既得利益的束缚；另一方面，它可以总揽全局、从战略上谋划国家治理体系的现代化，从而避免头痛医头脚痛医脚，草率从事。

多元主体共同治理的要求决定推进国家治理现代化必须加强党的领导。国家治理体系是在党的领导下包括政府在内的多元主体共同治理国家的制度体系，包括经济、政治、文化、社会、生态和党的建设等各领域的体制机制、法律法规安排。国家治理体系涉及国家管理者、管理对象、治理方式等国家管理活动的所有要素，形成覆盖国家生活所有领域的治理结构。与传统的国家统治和国家管理等治理手段和方式不同的是，国家治理要求多种社会力量与政府之间形成一种合作互动的体制机制，共同参与国家生产生活秩序的维持和治理。国家治理的理想状态，就是善治。善治不同于传统的政治理想“善政”或“仁政”，善政是对政府治理的要求，即要求一个好的政府。善治则是对整个社会的要求，不仅要有好的政府治理，还要有好的社会治理。简单地说，善治就是公共利益最大化的治理过程，其本质特征就是国家与社会处于最佳状态，是政府与公民对社会政治事务的协同治理。作为沟通国家与社会、政府与公民的重要媒介，中国共产党在加强多元主体在公共事务管理的良性互动方面（如意见表达、凝聚共识等）发挥着巨大作用，而这种作用随着国家治理改革的深入也将日益重要。

三　法治浙江建设需要加强党的领导

首先，加强党的领导是法治浙江建设的经验总结。改革开放以来，省委高度重视法治建设，先后作出依法治省和建设法治浙江的决定。几届省委沿着习近平同志开创的法治浙江建设道路砥砺前行，坚持把法治浙江建设作为深入实施“八八战略”的重要内容和重要保障，作为我省社会主义民主政治建设的总抓手，把法治浙江建设放到建设物质富裕精神富有现代化浙江和建设美丽浙江、创造美好生活战略布局中谋划和推动，坚持不懈、循序渐进，开拓进取、干在实处，取得了丰富的理论成果、制度成果和实践成果。

按照党委总揽全局、协调各方的原则，大力推进依法执政，健全党内民主制度，完善依法决策机制，加强和改进人大和政协工作，支持各级政府依法行政，加强对政法工作的领导，把党的领导贯彻到法治浙江建设的全过程和各方面。建立以省委书记为组长的省委建设法治浙江工作领导小组，形成党委统一领导，人大、政府、政协各负其责，部门协同推进，人民群众广泛参与的法治建设工作格局。坚持“一把手抓、抓一把手”，明确工作重点，落实工作责任，统筹推进法治浙江建设各项工作。2006 年以来十余年的法治浙江建设生动实践充分证明坚持党的领导是法治浙江建设的一项重要宝贵经验。

其次，全面贯彻落实中央统一部署需要加强党的领导。全面推进依法治国的总目标是建设中国特色社会主义法治体系，建设社会主义法治国家。为完成这项复杂而艰巨的系统工程，中央作出了一系列重要的顶层设计和科学的规划蓝图。贯彻落实中央重大决策，与党中央保持高度一致，是全面深化法治浙江建设的重要遵循和指导。因此，法治浙江建设需要坚持党的领导，充分发挥省委学以致用、学用结合、理论联系实际的优良作风，做到政治自觉、思想自觉、行动自觉。

再次，法治浙江建设任务的艰巨性需要加强党的领导。习近平总书记曾指出：“建设‘法治浙江’是一个宏大的系统工程，牵涉面广，需要解决的问题又往往具有根本性和全局性，任务非常繁重，工作十分繁杂。”当前，我省全面深化改革进入攻坚期和深水区，面临的任务之重和矛盾风险挑战之多前所未有，全面深化法治浙江建设的地位更加突出、责任更加重大，加强法治建设比以往任何时候都更加重要、更为迫切。这就要求更好地运用法治思维和法治方式来全面深化改革、再创发展优势，做到全面深化改革攻坚到哪里，经济社会发展到哪里，法治建设就跟进到哪里；越是重大改革、越要法治先行，越是科学发展、越要法治引领，确保各项重大改革于法有据，确保我省经济社会各项事业既生机勃勃又井然有序。与此同时，随着浙江改革开放的不断深入，经济社会的快速发展，群众生活水平的逐步提高，特别是随着法治建设的全面推进，法治宣传教育的持续开展，人民群众的法治意识不断增强，法治素养不断提高，对维护社会公平正义的呼声也日益高涨。这对我省科学立法、严格执法、公正司法、全民守法，提出了更高标准；对各级领导干部运用法治思维和法治方式来深化改革、推动发展、化解矛盾、维护稳定，提出了更高要求。为了适应当前经济社会发展对于法治浙江建设的需求，需要形成统一的行动意志，更需要果断推行强力有效的法治举措。因此，深入推进法治浙江建设，需要进一步加强党的领导。

第二节　加强党对法治浙江建设领导的基本路径

党的十九大报告指出："全面依法治国是中国特色社会主义的本质要求和重要保障。必须把党的领导贯彻落实到依法治国全过程和各方面。"适应新时代特点，习近平总书记提出党如何领导法治建设、如何处理党法关系的"十六字方针"——"领导立法、保证执法、支持司法、带头守法"。以此为基本遵循，并结合习近平总书记在中央全面依法治国委员会第一次会议上对推进全面依法治国的总体部署，应重点从以下几个方面加强党对法治浙江建设的领导。

一　发挥省委全面依法治省委员会的枢纽作用，加强党对法治建设的统一领导

中共浙江省委十四届二次全会决定提出"更好发挥省委建设法治浙江工作领导小组作用，切实加强对法治浙江建设的统一领导"。根据2018年10月党中央、国务院批准同意的《浙江省机构改革方案》，对应中央和国家机关调整，浙江成立"省委全面依法治省委员会"，以此行使原来的省委建设法治浙江工作领导小组的职能，建立健全和优化省委对法治浙江建设工作的领导体制机制。可以预见的是，"省委全面依法治省委员会"，将在省委建设法治浙江工作领导小组的基础上探索进一步完善领导机构和机制，做好和中央全面依法治国委员会机构、职能的衔接，抓好对中央全面依法治国委员会重点工作在浙江的部署，确保党中央关于全面依法治国的决策部署不折不扣地在省内落实；加强统筹协调，就法治工作的重大事项征求各有关方面意见，推动解决一个部门、地区解决不了的重大事项，协调解决部门、地区之间存在分歧的重大问题；围绕党中央关于全面依法治国的重大决策部署、

省委关于法治浙江建设的重大部署以及民众反映强烈的突出问题，加强检查督导。加强理论研究，组织开展法治浙江建设重大理论和实践问题研究，为党委领导法治建设提供决策参考。

从理论展望的角度，将来的省委全面依法治省委员会要发挥好加强党对法治建设统一领导的枢纽作用，需要进一步清晰职能定位，健全工作机制。根据中央印发的《深化党和国家机构改革方案》，中央全面依法治国委员会主要职责是：统筹协调全面依法治国工作，坚持依法治国、依法执政、依法行政共同推进，法治国家、法治政府、法治社会一体建设，研究全面依法治国重大事项、重大问题，统筹推进科学立法、严格执法、公正司法、全民守法，协调推进中国特色社会主义法治体系和社会主义法治国家建设等。中央全面依法治国委员会办公室是中央全面依法治国委员会的常设办事机构，主要任务是开展全面依法治国重大问题的政策研究，协调有关方面贯彻落实中央全面依法治国委员会决定事项、工作部署和任务要求等。可见，全面依法治国委员会的定位为党中央决策议事协调机构，负责全面依法治国的顶层设计、总体布局、统筹协调、整体推进、督促落实。“省委全面依法治省委员会”是对应中央和国家机关调整而设立，应当在职责定位上保持一定的同构性，即负责对全省各个系统、各个部门、各个地方、各个领域、各个环节的法治建设的集中统一领导，从战略全局角度加强对法治浙江建设的坚强有力的集中统一规划、协调、推进、保障和监督，从体制机制上解决科学立法、严格执法、公正司法以及法治国家、法治政府、法治社会建设中的部门主义和地方保护主义等问题。与此同时，需要更好发挥全面依法治国和法治浙江建设在“四个全面”战略布局中的基础性、保障性作用，把法治思维和法治方式贯穿到省域治理全过程，为全面建成小康社会、全面深化改革、全面从严治党提供长期稳定的法治保障。

立足于上述职责定位，“省委全面依法治省委员会”的工作运行应着眼于法治建设和省域治理中的全局性、基础性、综合性、前瞻性命题，着力解决其中跨部门、跨区域、跨系统、跨环节的痛点性问题。特别是应当结合中央和省委关于党政主要负责人履行推进法治建设第一责任人职责的有关规定，利用其统筹协调各方的功能，对需要整合资源、整合环节予以推进的法治建设事项，进行制度设计和重点突破。

二　完善党委依法决策机制，促进党的政策和国家法律互联互动

党的十八届四中全会指出，健全党领导依法治国的制度和工作机制，完善保证党确定依法治国方针政策和决策部署的工作机制和程序，加强对全面推进依法治国统一领导、统一部署、统筹协调，完善党委依法决策机制，这是党对新时期加强法治建设领导提出的全新路径指引。建立和完善党对立法工作中重大问题的决策程序，使党对立法工作的领导统一和落实到政治领导、思想领导和组织领导上来。主要包括：通过制定大政方针，确立地方立法指导思想、指导理念以及地方立法工作基本原则；审批人大及其常委会制定的立法规划，做到统筹协调；适时向人大及其常委会提出重大地方立法建议项目；对地方立法过程中涉及的重大、疑难问题的请示作出决策、决定。

在新时代，高水平建设法治浙江，需要进一步统一党委依法决策和重大行政决策程序法定化。各级领导干部应当以2018年末的高考英语赋分事故为鉴，充分认识到《浙江省重大行政决策程序规定》是党的民主集中制原则在行政领域的法定化、制度化和具体化，因此，执行好《浙江省重大行政决策程序规定》确定的民主决策、科学决策制度，正是落实党的民主集中制原则的重要体现。党的领导和依法行政是辩证统一的关系，不应将两者人为割裂开来。领导干部的魄力和担当，与民主科学决策是相辅相成的关系，不应简单对立。决策之前，尤其多听听各方的意见，多进行利益衡量和风险评估，并不是缺乏魄力和担当的表现，而是对人民的高度负责、对法律的高度敬畏。现代治理体系中的领导干部魄力担当，是集思广益基础上的果断果敢，而不是闭目塞听之下的武断专擅。

三　领导地方立法

应当始终坚持党的领导、人民当家做主、依法治国有机统一，充分发挥人民代表大会制度优势，为全省经济社会发展提供有力的法治保障。党领导地方立法，关键需要做到以下三点。

第一，坚持党对立法工作的政治领导。围绕省委在不同时期的任务和要求，坚持问题导向，坚持统筹兼顾，科学确定重点立法项目，合理编制立法规划、年度立法计划，并根据地方党委新要求和地方经济社会发展新趋势，适时调整立法规划、年度立法计划，以适应地方经济社会发展的新要求和人民群众的新期待，进而确保地方党委的主张和人民意志在地方立法工作上的高度统一。建立健全重大事项报告制度，不断增强坚持党的领导的思想自觉和行动自觉。尤其是涉及主题重大、政治敏感、情况复杂、社会关注度高的地方立法工作，在立法中出现的重大事项应当及时向地方党委报告。在党委的领导下，有效协商解决重大立法争议，切实增强立法及时性、有效性、可操作性。

第二，健全人大主导立法工作的体制机制，尊重、信任和维护人大及其常委会的法定程序和立法权威，科学合理划分党内法规与国家地方立法的界限，不以党的政策代替国家地方立法。在立法方向和原则已确定的前提下，省委应加强和改善对人大及其常委会的领导，支持和保证人大及其常委会依法行使职权、开展工作，充分发挥人大及其常委会的立法主动性和能动性，充分发挥人大代表立法主体作用，集思广益，最终将党的政策经过法定程序，贯彻和体现在地方立法当中。发挥人大密切联系群众的优势，从人民群众中汲取改革动力和智慧。坚持民主决策和科学决策相统一，对各方面的意见进行统筹、汇总、分析、研究、论证，充分揭示矛盾，把握事物的本质和规律，整合协调利益关系，寻求最大公约数。

第三，加强人大与政府的沟通协调。对于立法议题，在经调查研究形成初步修改方案时，及时与政府主管领导和主管部门负责人沟通信息、交换意见、协调工作，以利于完善方案，达成思想共识，形成工作合力。

四 保证行政执法

严格执法是行政机关严格贯彻落实法律法规的过程，是人民意志转变为现实的决定性环节，是实现依法治国方略的内在要求和必要保证。习近平总书记指出，严格文明公正执法是一个整体，要全面贯彻。文明执法、公正执法要强调，严格执法也要强调，不能畸轻畸重。[①]

只有发挥党的坚强领导核心作用，党组织的战斗堡垒功效、党员的先锋模范效应，行政机关自觉将自己活动置于党领导之下，才能使执法精神不偏离人民意志，保证执法行为不走样。为此，需要进一步完善党领导政府的工作机制，深入推进依法行政，创新执法体制、完善执法程序、推进综合执法，严格执法责任，建立权责统一、权威高效的依法行政体制，加快建设职能科学、权责法定、执法严明、公开公正、廉洁高效、守法诚信的法治政府，确保各级政府始终坚持在党的领导下、在法治轨道上开展工作。在具体机制上，建议建立健全各级地方党委定期听取行政执法机关工作汇报的机制，强化党委对行政机关执法行为的监督和制约，切实解决执法中的“失范”情况，以保证党的路线方针政策得到切实有效的贯彻实施。强化执法队伍管理。以行政机关内的党组和党员为单元和细胞，以推进执法体制改革为重点，以规范决策程序、约束执法行为、推进政务公开为关键环节，重点突破、有序进行，强化党员的思想道德培训和法律法规教育，制定定期学习计划，落实绩效考核。

五　支持司法机关依法独立公正行使司法职权

党支持司法，是落实宪法中保证人民法院、人民检察院依法独立公正行使审判权和检察权的原则。必须以适应司法特点的方式坚持和加强党的领导，这是党领导司法的关键所在。因此，党对司法工作的领导主要是党对司法机关政策、方针、路线上的领导，是宏观上的方向性领导，而不是对具体案件、具体实施过程的领导，亦即党领导司法体制机制改革，指引司法前行的正确方向，并最终保证司法机关依法独立行使司法权。立足于上述定位，党对司法的领导，并支持司法机关依法独立公正行使司法职权一般从以下方面展开：通过权力机关向司法机关推荐优秀司法人才和法治人才；通过司法机关党组织充分发挥党员的模范带头作用，通过法定程序对司法机关的活动

① 《严格执法，公正司法》（2014 年 1 月 7 日），《十八大以来重要文献选编》（上），中央文献出版社，2014，第 722 ~ 723 页。

进行监督。通过这些方式，对司法系统（包括检察院和法院）的资源进行配置、激活和有机融合，使司法系统呈现出较好的条理性和系统性、较大的价值性和实效性，使其在依法治国中的价值得到增值。

总之，党支持司法的目标愿景是，通过司法体制机制改革的顶层设计，完善和发展中国特色社会主义制度，创造更高水平的司法文明。

在推进法治浙江建设过程中，支持司法机关依法独立公正行使司法职权的一个重要制度切入点是完善领导干部干预司法、插手过问案件的记录和责任追究制度。其目的在于约束“关键少数”，从而支持司法机关独立行使职权。要从根本上杜绝各级党的机关、人大机关、行政机关、政协机关、审判机关、检察机关、军事机关以及公司、企业、事业单位、社会团体中具有国家工作人员身份的领导干部以“党的领导”的名义对具体案件“递条子”“打招呼”，侵害司法公信力。

六 带头守法

党对依法治国的领导地位，决定着党的各级组织及其成员在树立并运用法治思维方面要走在社会前列，发挥示范引领作用。带头守法的本质是依法执政，依法执政是依法治国的关键。各级党组织和领导干部应当深刻认识到，维护宪法法律权威就是维护党和人民共同意志的权威，捍卫宪法法律尊严就是捍卫党和人民共同意志的尊严，保证宪法法律实施就是保证党和人民共同意志的实现。党员干部是全面推进依法治国的核心参与者、组织者和推动者，党员干部只有率先垂范，自觉运用法治思维，带头学法、传法、用法、守法，才能成为全民守法的领航者。

第一，主动尊法，发挥党组织尊崇法治、敬畏法律的模范作用。从十八大报告提出“增强全社会学法尊法守法用法意识”，第一次把“尊法”写入党的工作报告，到 2015 年习近平总书记提出领导干部要做尊法学法守法用法的模范，把“尊法”提到首要位置，意蕴深远。法律的权威来自人民内心真诚的信仰和坚定的拥护，这也是法治社会的前提。法国 18 世纪哲学家卢梭（Jean-Jacques Rousseau，1712～1778 年）就曾说过：“规章只不过是穹隆顶上的拱梁，而唯有慢慢诞生的风尚才最后构成那个穹隆顶上的不可动摇的拱心石。”最重要的法律，“既不是铭刻在大理石上，也不是铭刻在铜表上，而是铭刻在公民们的内心里”。①

第二，积极学法，充当了解法律、掌握法律的积极示范者。建立健全培训管理制度，加大对各级党员法治思维、法治方式、法治能力的培训。建立健全考核制度，丰富考核内容，建立考核评价机制，把考核评价结果列为干部选拔任用和各级党组织评先的重要依据，确保党员带头学法、主动学法，为建立学习型法治国家起到关键的带头作用。

第三，科学用法，发挥党组织厉行法治、依法办事的带头作用。科学把握权力边界，牢固树立规则意识。坚持自律与他律相结合，在自觉遵守法纪中守住党和人民交给的政治责任，守住自己的政治操守，守住人生底线。对违反制度踏“防线”、踩“红线”、越“底线”、闯“雷区”的人和事，决不能视而不见、避重就轻，坚决把责任追究到具体部门，把板子打到当事人身上，以实际行动确保制度规定刚性执行、有效落实。

第三节　加强我省党内法规制度体系建设

党的十八大以来，党内法规制度体系建设迎来了重要的发展机遇期。《中共中央关于全面推进依法治国若干重大问题的决定》指出“党内法规既是管党治党的重要依据，也是建设社会主义法治国家的有力保障”，并将“形成完善的党内法规体系”作为“建设中国特色社会主义法治体系”的重要内容。党的十九大报告从事关党长期执政和国家长治久安的战略高度，对推进新时代党内法规制度建设作出重大部署，明确了新形势下党内法规制度建设的战略定位、努力目标和实现路径，也为我省党内法规制度体系建设指明了方向。

一　建立健全省级党内法规制度体系

（一）主要目标

党的十九大报告明确了新时代党的建设总要求，强调要坚持和加强党的

① 〔法〕卢梭：《社会契约论》，何兆武译，商务印书馆，2002，第70页。

全面领导，坚持党要管党、全面从严治党，以加强党的长期执政能力建设、先进性和纯洁性建设为主线，并提出要“加快形成覆盖党的领导和党的建设各方面的党内法规制度体系”。浙江省第十四次党代会在部署“两个高水平”建设的目标任务时，较早地提出了今后五年省级党内法规制度体系基本形成的目标。根据中央的顶层设计精神，我们认为，上述目标具体包含以下三方面内容。

第一，健全党的领导法规制度。按照党章提出的“党必须按照总揽全局、协调各方的原则，在同级各种组织中发挥领导核心作用”这一根本要求，健全党领导改革、经济、政治、法治、文化、社会、生态文明、外事、国防和军队，以及党的组织、宣传、纪检监察、群众、统战等方面工作的党内法规制度，通过把党的领导活动纳入制度化轨道，达到坚持和加强党的全面领导的目的。在健全党的领导法规制度时，应当着力在领导体制上巩固党的领导地位、理顺党的领导关系，在领导机制上健全党的领导活动链条、保证党的领导意图顺利实现，在领导方式上因人因事而异、综合施策精准施策，在领导方法上力求灵活多样、有效管用。

第二，健全党的建设各方面法规制度。以政治建设为统领，全面推进党的政治建设、思想建设、组织建设、作风建设、纪律建设等各项党的建设活动的制度化规范化程序化。党的十九大明确指出“全面推进党的政治建设、思想建设、组织建设、作风建设、纪律建设，把制度建设贯穿其中”。“把制度建设贯穿其中”这一定位，科学揭示了制度建设与党的“五大建设”内在联系，契合以党的“五大建设”为体、以制度建设为用的定位，有利于推动制度建设与党的“五大建设”形成结构性耦合，既要求制度建设紧紧围绕党的“五大建设”公转，也要求党的“五大建设”依靠制度建设走上制度化规范化程序化轨道，实现制度建设与党的“五大建设”同频共振、一体推进。全面实现党的“五大建设”制度化，要求纵向到底、横向到边全方位推进党内法规制度建设。在横向上，既要实现党的政治建设、思想建设、组织建设、作风建设、纪律建设等各方面工作的制度化规范化程序化，又要针对每个方面党的建设工作建立健全体制机制，全面实现用制度管人管权管事；在纵向上，无论是省级地方党委及其工作部门，还是各类党的基层组织，都要落实依规治党要求，通过制定和实施党内法规制度全面推进党的

“五大建设”活动。

第三，统筹推进依法治国和依规治党。党的十九大强调要坚持“依法治国和依规治党有机统一”，并将其纳入新时代中国特色社会主义基本方略之中。具体包含三层含义：其一，二者相对独立。依规治党和依法治国各自聚焦解决治党和治国问题，二者在功能定位上各有侧重、相对独立，既不能缺位，更不能错位越位，避免出现“依规治国”或者“依法治党”。其二，二者相辅相成。一方面，依规治党要以依法治国为基础。究其根本而言，依规治党和依法治国都奉行规则之治，都旨在寻求在制度轨道上开展活动，而宪法法律为包括党组织和党员在内的一切组织和个人提供了基本行为规则。另一方面，依法治国要靠依规治党来保障。党的领导是中国特色社会主义法治最本质的特征和最根本的保证，如果不坚持依规治党、将党领导法治建设活动纳入党内法规轨道，那就难以实现法治建设目标。其三，二者殊途同归。党的十八届四中全会指出：“依法执政，既要求党依据宪法法律治国理政，也要求党依据党内法规管党治党”，这就明确了党坚持依法执政需要“双轮驱动”，一个轮子是依法治国，另一个轮子是依规治党，必须双轮驱动、齐头并进。

（二）实现路径

第一，以“二五”规划为遵循，加大建章立制力度。党的十八大以来，党内法规制度建设进入了“快车道”。截至 2017 年底，全党共有党内法规 3843 部，其中，中央党内法规 195 部，部委党内法规 236 部，地方党内法规 3412 部。仅 2017 年，全党共制定出台党内法规 484 部。其中，党中央制定修订 29 部中央党内法规，包括 1 部党章、5 部条例、5 部规则、10 部规定、6 部办法、2 部细则。同时，中央纪委、中央各部门共制定党内法规 56 部，省级党委共制定地方党内法规 399 部。为了贯彻落实党的十九大精神，党中央编制出台《中央党内法规制定工作第二个五年规划（2018～2022 年）》（“二五”规划），对今后 5 年党内法规制度建设进行顶层设计，提出了指导思想、工作目标、基本要求、重点项目和落实要求，是推进新时代党内法规制度建设的重要指导性文件。

我省省级党内法规制度体系的建设，应当以“二五”规划为遵循，在纵向和横向两大维度上予以推进。在纵向维度上，首先，以党章为总枢纽，依靠准则、条例铺设的“高速公路”和其他中央党内法规铺设的“国道”，制定修订一批规则、规定、办法、细则，铺设好我省党内法规的“省道”；其次，积极做好市县党委建章立制工作，铺设“市县公路”；再次，加强党的基层组织制度建设，铺设打通最后一公里实现“村村通”的“乡村公路”。通过制度建设对党的“五大建设”的全覆盖，实现在纵横交错的制度化轨道上有序推进党的建设各方面工作。在横向维度上，根据“二五”规划提出的明确要求，着力从完善党的组织法规制度、党的领导法规制度、党的自身建设法规制度，以及党的监督保障法规制度等四个方面，做好我省党内法规制度重点项目的计划和制定工作。

第二，加强法规实施，提升制度执行力。一是开展宣传教育，推动党员干部增强法规意识。首先，坚持以公开为原则、不公开为例外，加大党内法规公开力度。除涉及党和国家秘密不得公开或者依照有关规定不宜公开的事项外，一般应当公开。其次，加大宣传力度、拓宽宣传渠道，通过答记者问、发表评论员文章、开展在线访谈、播发系列述评等方式，加强党内法规制度宣传解读。再次，各地区、各部门应当不断推进“两学一做”学习教育常态化制度化，普遍通过举办专题培训班、报告会、研讨班等多种方式，组织学习党章党规，增强党员干部的制度意识、规矩意识。

二是注重落实，推动党内法规落地生根。首先，明确执规主体责任。各级各类党组织无一例外都是党内法规的执行主体，要认真履行执行党内法规的主体责任，守土有责、守土尽责，各负其责、各执其规，严格执规、依规用权、依规办事，切实做到用法规制度管人管事管权，在法规制度轨道上推进党的领导和党的建设工作。其次，探索开展实施评估。积极探索党内法规实施评估工作，注重运用第三方评估方法，制定出台实施评估办法，通过科学评估做到对党内法规制定质量和实施情况的心中有数，推动提升党内法规制定质量和制度执行力。再次，强化督促检查。各地区、各部门要加强党内法规实施的督察工作，运用督促检查推动党内法规落实落地。要将党章和其他重要党内法规执行情况作为党员领导干部述职、考核和民主生活会对照检查的重要内容；将中央和省委重要党内法规制度贯彻落实情况列入党委督察和巡视巡察重要内容。

第三，倡导机制创新，促进党内法规制度同国家法律的衔接和协调。首先，推进党内法规制度“立改废释”常态化，不断提高党内立规制度的科学化、民主化、法治化水平；要定期开展党内法规制度清理工作，重点解决党内法规与国家法律不协调、不适应和不衔接的问题；通过法律或党内法规制度的解释使二者在语义上和意义上达到高度一致、互相兼容，即统筹推进、一体建设。其次，规范党政“共同立法”，促进党规国法“互联互通”。应当逐步通过案例累积和制度建设统一认识，明确党政联合发文的适用范围；界定标准，明确党政联合发文的适用条件；严格把关，加大党政联合发文事前审核力度；强化监督，完善党政联合发文事后备案纠错机制。再次，建立和完善依规治党与依法治国统筹协调体制机制。在体制机制上，在人大、政府法治工作相关部门与党内法规制度工作部门之间建立协调推进的工作机制和工作程序，使党委法规工作部门与国家法治工作部门有效衔接、形成合力。

第四，推进党内法规制度理论研究，提供党内法规制度建设智力支撑。首先，建设党内法治制度研究智库平台，追求党内法规研究“新高度”。依托高校、科研机构，围绕党内法规问题开展协同创新研究。积极推进新型智库建设，以省委重大决策的支撑性服务为支点，引导研究人员参与党内法规制度领域的重大课题研究，及时向省委呈报有关对策报告和研究成果。其次，找准理论创新切入点，梳理党内法规制度建设“新经验”。结合省委决策部署，确立一批理论与实践相结合的课题，通过课题研究解决党内法规制度建设的基础理论性问题，解决党内法规制定与实施中的应用对策性问题。再次，把握人才建设着力点，布局党内法规发展“新战略”。推动党内法规理论研究队伍、后备人才队伍建设，加强党内法规干部培训工作，为提升党内法规专门工作队伍综合素质提供支持。

二　完善党内规范性文件备案审查制度

（一）党内规范性文件备案审查的重要性

党内规范性文件审查制度是党内法规制度体系的重要内容。2013 年 5

月27日，《中国共产党党内法规和规范性文件备案规定》正式公开发布。2017年6月25日，中央印发《关于加强党内法规制度建设的意见》，明确提出要“完善备案审查制度”。为贯彻落实《中国共产党党内法规和规范性文件备案规定》《中共中央办公厅关于开展党内法规和规范性文件清理工作的意见》，2013年，浙江省委制定下发了《中国共产党浙江省委员会党内法规和规范性文件备案细则》《中共浙江省委办公厅备案工作规程》。近年来，虽然党内规范性文件备案审查制度不断完善，但仍然存在审查范围过窄、审查机构不健全、审查程序存在缺漏、审查责任定位模糊等问题。理论界对于党内规范性文件备案审查也缺乏必要的关注，目前研究的重点主要集中在党内法规制度体系与法律体系之间的审查模式衔接等问题上，且仅仅关注《中国共产党党内法规制定条例》所确定的党内法规和党内规范性文件，较少关注效力位阶较低但数量巨大的低位阶党内规范性文件，忽略了审查制度运行中的一些重要问题。因而，有必要进一步提高对于党内规范性文件备案审查制度的认识和重视程度。

首先，党内规范性文件备案审查是完善党内法规制度体系的重要内容和方法。党的十八大之后，全面从严治党取得了良好成效，为了构建不能腐的长效机制，制度治党、依规治党成为必然选择。习近平总书记提出，“加强党内法规制度建设是全面从严治党的根本之策、长远之策”。完善的党内法规制度体系是依规治党的基石，为了确保党内法规制度体系本身的科学性、权威性，就需要有完善的党内规范性文件审查。制定和颁行规范性文件是各级党组织开展工作的重要方式，保障这些党内规范性文件的合法性、权威性与合理性，对于加强党的自身建设和提升党的治国理政水平都具有重要作用。党内规范性文件可能出现越位、错位和缺位等现象，可能违反宪法法律，可能与高位阶党内法规和党内规范性文件冲突，可能与同位阶党内规范性文件矛盾，也可能存在较大的合理性瑕疵。因而，有必要开展党内规范性文件审查，从而减少和消灭“文山文海”“红头文件打架”等情形，强化党内规范性文件的系统性、科学性、有效性和权威性。

其次，党内规范性文件备案审查是实现党内法规制度体系与国家法律体系衔接和协调的重要途径。“党取得执政地位后，国家法律和党内法规共同成为党治国理政、管党治党的重器。”党的十八届四中全会将法律规范体系与党内法规体系涵括于中国特色社会主义法治体系，然而，党内法规制度体系与国家法律体系之间还存在着不协调、不衔接和不一致等问题，这势必会成为依法执政的障碍。十八届四中全会同时提出“注重党内法规同国家法律的衔接和协调”，为完善两个规范体系、处理两个规范体系关系提出了明确的“顶层设计”。两个规范体系的衔接和协调不是机械地“将党内法规上升为国家法律”，也不是片面地追求“统一”或“一致”，更不是“促进二者从形式到内容的完全一致”，而是需要通过建立一套联动机制确保两个规范体系自洽周延、不相抵触，在维护宪法和法律尊严的基础上，保持两个规范体系相互呼应、协同和承接的良性互动，而党内规范性文件备案审查制度正是达至这一目标的重要手段和路径。

（二）中央规定及各地实践

2012 年 7 月 1 日起，中央层面开展备案工作，由中央对“中央军委及中央各部门、各省区市党委制定的党内法规和规范性文件”进行备案审查，具体由办公厅法规局负责。各省、自治区、直辖市对省区市纪委、党委工作部门和市级党委规范性文件的备案审查工作则自 2013 年 7 月 1 日起开展。2014 年 1 月，各市开展对市纪委、党委工作部门和县市区党委规范性文件的备案审查工作；2017 年起，开始建立贯通上下的备案工作体系，各县市区党委对其工作部门以及下辖乡镇街道党（工）委，另外还有党组（党委）的规范性文件开展下备工作，旨在建立一个横向到边、纵向到底的党内法规和规范性文件备案体系。

各省、自治区和直辖市党委比照 2013 年《党内法规和规范性文件备案规定》第 14 条的规定，原则性地提出了建立本级党内规范性文件备案工作与地方性法规、政府规章及规范性文件的“备案工作沟通协调机制”，如《中国共产党河北省委员会党内法规和规范性文件备案细则》；“备案文件联动审查机制”，如《中共江苏省委办公厅关于贯彻〈中国共产党党内法规和规范性文件备案规定〉的实施办法》；“备案审查衔接联动机制”，如《山西省党内规范性文件备案规定》等机制。有的省份还已经按照中央精神制定了专门文件，比如，重庆市委办公厅 2014 年制发了《关于建立规章和规范性文件备案审查衔接联动机制的实施意见》，强化在党委领导下，人大、政府备案工作机构的协作配合，建立移交处理和提议审查、协助审查、会商协调、资源共享、能力提升等制度；广西壮族自治区党委全面深化改革领导小组2015年10月审议通过了《关于建立规章和规范性文件备案审查衔接联动机制的实施意见》，建立自治区党委、人大、政府规章和规范性文件备案审查衔接联动机制。我省从2013年开始，省级层面正式开展党内规范性文件备案审查。2014年的《中共浙江省委关于全面深化法治浙江建设的决定》提出，加大党内法规和规范性文件备案审查和解释力度，探索建立党内规范性文件备案审查与地方性法规、政府规章和行政规范性文件备案审查衔接联动机制，探索开展党内法规执行情况和实施效果评估，建立健全党内法规和规范性文件定期集中清理制度和即时清理机制。

（三）党内规范性文件备案审查制度的完善路径

根据中央顶层设计要求，借鉴各地经验，建议从以下几个方面完善我省党内规范性文件备案审查制度。

1. 科学界定党内规范性文件范畴

针对党内规范性文件外延过小的难题，首先需要科学界定党内规范性文件的范围，找出识别党内规范性文件的标准，将市、厅级党组织制定的规范性文件纳入党内规范性文件范畴并实施备案审查是完全可行的。一方面，党内规范性文件的字面含义完全能够涵盖省部级党委以下机关所制定的规范性文件，没必要重新创造一个新概念来指称这些规范性文件。另一方面，行政法理论中也有可资借鉴的类似用法。“行政规范性文件，是指行政主体为实施法律和执行政策，在法定权限内制定的除行政立法以外的决定、命令等普遍性行为规则的总称。”党内规范性文件与行政规范性文件具有很多相似之处，为此，借鉴行政法理论对行政规范文件的界定方法是完全可行的。可以将党内规范性文件界定为：由党组织制定的，除党内法规以外的能够反复适用并具有普遍约束力的行为规范。确立判断某个文件是否属于党内规范性文件的五个标准：第一，制定机关是否属于党组织；第二，是否具有普遍适用性；第三，是否能够反复适用；第四，是否符合制定程序；第五，不属于党内法规。凡是满足这五项要求的，都应当被纳入党内规范性文件范畴。

2. 确立明晰的党内规范性文件审查主体

党内规范性文件审查机构不健全的主要原因在于审查主体不明确。就现实中的党内规范性文件审查而言，党内规范性文件主要由其制定机关自身进行审查。对于如何确立明晰的党内规范性文件审查主体，目前主要有三种提议。一是充实和完善现有党内规范性文件备案审查机构的建制。此种方案以《中国共产党党内法规和规范性文件备案规定》等党内法规确立的备案审查体系为基础，旨在强化既有审查制度的落实。若按这一方案，那么目前各级党委法规工作机构与同级政府法制工作部门〔原来的法制办以及机构改革后的司法部（厅、局）〕相比规格普遍偏低，为适应新形势、新任务的需要，需要在条件成熟时适当提升党委法规工作机构规格。二是在党外建立相应的审查机构，如建立“人大审查制度”和“司法审查制度”等。建立党内法规人大审查制度的逻辑基础在于，党内法规实际上兼具硬法和软法的特征，这对中国共产党以外的公民权利具有较大影响，应当被纳入现有的合法性审查体系。如果宪法和法律规定的组织和其他主体认为党内规范性文件同宪法或法律存在抵触情形，就可以向全国人大常委会提出审查建议，从而启动党内规范性文件的审查程序。在党内规范性文件审查程序启动之后，全国人大专门委员会可以视情形向制定机关提出书面审查意见、到会说明情况或者向委员长会议提出予以撤销的议案。与人大审查制度类似，党内规范性文件的司法审查制度也秉持着类似理由，但更为激进，主旨是要在党外建立一个相对独立的审查机构。三是建立党内党外二元联动审查机制。党内党外二元联动审查机制的实质是党内规范性文件的原有审查机制依然存在，但同时还要引入人大审查等党外审查机制。这种提议又包含了两种观点，一种观点认为应当只就党委和政府联合发布的规范性文件实施联动审查，另一种观点则认为应当就所有党内法规建立二元联动审查制度。

上述第一种提议与第三种提议的第一种观点相互结合更具有可行性。这有两个方面原因：首先，符合现行的政治组织架构，变革成本较小。制度变革一般都会对政治稳定造成一定的冲击，建立党内规范性文件的外部审查机制，既需要重新论证党内法规的法律属性，也需要重构党内规范性文件制定者与立法者之间的关系，会在理论和制度上冲击现有政治思想和政治组织架构，成本较高。然而，如果仅仅是加强党内规范性文件审查机构建设，就能够有效避免这一问题。其次，能够尽快确立明晰的审查机构，开展审查任务。在不冲击现有思想与制度的前提下，完善党内规范性文件审查机构，理顺其内部工作机制，就能够尽快优化资源配置效率，更好地履行审查职能。

3. 严格党内规范性文件审查程序

严格党内规范性文件审查的程序，需要明确党内规范性文件审查的启动条件，同时设定审查时限、时序、空间等方面的要求。党内规范性文件的启动程序主要解决两个问题，即何种主体有资格启动审查机制，以及什么情况下能够启动审查机制。《中国共产党党内法规和规范性文件备案规定》中设立的审查发起程序基本上形同虚设，需要重新完善。有人提出，要建立一种党内法规与法律之间的联动衔接审查机制，“若有关党组织发现党内法规与国家法律规范相抵触，或者收到此类线索，亦无权径自予以修改或撤销，应当通过衔接联动机制向有处理权限的党组织提出纠正建议或转送线索”。这种提议实际上与地方性法规、行政规章等法规的审查机制类似，都是强调在特定情形下由制定机关以外主体来推动发起审查。如果采纳此种方案，就可以参照《立法法》第九十九条、第一百条的规定，建立“主动审查”和“被动审查”相结合的二维审查机制。所谓“主动审查”，也就是如《立法法》所规定的由人大内设的专门委员会等机关主动开展的审查，由党内规范性文件制定机关的上级党组织来主动进行审查，现有的审查机制就是纯粹的“主动审查”。所谓被动审查，就是仿照国家机关和社会团体、企业事业组织以及公民向人大常委会提出审查申请并由后者开展的审查模式，赋予一定范围内的党组织、党员等主体发起审查的权利，从而开启党内规范性文件的审查。此外，党内规范性文件审查时限、时序、空间等方面的程序规则，也都可以根据审查实际需要，结合人大、政府开展规范性文件合法性审查的实践经验，设置合理的标准。

三 加强党政联合发文规范化建设

据不完全统计，在中央党内法规和规范性文件中，有近 40% 以党政联合发文的形式存在。迄今为止，我省亦发布了数量众多的党政联合发文文件，内容涉及：机构建设与管理、党政人员管理、反腐、环境保护、安全生产、食品安全、教育发展、卫生发展、水利发展、发展改革等诸多方面。应当说，这些文件在提升规范的执行力、强化政策实施效果等方面发挥了重要作用，但也存在着联合发文数量过多、程序不够规范等问题。当前，在党内法规制度建设强化以及党政机构改革背景下，党政联合发文规范化建设亦面临着新的、更高的要求。做好这一类文件的规范工作、把好质量关，对于深入推进法治浙江建设、切实保护群众合法权益具有重要意义。

（一）当前我省党政联合发文存在的主要问题

1. 部分文件的发文方式具有一定的随意性

2012 年 4 月 16 日，中共中央办公厅、国务院办公厅印发《党政机关公文处理工作条例》（以下简称《条例》）明确规定“同级党政机关、党政机关与其他同级机关必要时可以联合行文”“属于党委、政府各自职权范围内的工作，不得联合发布”。但是，一些地方党政联合发文仍存在一定的随意性。有的对于联合发文的必要性和条件缺乏必要的论证和审核，将明显不属于党委的职权事项也加上党委大印，同时以党组织的名义发布；有的对于什么性质的事项进行联合发文不够明确，例如：有些地方对具有宏观意义的经济社会发展规划联合行文，而有的对某项工作的具体责任分工也联合行文；有的对于同一事项是否联合发文前后做法不一，由此造成实际工作中规范性文件适用上的混乱。

2. 联合发文的数量过多

《条例》严格限定了党政联合发文的适用范围和条件，但是，党政联合发文过多的问题仍没有得到彻底解决。有的党政联合发文文件不符合发文条件，如将明显不属于党委的职权事项以党政联合发文的形式发布；有的则不具备联合发文必要性，如将和党委职能没有直接关系的事项，或者可以单独由行政规范性文件规定、直接涉及公民法人和其他组织权利义务的事项作为党政联合发文的内容，以党委的名义发布。过多数量的党政联合发文，不仅使发文的质量无法得到保证，也不利于政府的公信力建立。

3. 在是否接受司法审查上存在模糊空间

党政联合发文具有双重属性，一方面，党政联合发文具有规范属性，效力不仅及于党组织及其成员，也适用于公民、法人和其他组织的行为，从而突破了党内规范性文件“内”的属性；另一方面，党政联合发文属于以党组织为主体制发的文件，从本质上讲属于党内规范性文件，因而在信息公开、法律救济方面不适用《政府信息公开条例》和《行政诉讼法》的规定。2014年，浙江省高级人民法院行政审判第一庭《关于审理政府信息公开案件若干具体问题的解答》指出，若申请公开的“政府信息”是以党组织文号印发，或虽没有文号但制定主体是党委部门的党务信息，行政机关以申请公开的文件“不属于政府信息”为由拒绝公开的，人民法院可予支持。2018年3月28日，最高人民法院对郭某诉江苏省政府信息公开案的再审申请作出裁定，驳回郭某的再审申请。裁定指出，郭某申请公开的“江苏省委、省政府办公厅正式批复20个镇改革试点方案”信息是以中共江苏省委为制定主体并以党委文号制发的党政联合文件，不适用《政府信息公开条例》的规定，江苏省政府以该信息不属于公开范围为由作出不予公开的决定并无不当。然而，实践中，我省仍有一些地区和部门对于党政联合发文的双重属性认识不够清楚，对其有时“内”、有时“外”性质的把握不够准确，导致适用法律的错误。

（二）新形势下规范我省党政联合发文的着力点

党的十八大以来，为了加快推进国家治理体系和治理能力现代化，中国共产党的领导方式和执政方式不断改革和完善：一方面，党内法规制度建设大大加强，覆盖党的领导和党的建设各方面的党内法规制度体系正在形成；另一方面，机构改革的进程不断深化，职能相近的党政机关合并设立或合署办公的情况增多。这一系列改革对于党政联合发文的适用范围、制发主体、程序等都将产生重要影响。结合当前的改革背景，我省党政联合发文规范化建设应重点从以下四个方面着力。

1. 统一认识，明确党政联合发文的适用范围

随着党政机构“双合”改革的推进，党政机构的设置结构发生变化，党政机构的边界将因得到制度性确认而更加明晰，党政联合发文适用范围也应更加明确：第一，“双合”以外党政机构的联合发文，因党政机构职能不具有交叉性而应当逐步减少直至取消；第二，“合并”后党政机构的联合发文，亦由于机构的合一而不再存在；第三，“合署”后党政机构的联合发文还将继续存在，且今后党政联合发文将主要在此种情况下存在。

2. 界定标准，明确党政联合发文的适用条件

由于“双合”改革将党政机构间的协调指导转化为工作领域内的统筹、决策和执行，从而为党政联合发文条件的统一制定提供了可能性。可依据党政联合发文规定事项的不同，确定不同的发文条件：其一，对于涉及党的职能部门与政府部门职能交叉的事项，党的职能部门介入的程度越深（如部分工作由党的职能部门具体负责），则条件越宽；介入的程度越浅（如党的职能部门仅起指导或者支持作用），则条件越严。确保将不属于党委职责范围的事项排除在党政联合发文之外。其二，对于涉及经济、社会等领域中的重大事项，根据事项的重大程度确定发文条件，并明确认定重大事项的具体标准。其三，减少和避免将明确指向公民、法人、其他组织合法权益的事项联合行文，避免出现行政相对人无法获得权利救济的现象。

3. 严格把关，加大党政联合发文事前审核力度

建立事前审查机制。确立事前审核前置程序，并对审核主体、审核对象、报送主体及条件等内容予以进一步细化，建立程序完备、权责一致、相互衔接、运行高效的党政联合发文审核机制，严格控制发文数量，严格把握审核标准，减少党政联合发文的数量。对于可以单独行文或者是否应当联合发文存有争议的事项，原则上不予联合行文。

4. 强化监督，完善党政联合发文事后备案纠错机制

首先，建立健全内部审查制度。省内各级党委负责党政联合发文备案审

查的部门应当细化备案审查的程序规定，做到有件必备、有备必审、有错必纠；加大备案监督力度，及时处理问题文件，对审查发现的问题可以采取适当方式予以通报；健全党政联合发文清理工作机制，根据全面深化改革、全面依法治国要求和经济社会发展需要，以及上位法和上级文件制定、修改、废止情况，及时对本地区、本部门党政联合发文文件进行清理。其次，建立审查外部协作机制。加强党委、人大、政府等系统备案工作机构的协作配合，建立备案审查衔接联动机制；探索与人民法院、人民检察院建立沟通机制，及时发现并纠正问题文件。

第 三 章

科学立法，以高质量地方立法护航高质量发展

法治和治理现代化，离不开立法的现代化。推进国家治理体系现代化，首先就是要形成一套系统完备、科学规范、运行有效、成熟定型的国家制度体系。地方立法是这个制度体系的重要组成部分，需要坚持科学立法理念，为经济、政治、文化、社会和生态文明建设提供立法引领和立法保障，必须坚持立法先行，发挥立法的引领和推动作用，抓住提高立法质量这个关键。

第一节 科学立法的内在逻辑与目标诉求

什么是科学立法，应当在良法善治的治理现代化目标导向下加以理解。其包括了狭义的科学立法和民主立法、依法立法。科学的地方立法需要坚持不抵触、有特色、精细化三个方面的价值基准，同时既要注重立法过程，也要注重立法结果，通过“科学地立法”，达致“科学的立法”。

一 治理现代化目标导向下的科学立法内涵

从党的十一届三中全会提出的法制建设十六字方针中的“有法可依”到党的十八大提出的法治建设新十六字方针中的“科学立法”，这一发展，不仅丰富了科学立法本身的内涵，同时也对我国今后的地方立法工作提出了更高、更新的要求。近 40 年来，在落实和贯彻“有法可依”要求的过程

中，我省地方立法机关逐渐将立法的质量作为工作的核心任务。“科学立法”这一引擎将牵引着民意对立法的强烈期待，驶向立法体制更完善、立法质量和立法效率更高、法律规范体系更完备的法治浙江，并最终实现治理体系和治理能力的现代化。党的十九大明确提出以良法促进发展、保障善治，将科学立法、民主立法的原则发展为科学立法、民主立法、依法立法。因此，广义的“科学立法”作为法治建设的基本要求，其内涵包括了狭义的科学立法、民主立法和依法立法。

（一）维度一：狭义的科学立法

2000 年 3 月九届全国人大三次会议通过的《立法法》第六条规定：“立法应当从实际出发，科学合理地规定公民、法人和其他组织的权利与义务、国家机关的权力与责任。”这是《立法法》关于狭义的“科学立法”的规定。2015 年修订的《立法法》第六条将第一款修改为“立法应当从实际出发，适应经济社会发展和全面深化改革的要求，科学合理地规定公民、法人和其他组织的权利与义务、国家机关的权力与责任”，并增加了第二款规定“法律规范应当明确、具体，具有针对性和可执行性”。修订后的第六条对立法内容的科学性提出了明确的要求，内涵更加丰富。

1. 立法应当适应经济社会发展和全面深化改革的要求

当前，我国已进入全面建成小康社会的决定性阶段，也是我省“两个高水平”建设的关键时期，面临的发展机遇和风险挑战前所未有。发展中不平衡、不协调、不可持续的问题仍然突出。正确地认识中国的国情，本省的实际，是做好立法工作的基本出发点。要始终把我国改革开放和社会主义现代化建设的宏伟实践作为立法的基础，紧紧围绕奋斗目标和任务要求，深入分析立法需求，区分轻重缓急，突出立法重点，注重各方面法律制度的协调发展。根据内外环境、条件和情况的发展变化，开展立法工作，正确处理法律的稳定性与变动性、现实性与前瞻性、原则性与可操作性的关系。对于确立一项制度，必须统筹兼顾，与经济社会发展阶段相适应，使其能够行得通、管得住、可操作。同时，我国改革已进入攻坚期和深水区，任务异常艰巨，深化各领域各方面改革，必须推进体制机制创新，加强相关制度建设，这些都与完善法律体系有密切关联。必须加强和改进地方立法工作，充分发挥立法在引领、推动和保障改革方面的重要作用，把改革决策与立法决策结合起来，做到重大改革于法有据、立法主动适应改革，改革和法治同步推进。适时制定新的法规规章；实践条件还不成熟、需要先行先试的，要按照法定程序作出授权；对不适应改革要求的法规规章，要及时修改和废止，努力使党的主张通过法定程序转化为国家意志，在法治轨道上不断推进改革开放伟大事业。

2. 立法应当科学合理地规定公民、法人和其他组织的权利与义务

法律上的权利与义务是构成法律关系的基本要素之一。法律作为调整社会关系的行为规则，对公民、法人和其他组织的权利和义务进行设定，并以国家强制力保障权利的实现和义务的履行。公民的权利和义务涉及政治、经济、文化等各个领域。公民享有法律规定的权利，同时也承担法律规定的义务。公民的权利和义务是统一的。公民在行使权利的时候，同时也承担不得损害国家的、社会的、集体的利益和其他公民合法权利的义务。立法在设定公民的权利和义务时，一定要把握公民权利与义务相统一的原则。在起草、制定法律、法规、规章的过程中，要注重全面地考虑公民、法人和其他组织的权利与义务，防止偏重于从设定公民、法人和其他组织的义务考虑，对公民、法人和其他组织权利的保护重视不够的倾向。宪法对公民的基本权利和义务做了明确规定。法律、法规、规章在设定公民的权利与义务时，一定要符合宪法，不得同宪法相抵触。同样，下位法在设定公民的权利与义务时，一定要符合上位法，不得同上位法相抵触。对于宪法规定的公民的基本权利，法律、法规、规章不得任意加以限制和剥夺，如果不适当地限制或剥夺宪法规定的公民基本权利，就是同宪法相抵触，同时，也不能任意让公民承担义务。

3. 立法应当科学合理地规定国家机关的权力与责任

国家机关的权力是由法律规定的。国家机关作为社会的管理者，享有管理社会的权力。同时，国家机关权力的行使，应当受到监督。如果国家机关未能履行自己的职责，应当承担相应的责任。国家机关必须在法律规定的范

围内活动，依法履行职责，行使权力，并承担相应的责任。立法在设定国家机关的权力时，要同时考虑国家机关应承担的责任，坚持国家机关权力与责任相统一的原则。要正确处理好权、责、利的关系，既不能由部门左右甚至主导立法，通过立法来扩权、确权、固权，谋取部门利益；又不能无视政府管理需要，只是一味着眼于削权、限权、控权。简言之，就是既要确权又要立责；既要赋予行政机关必要的权力，又要加大监督力度、明晰法定责任，避免逐利避险、争权推责、揽功诿过。同时，要最大限度维护人民的根本利益，要让人民群众充分享受立法带来的制度红利、法治红利。

4. 立法应当明确、具体，具有针对性和可执行性

要做到法律规范明确、具体，具有针对性和可执行性，就要求在立法工作中，强化立法前论证、立法中调研、立法后评估等各个环节的工作，特别是要在加强立法调研、充分听取各方面意见上做好文章。在立法的精细化上下功夫，必须坚持从实际出发，坚持辩证思维，做到合理可行，确保立得住、行得通、真管用，回应人民群众对立法的关切与期盼。关于增强针对性，就是要紧紧围绕经济社会发展中迫切需要解决的现实问题开展立法工作，尤其是要抓住改革的重点领域和关键环节，深入调查研究，做到“针对问题立法、立法解决问题”，把握客观规律，做好制度设计，突出“关键的那么几条”，使法规规定的内容科学合理，协调利益关系，真正解决现实问题。在立法模式和体例上，不求大而全，需要几条就制定几条，重在管用，重在实施。关于增强可执行性，就是要求在立法中，要研究清楚法规所调整的社会关系，科学严密地设计法律规范，对于能够规定清楚的，应当尽可能详尽规定，就不一定另搞配套法规规章，以确保法律规范严谨周密、可靠管用，情况发生变化时再及时补充、修改和解释。

（二）维度二：民主立法

关于民主立法，《立法法》第五条规定：“立法应当体现人民的意志，发扬社会主义民主，坚持立法公开，保障人民通过多种途径参与立法活动。”党的十八届三中、四中全会提出健全立法机关主导、社会各方面有序参与立法的途径和方式，拓宽公民有序参与立法渠道，健全法律法规规章草

案公开征求意见和公众意见采纳情况反馈机制，要把公开原则贯穿立法全过程等要求。

民主立法，就是要求立法能够真正反映最广大人民的共同意愿、充分实现最广大人民的民主权利、切实维护最广大人民的根本利益。民主立法的核心，在于立法要为了人民、依靠人民。实现民主立法，必须坚持人民主体地位，贯彻群众路线，充分发扬民主，保证人民通过多种途径有序参与立法，使立法更好地体现民情、汇聚民意、集中民智。人民群众参与地方立法活动，主要通过以下两个方面体现出来：一方面，通过民主选举各级人大代表，由人大代表在参与权力机关的工作中，反映人民的意见和要求；另一方面，有关国家机关在其立法活动中，拓宽公民有序参与立法渠道，广泛听取人民群众的意见。

将来，应当让立法听证会、公听会、立法基层联系点听取意见等制度逐渐成为地方立法工作的常态化制度设置。这些制度设置，本质上是将中国的人民代表大会制度、立法制度和中国共产党的群众路线有机结合在一起，三者合力，有助于促进立法质量的提升。

（三）维度三：依法立法

立法权应当在法定的范围内行使，这是社会主义法治的一项重要原则。根据《立法法》第四条的规定，依法立法，对我们的立法工作提出了以下三个方面的要求。

1. 立法应当遵循法定的权限

职权法定，是社会主义法治的一项重要内容。中国特色社会主义法律体系，是以宪法为统帅，以法律为主干，由法律、行政法规、地方性法规等多个层次法律规范构成的。为了维护社会主义法制的统一和尊严，保障各个层次的立法活动和谐、有序地进行，必须合理地划分中央与地方、权力机关与行政机关的立法权限。宪法和有关法律对立法权限的划分，已经做了原则规定。立法法则以宪法为依据，对立法权限的划分进一步做了规定。就地方而言，制定地方性法规、地方政府规章、自治条例和单行条例，都必须依照宪法、立法法和有关法律关于立法权限划分的规定。各有关机关都必须在宪法、法律规定的范围内行使职权，不能超越法定的权限范围。国家机关超越法定权限的越权行为，是违法的、无效的。同时，为了保障各有关机关在法定权限内进行活动，宪法、各级人民代表大会常务委员会监督法和有关法律对监督机制做了规定。立法法根据我国立法的实际情况，规定了立法监督机制，主要是备案审查制度、改变和撤销制度，这是维护国家法制统一的重要制度。根据近年来的做法，2015 年修改了的立法法又增加了主动审查机制、法律清理的规定等，这些都将有力地加强规范性文件的备案审查，维护国家法制的统一。

在推进依法立法，促进法治浙江建设的进程中，需要进一步发挥备案审查等制度的作用，确保立法活动在法定权限内实施，保障公民、法人和其他组织的合法权益。这方面，“潘洪斌等就有关规范性文件提请全国人大常委会审查”这一宪法事例所沉淀的经验值得进一步借鉴。2015 年 10 月，杭州市市民潘洪斌的一辆电动自行车被杭州交警依据《杭州市道路交通安全管理条例》第四十八条第一款扣留。潘洪斌认为，该条例在《道路交通安全法》只规定行人及非机动车违反道路通行规定的，给予警告或 5 元以上 50 元以下罚款，拒不接受处罚才能扣车的情形下，直接规定扣留非机动车并托运回原籍的行政强制手段，涉嫌违反上位法，并于 2016 年 4 月致信全国人大常委会提出审查建议。全国人大常委会法工委后向潘洪斌进行了书面反馈。2017 年 3 月杭州市人大常委会决定将《杭州市道路交通安全管理条例》的修改列入 2017 年立法计划。2017 年 6 月 28 日，杭州市第十三届人大常委会第三次会议通过关于修改《杭州市道路交通安全管理条例》的决定。相比原条例，修改后的条例删除了“将外地电动自行车押回原籍，并由当事人出托运费”的规定，并按上位法规定将有关条文修改为“非机动车驾驶人拒绝接受罚款处罚的，可以扣留其非机动车”。通过公民提出异议—备案审查—立法修订这样一个运行过程，依法立法得到了重申，立法质量也得到了提升。

2. 立法应当遵循法定的程序

立法程序是立法活动中必须遵循的重要内容，它可以保障立法权的行使。国家机关的立法活动，不仅须依照法定的权限，还必须严格遵守法定的程序。遵守法定程序，是实施法治的一个重要内容。人民代表大会及其常务委员会的立法活动，政府的行政立法活动，都必须严格遵循法定的程序。地方各级人民代表大会和地方各级人民政府组织法对地方人大及其常委会、地方政府行使职权包括制定地方性法规和规章的程序做了规定。2015 年修改的立法法，按照党的十八届三中、四中全会提出的健全立法起草、论证、协调、审议机制、扩大公民有序参与立法途径等要求，总结实践经验，对立法程序又作了进一步补充和完善。严格依照法定程序进行立法活动，对于规范立法行为，保证立法质量，是非常重要的。

3. 立法应当从国家的整体利益出发

为了维护社会主义法制的统一，在起草、制定地方性法规、规章时，要从国家的整体利益出发，从人民长远的、根本的利益出发，防止不从国家整体利益出发，防止立法工作中部门化倾向、争权诿责现象，以及一些地方利用法规实行地方保护主义的倾向。党的十八届四中全会提出，明确立法权力边界，从体制机制和工作程序上有效防止部门利益和地方保护主义法律化。

地方性法规是地方人大及其常委会根据本地的实际需要，在不同宪法、法律、行政法规相抵触的前提下制定的。地方性法规需要有地方特色，需要因地制宜地对法律、行政法规的实施作出具体规定。这对于我国这样一个地域辽阔，人口众多，各地政治、经济、文化发展不平衡的国家来说，是非常必要的。同时，地方性法规的制定又要注意防止出现地方保护主义。所谓地方保护主义，就是不适当地强调某一地方的特殊利益，损害其他地方的利益和国家的整体利益，对全国形成统一开放、竞争有序的市场秩序造成障碍，损害国家法治统一。要坚决防止地方保护主义法律化，一方面，地方人大及其常委会在地方立法活动中要牢牢把握从国家整体利益出发的原则；另一方面，通过上级人大常委会的监督，保障及时纠正地方保护主义的问题。

二　地方立法科学化、民主化的价值基准

地方立法是中央立法的补充，有其自身的特点和规律，在践行科学立法的过程中，也应有自己的价值基准和衡量指标。根据治理现代化和法治浙江

建设的愿景，结合地方立法的基本规律，地方立法科学化、民主化的价值基准应当主要包括不抵触、有特色、精细化三个方面。[①]

1. “不抵触”是地方立法合法性、正当性所在

根据《立法法》的规定，地方性法规不得与宪法、法律、行政法规等上位法相抵触，这是保证国家法治统一的需要。地方立法把握不抵触原则，要做到：一是以宪法为依据，不得同宪法相抵触；二是要与国家法律、行政法规保持一致，不得违反上位法；三是不得超越法定权限立法，地方立法还要注意防止地方保护主义和部门利益法制化，这是与法治格格不入的。结合地方立法工作实践，对“不抵触”原则的理解应当根据不同的地方立法事项予以把握。[②] 针对先行性立法，有利于保障和维护公民权益的，有利于限制行政权力滥用、赋予垄断和强势团体合理义务的，有利于保护环境的和属于地方性事务的等地方立法事项，应当采取相对宽松的合法性标准；针对限制公民权利、增加公民义务和负担的，设定行政处罚、行政许可、行政强制的，涉及歧视性规定、地方保护的等地方立法事项，应当采取严格的合法性标准。

坚持地方立法的“不抵触”原则，除上述传统意义上的内涵外，在新的形势下，还要防止地方立法的“放水”风险。这方面，祁连山自然保护区立法放水事件的教训值得吸取。2017 年 7 月，党中央公开通报甘肃祁连山自然保护区生态环境遭受严重破坏的问题，《甘肃祁连山国家级自然保护区条例》成为“在立法层面为破坏生态行为放水”的实例。祁连山是我国西部重要生态安全屏障，是黄河流域重要水源地，是我国生物多样性保护优先区域，国家早在 1988 年就批准设立了甘肃祁连山国家级自然保护区。长期以来，祁连山局部生态破坏问题十分突出。对此，习近平总书记多次作出批示，要求抓紧整改。从立法层面来看，《甘肃祁连山国家级自然保护区管理条例》历经三次修正，部分规定始终与《中华人民共和国自然保护区条例》不一致，将国家规定“禁止在自然保护区内进行砍伐、放牧、狩猎、

① 《浙江省地方立法条例》（2016 修正）第三条第二款规定：“地方立法应当从实际出发，体现地方特色，不得与上位法相抵触，内容具体可操作。”

② 参见路国连《在地方立法中合理把握不抵触原则——以浙江地方立法实践为例》，http://article.chinalawinfo.com/ArticleFullText.aspx? ArticleId=82774，访问时间：2018 年 7 月 28 日。

捕捞、采药、开垦、烧荒、开矿、采石、挖沙”等10类活动，缩减为“禁止进行狩猎、垦荒、烧荒”等3类活动，而这3类都是近年来发生频次少、基本已得到控制的事项，其他7类恰恰是近年来频繁发生且对生态环境破坏明显的事项。而2013年5月修订的《甘肃省矿产资源勘查开采审批管理办法》，违法允许在国家级自然保护区实验区进行矿产开采。“祁连山生态立法放水”事件值得我们深思，在地方立法中，既不能照搬照抄上位法，更不能刻意“放水”，罔顾上位法和整体公共利益福祉实施制度设计。

2.“有特色”是地方立法的生命所在，价值所在

失去了地方特色，就失去了地方立法存在的必要。地方立法要做到有特色，最重要的是坚持党的思想路线，立足中国国情和地方实际，实事求是，一切从实际出发，坚持问题导向，研究清楚需要立什么法和能够立什么法，科学确定立法项目。要根据党中央关于统筹推进“五位一体”总体布局和“四个全面”战略布局以及不同阶段改革发展的主要目标任务，着眼于解决本地区经济社会发展的突出问题，以保障和改善民生为出发点，选择党委决策的重点问题、人民群众关心的热点问题来进行立法，把中央要求、群众期盼、实际需要、实践经验结合起来，立符合当地实际的法，立改革发展管用的法，立人民群众拥护的法。深入了解本地的实际情况，抓住本地急需解决的问题，科学分析立法需求，有针对性地选择需要优先立法的事项。遵循立法自身的活动规律，把握立法节奏，区分轻重缓急，坚持立法进度服从立法质量，不急于求成，不搞立法攀比。① 按照《立法法》的规定，地方立法主要内容有两项：一是为执行法律、行政法规的规定，需要根据本行政区域的实际情况作具体规定的事项，即执行性法规；二是属于地方性事务需要立法和中央尚未立法而先行立法的事项，即自主性立法。无论哪种情况，都要紧紧围绕当地情况和需要，针对问题立法，立法解决问题。执行性法规要力戒照搬上位法，把着力点放在补充细化上，以保证上位法的执行。自主性法规更要突出特色，虽为地方事务，很多方面也是有直接或间接的上位法依据

① 中共中央政治局委员、全国人大常委会副委员长李建国在2016年9月8日第二十二次全国地方立法研讨会上的讲话。

的。为避免重复和便于审议，立法机关应当要求提案机关在法规草案中标明重复上位法的规定，自主设定的规定应当作出说明。

3. “精细化”是衡量地方立法质量的一条重要标准

地方立法在注重有特色的同时，要不断提高立法精细化水平。为实现立法精细化、精准化目标，立法内容的设计上要力求具体、明确，立法调整的对象和范围要界定清楚，不能模糊或者产生歧义；立法条款的表述要准确、规范、严谨、简练、通俗，力争做到字斟句酌、精益求精；提倡性、号召性、宣示性的条款，能不写就不写，不求大而全，贵在专而精，重在切实可行。对于立法中的焦点和难点问题，要积极建立多层次、多方面的立法矛盾协调机制，切实把矛盾和争议解决在各方普遍接受和法律允许的框架内。[①] 对关键条款进行深入研究，做到能具体的尽量具体、能明确的尽量明确，重在管用，切实增强地方立法的实效性、实用性、可执行性和可操作性。

三 以“科学地立法”达致“科学的立法”[②]

对科学立法内涵的理解，我们既要注重立法过程，也要注重立法结果。因为科学立法既有形式（或程序）方面也有内容（或实质）方面。只有这种全方位的解读，才可能认清“科学立法”的真面目，进而实现科学立法。[③] 即以“科学地立法”达致“科学的立法”，这也正是科学立法的目标诉求。

“科学的立法”，也即所谓“良法”的标准，在亚里士多德看来，包括三个方面：一是为了公共的利益而不是为了某一个阶级（或个人）的法律；二是应该能够体现人们的道德要求，不是依靠武力来推行，而是靠人们自愿来实施；三是必须能够维护合理的城邦政体以久远。从地方立法的角度看，“科学的立法”一般要求是：（1）立法内容符合客观实际和客观规律，符合

① 董珍祥：《科学立法：一个划时代的重大课题》（下），载《人大研究》2017 年第 2 期。

② 该表述引用了全国人民代表大会宪法和法律委员会副主任委员江必新 2018 年 4 月在浙江大学的演讲内容。

③ 万其刚：《关于科学立法的几个问题》（上），载《人民与权力》2014 年第 1 期。

改革发展的客观需求，符合当地实际。（2）立法内容更多体现经济社会发展进步的成果，以增进人民的福祉，保障人民的权益。（3）保证制度规范之间的和谐、统一，成为中国特色社会主义法律体系的有机组成部分。（4）法规规章的条文和规范能够准确表达所要表达的国家意志、党的意志和人民的意志。

"科学地立法"是实现"科学的立法"的具体途径和方式，就地方立法而言，主要通过完善地方立法体制、创新地方立法机制予以实现。概括地讲，主要包括：[①] 一是坚持以科学发展观统领立法工作，即坚持以人为本，树立全面、协调、可持续的发展观，按照统筹城乡发展、统筹区域发展、统筹经济社会发展、统筹人与自然和谐发展、统筹国内发展和对外开放的要求推进立法工作。二是创新立法思维，处理好改革和立法的关系。依据改革举措，从经济社会发展的实际问题和重点领域出发，制订科学的立法规划和立法工作计划，使重大改革于法有据、有序进行。三是划清中央与地方、权力机关与行政机关的立法权限，为科学立法提供制度保障；健全、完善立法决策支持系统，为科学立法提供智力支持。四是适应全面深化改革的法治需求，健全立法机关主导、社会各方有序参与立法的途径和方式，建立科学、系统的立法工作机制，诸如立法选题机制、法案起草机制、公众参与机制、审议表决机制、立法后评估机制等。

第二节　完善地方立法体制

立法体制是整个立法工作的核心环节。党的十八届四中全会决定明确提出"完善立法体制"。这是党中央从建设中国特色社会主义法治体系，建设社会主义法治国家的总目标出发，在中国特色社会主义法律体系已经形成的新的历史起点上提出的一项重要的制度要求，对于加强和改进立法，提高立法质量，形成更加完备的法律体系，全面推进依法治国，具有重大意义。中央立法之外，我们须充分发挥地方立法的积极性和主动性。就完善地方立法体制而言，需要进一步发挥人大及其常委会在立法工作中

---

① 参见冯玉军《全面依法治国新征程》，中国人民大学出版社，2017，第 79 页。

的主导作用，明确地方立法权限边界和范围边界，提升设区的市的地方立法能力和水平，健全地方立法中“释法”的体制机制，加强备案审查，维护法治统一。

一 真正发挥人大及其常委会在立法工作中的主导作用

宪法、立法法确立了人大及其常委会在立法中的主导地位和作用。但由于各方面因素的限制，人大及其常委会的主导作用发挥得仍不到位。党的十八届四中全会决定要求，健全有立法权的人大主导立法工作的体制机制，发挥人大及其常委会在立法工作中的主导作用，这是新形势下坚持和完善人民代表大会制度，全面推进依法治国之应有之义，也是扭转长期以来我国立法权限呈现出由权力机关向行政机关分散，并逐渐演化为行政主导的立法倾向的重要举措。在纪念全国人民代表大会成立60周年大会上，习近平总书记在谈到立法工作时强调“切实防止出现人民形式上有权、实际上无权的现象”。保证人民实际上有权，很大程度上要通过人民代表大会制度来实现，加强和改进人大及其常委会对立法工作的主导是其中非常重要的方面。

具体而言，人大及其常委会的主导作用应当体现在法规的立项、起草、审议、修改、表决等各个环节，重点要把握以下几个方面。一是要有主体意识，完善立法工作程序制度。树立主体意识和责任意识，全体代表、全体常委会组成人员都要有主体意识，最大程度参与立法工作。各级人大及其常委会的所有工作机构，都要按照职责分工，在立法工作中找准定位，协同并进，形成合力，努力提高立法质量。完善立法工作程序制度，建立健全一整套涵盖法规的立项、起草、审议、表决各环节以及问卷调查、立法后评估等方面的立法工作程序和制度。二是主导法规的立项。坚持人大在每届人大及其常委会的立法规划、年度立法计划的编制过程中发挥主导作用，加强对立法工作的通盘考虑和统筹安排，摆脱“拼盘式”立法计划，实现“选米下锅”。三是主导立法起草和决策。在法规草案的起草环节，全面落实法规草案起草小组制度，加大有关专门委员会和常委会工作机构牵头起草或提前介入起草的力度。对涉及综合性、全局性、基本性的法规草案的起草，由人大专门委员会、人大常委会法制工作机构组织有关部门参与起草，并进一步形成常态化制度。对于存在重大分歧的法规，可以引入第三方评估、听证会和“重要条款单独表决”等机制，重点解决制约重要立法项目和重大制度设计顺利推进的难点问题。

二 法治国家中的“地方”：明确地方立法权限边界和范围边界

所谓法治国家中的“地方”，引用《辞海》的解释为“我国中央以下各级行政区域的统称”。[①] 在“地方立法”这一具体语境中，诉诸法源，“地方立法”中的“地方”是指依据宪法、法律规定，具有立法权限的地方各级人民代表大会及其常务委员会，以及相应的各级人民政府。根据宪法、立法法、地方组织法的规定，各地方立法主体的立法权限具体为：省、自治区、直辖市的人民代表大会及其常务委员会根据本行政区域的具体情况和实际需要，在不同宪法、法律、行政法规相抵触的前提下，可以制定地方性法规。设区的市的人民代表大会及其常务委员会根据本市的具体情况和实际需要，在不同宪法、法律、行政法规和本省、自治区的地方性法规相抵触的前提下，可以对城乡建设与管理、环境保护、历史文化保护等方面的事项制定地方性法规。自治州的人民代表大会及其常务委员会可以行使设区的市制定地方性法规的职权。经济特区所在地的省、市的人民代表大会及其常务委员会根据全国人民代表大会的授权决定，制定法规。民族自治地方的人民代表大会有权依照当地民族的政治、经济和文化的特点，制定自治条例和单行条例。省、自治区、直辖市和设区的市、自治州的人民政府，可以根据法律、行政法规和本省、自治区、直辖市的地方性法规，制定规章。其中，设区的市、自治州的人民政府制定地方政府规章，限于城乡建设与管理、环境保护、历史文化保护等方面的事项。宪法、法律规定了各主体的地方立法权限，就准确行使地方立法权限而言，将来还需在实践中进一步解决以下几个问题。

---

① 《辞海》解释“地方”为：“①领域；②旧时指地保、保正；③处所；④我国中央以下各级行政区域的统称。”参见夏征农主编《辞海》，上海辞书出版社，1999，第689页。

第一，地方性法规与法律的权限边界划分。我国中央、地方立法权限的划分采用了禁止式和列举式的划分方式。《立法法》第八条、第九条以“法律保留”的形式，列举了中央专属立法权；《立法法》第七十三条第一款列举了地方性法规的事项范围。[①] 同时，关于中央、地方都未涉及的剩余立法权的问题，《立法法》第七十三条第一款规定：“除本法第八条规定的事项外，其他事项国家尚未制定法律或者行政法规的，省、自治区、直辖市和设区的市、自治州根据本地方的具体情况和实际需要，可以先制定地方性法规。在国家制定的法律或者行政法规生效后，地方性法规同法律或者行政法规相抵触的规定无效，制定机关应当及时予以修改或者废止。”总体上看，法律的专属立法事项是比较明确的，但为了便于把握边界，还需要进一步细化和补充。

第二，地方性法规与地方政府规章的权限边界划分。修改后的立法法特别对地方政府规章权限进行了严格界定。《立法法》第八十二条明确规定：“没有法律、行政法规、地方性法规的依据，地方政府规章不得设定减损公民、法人和其他组织权利或者增加其义务的规范。”《立法法》的这一修改，对于确保政府及其部门依法行政，做到无授权不可为、法律授权必须为，从法律制度上根除部门利益和地方保护主义，维护法制统一，保护公民、法人和其他组织的合法权益，具有十分重大的意义。此外，行政处罚法、行政许可法、行政强制法也对地方性法规、政府规章的设定权限作了相应的规定。

① 《立法法》第八条：“下列事项只能制定法律：（一）国家主权的事项；（二）各级人民代表大会、人民政府、人民法院和人民检察院的产生、组织和职权；（三）民族区域自治制度、特别行政区制度、基层群众自治制度；（四）犯罪和刑罚；（五）对公民政治权利的剥夺、限制人身自由的强制措施和处罚；（六）税种的设立、税率的确定和税收征收管理等税收基本制度；（七）对非国有财产的征收、征用；（八）民事基本制度；（九）基本经济制度以及财政、海关、金融和外贸的基本制度；（十）诉讼和仲裁制度；（十一）必须由全国人民代表大会及其常务委员会制定法律的其他事项。”《立法法》第九条：“本法第八条规定的事项尚未制定法律的，全国人民代表大会及其常务委员会有权作出决定，授权国务院可以根据实际需要，对其中的部分事项先制定行政法规，但是有关犯罪和刑罚、对公民政治权利的剥夺和限制人身自由的强制措施和处罚、司法制度等事项除外。”《立法法》第七十三条第一款：“地方性法规可以就下列事项作出规定：（一）为执行法律、行政法规的规定，需要根据本行政区域的实际情况作具体规定的事项；（二）属于地方性事务需要制定地方性法规的事项。”

第三，正确理解设区的市的立法权限。需要明确的是，《立法法》第七十二条第二款中“城乡建设与管理、环境保护、历史文化保护等方面的事项”，“等”的含义是“等内”，而不是“等外”。但上述三个方面的权限范围，实际上是很宽的，具有很大的容纳度和实践空间。例如，从城乡建设与管理看，包括市政管理、环境管理、交通管理、应急管理和城市规划实施管理等，具体实施范围包括：市政公用设施运行管理、市容环境卫生管理、园林绿化管理等方面的全部工作；市、县政府依法确定的，与城市管理密切相关、需要纳入统一管理的公共空间秩序管理、违法建设治理、环境保护管理、交通管理、应急管理等方面的部分工作。[①] 从环境保护看，按照环境保护法的规定，包括大气、水、海洋、土地、矿藏、森林、草原、湿地、野生生物、自然遗迹、人文遗迹等。从历史文化保护看，包括文物、历史文化名城明镇名村、历史街区、历史建筑、非物质文化遗产等。总体上看，其立法权限能够适应地方实际需要。

三 提升设区的市的地方立法能力和水平

党的十八届四中全会决定进一步扩大地方立法权，依法授予设区的市地方立法权，这对于发挥地方积极性和能动性，完善地方法制体系，推动地方工作法治化，将产生深远作用。新修订的《立法法》明确赋予所有设区的市在“城乡建设与管理、环境保护、历史文化保护等方面”的地方立法权，为地方立法留足了空间，同时也给地方立法带来了新的挑战和机遇。设区的市能否将这立法权“接得住，用得好”，关键在于地方立法机关及其工作人员的立法能力和水平。

截至 2015 年 9 月，浙江 11 个设区的市已经全部获得地方立法权。[②] 随

① 参见《关于深入推进城市执法体制改革改进城市管理工作的指导意见》和《关于进一步加强城市规划建设管理工作的若干意见》关于城市管理范围的界定。

② 2015 年 7 月，浙江省十二届人大常委会第二十一次会议决定，温州、金华、台州、湖州、衢州等五个设区的市已具备立法能力，符合制定地方性法规的基本条件。同年 9 月，浙江省十二届人大常委会第二十三次会议决定，嘉兴、绍兴、舟山、丽水等四个设区市的市人民代表大会及其常务委员会，可以开始制定地方性法规。至此，浙江 11 个设区的市已经全部可以行使地方立法权。

着立法权的下放，立法人才短缺成为不少地方所面临的普遍难题。近几年，通过督促建立机构队伍、开展培训指导等方式，不断提升设区的市立法的能力水平，但总体上，设区的市的立法人员能力与其立法任务的需求尚未相匹配。将来，建议可以从以下几条路径切入予以提高：一是健全工作机构，完善功能定位。各设区的市应积极推动相关立法机构的成立与设置，依法适当增加或调整岗位编制，使依法立法、科学立法、民主立法获得相应的平台支撑。科学合理制定立法机构职责及工作流程。探索建立区（县）、乡（镇）、村（社区）基层立法联系点或工作站。二是适当充实专职常委。按照党的十八届四中全会精神，根据地方人大常委现有结构、人数、立法规划、立法目标、立法任务等需要，按照规定要求及法定程序，适当、适度、适时增加具有法律专业背景或法治实践经验的人大专职常委人数。[①] 三是充分发挥科研机构、高等院校、党校系统以及其他智库的专家和学者智囊作用。专家的参与不应停留在面上，而应采用“项目制”，让专家全程实质性参与立法过程。搭建平台鼓励专家与设区的市地方立法工作者就如何进行立法规划、立项、调研、草案拟定、征求意见、表决程序、评估评价等开展探讨式研究性学习，全面提升地方立法工作者立法相关的理论素养，为设区的市地方立法及其修改完善奠定坚实思维理念基础。四是加强立法工作队伍的专业培训，实现立法培训工作常态化。建议全国人大常委会法工委加强与地方的联系，不断提升地方人大立法工作的能力和水平。

四 健全地方立法中“释法”的体制机制

党的十八届四中全会通过的《中共中央关于全面推进依法治国若干重大问题的决定》要求，加强法律解释工作，及时明确法律规定含义和适用法律依据。法律解释具有针对性强、反应及时、便于操作的特点，可以根据改革要求和法律实施的实际情况，及时对法律规定的含义和适用予以明确，从而保证重大改革依法有序进行。我国现行的法律解释体制是按照宪法、立

① 参见郑泰安、傅珊《提升设区的市地方立法能力》，载《光明日报》2017 年 6 月 26 日。

法法以及 1981 年全国人大通过的《关于加强法律解释工作的决议》建立的，是一个由中央和地方各立法机关及最高司法机关构成的法律解释体制。[①] 其中，由于地方立法解释缺乏有效推动的体制机制，长期缺位，运用较少，影响较弱。新形势下，加强地方立法解释是贯彻落实党的十八大、十九大精神，创新立法工作机制，提高立法工作质量，充分发挥地方立法在推动科学发展、促进社会和谐中重要作用的必然要求。

2003 年 11 月，浙江省人大常委会通过第一个地方立法解释——《关于〈浙江省人口与计划生育〉第四十九条第一款的解释》，但地方立法解释工作尚未常规化和制度化。如何建立更加有效的运作体制机制，更好地发挥地方立法解释的作用，这是加强和改进地方立法工作的突出问题之一。一要增强立法解释工作的主动性和有效性。近些年来，在制定新的法规过程中，大家比较注重质量的提高，但对立法解释工作，即“地方立法后续工程”注意不够。地方立法机关应对地方立法解释工作高度重视，并将其作为立法工作的重要组成部分，予以考虑，改变长期忽视立法解释工作的倾向。同时，建议扩大地方立法解释的提请主体范围，赋予普通公民提请解释地方性法规的权利。二要完善立法解释的工作规范。地方立法解释工作之所以长期处于休眠状态，重要原因之一就是有关地方立法解释的原则、体制、程序和方式等重要问题无章可循。为此，有必要从现在起，积极开展调查研究，学习先进经验，适时制定专门的地方性法规解释的工作制度或法规，使这项工作进一步走向规范化。[②] 三要建立立法解释公开制度和清理制度。目前，地方立法解释的信息发布还很不及时、很不全面，公开性不够，至少公开的及时性

---

① 法律解释的主体具体包括：（1）国家立法机关即全国人大常委会；（2）行政法规和规章的制定主体即国务院和国务院各部委；（3）对于审判或者检察实践中具体应用法律问题的法律解释权，归属最高人民法院和最高人民检察院；（4）对凡属于地方性法规条文本身需要进一步明确界限或作补充规定的进行解释或作出规定的，由制定地方性法规的省、自治区、直辖市人大常务委员会完成；（5）凡属于地方性法规如何具体应用的问题，由省、自治区、直辖市人民政府主管部门进行解释。

② 成都市人大常委会于 2006 年初审议通过了《成都市人民代表大会常务委员会关于地方性法规解释的规定》。成都市出台的这部法规，对法规解释的类型、原则、效力、主体、程序等问题作出了系统规定，规范了地方性法规解释权的行使，扩大了法规解释的提议主体范围，使普通市民有权提出解释要求。它还首次将法规解释划分为立法解释和法规解答两类形式；对重大复杂的争议，明确规定由市人大常委会正式制定立法解释。对法规条文含义理解的争议，则规定由常委会授权法制工作机构进行法规解答。

和规范性不够。对已经出台的立法解释应当在官方媒体和互联网上及时发布，有助于提高保障立法解释运用的实效性。加强立法解释的清理工作。随着社会的不断发展与立法的完善，一些立法解释就会出现与法律规定不一致，或者滞后于社会发展实际问题。对这些不再符合实际的立法解释适时进行清理，是十分必要的。清理立法解释，应当成为一项系统性工作，建立立法解释清理的经常性机制，促进立法解释清理的规范化，才能够更好地发挥立法解释的作用。四要加强立法解释工作能力建设。地方性法规的立法解释是一项法律性、政策性和程序性很强的工作，加强这项工作也应有一定的组织机构和人力保障。在当前情况下，可考虑在地方人大立法工作部门或研究部门设立相关的内设机构和人员，逐步探索可行的工作模式，以保证立法解释的务实和高效。全国人大常委会应加强对于各地人大常委会解释工作的指导，并加强对地方立法解释合法性的监督。五要加强对地方政府规章的解释和说明，落实规范性文件的同步解释制度，积极回应社会关切。

五 加强备案审查，维护法治统一

备案审查作为一项正式法律制度，我国宪法、监督法和立法法均有相关规定。但长期以来，备案审查的具体工作和实践一直是内部运作。全国人大法律委员会主任委员乔晓阳曾把这项工作形容为“鸭子浮水，脚在下面动，上面没有看出来”。[①] 党的十八届四中全会明确提出，“加强备案审查制度和能力建设，把所有规范性文件纳入备案审查范围，依法撤销和纠正违宪违法的规范性文件，禁止地方制发带有立法性质的文件”。2015 年中央办公厅出台工作指导性文件提出，建立党委、人大、政府和军队系统之间的规范性文件备案审查衔接联动机制，实现有件必备、有备必审、有错必纠。我省规范性文件总体上比较规范，但是由于存在基数大、涉及面广、专业性强、调整的社会关系日趋复杂等情况，尤其在地方立法主体扩大到设区的市的人大及

---

① 2017 年 12 月 26 日，十二届全国人大常委会第三十一次会议对全国人大常委会法工委关于十二届全国人大以来暨 2017 年度备案审查工作情况的报告进行了分组审议。这是全国人大常委会第一次向社会公布备案审查制度的运行情况。

其常委会，并增加了设区的市的立法权限范围限制之后，更有必要进一步加强备案审查制度建设，提升备案审查能力。

为保证国家的法治统一，我们在发挥地方立法积极性的同时，应该积极建立健全地方立法的备案审查体制机制，使违反上位法的地方立法及时得到纠正。

第一，围绕落实“有件必备、有备必审、有错必纠”这一要求，依法扩大审查范围，实现所有规范性文件备案审查的全覆盖。“规范性文件”是一个很广泛的概念，包括法规、规章、司法解释以及所有公开的、涉及公民权利义务、具有普遍约束力的文件，这些文件都要纳入备案审查范围。比如有些规范性文件形式上为纪要、通知，但实际上规定了权利义务，具有立法性质，仍然游离在备案审查制度之外。

第二，丰富审查方式，依法采取主动审查、被动审查、重点审查和专项审查等方式开展审查研究工作。主动加大对地方两院规范性文件的审查，尤其是具有司法解释性质的规范性文件，在这方面，2018 年有一个典型的案例可资记录、借鉴和参考。该案例入选中国人民大学宪政与行政法治研究中心发起的 2018 年十大宪法事例：法学家李步云于 2018 年初向全国人大常委会法工委法规备案审查室就浙江省高院对非法行医罪进行解释提出了审查建议，指出地方法院越权制定司法解释性质文件。2018 年 7 月 18 日，全国人大常委会法工委法规备案审查室予以复函。根据反馈的情况，浙江省高级人民法院表示所涉解释属于应当清理的带有司法解释性质的文件，省人民检察院、省公安厅将停止执行相关条款，共同研究妥善处理正在审理的案件及生效案件，并将于近期通知辖区法院停止执行意见中有关非医学需要鉴定胎儿性别行为以非法行医罪处罚的决定。在这个案例中，通过启动备案审查程序，及时纠正了地方司法机关制定带有司法解释性质的不当规范性文件。

第三，建立健全备案审查工作机制。一是建立健全备案审查信息平台。2016 年，浙江在全国率先完成省和设区的市的网上备案审查系统建设，实现了全省备案审查工作信息化，下一步应逐步实现与行政规范性文件备案审查系统等其他备案系统的衔接联动机制。二是实行备案审查工作情况定期报告制度，使之成为加强备案审查工作的一个重要抓手，保证人大常委会依法履行监督职责，提高备案审查机制的执行力、约束力和实际效能。三是建立公开机制，逐步公开备案数量、审查建议提请数量、处理情况等相关信息，促使备案审查制度产生硬约束的效果。[①] 四是建立健全合宪性审查工作机制。地方备案审查机构在规范性文件审查过程中，遇到涉及宪法问题的情形，要及时向全国人大常委会提出，由全国人大常委会进行合宪性审查，或者作出合宪性制度安排，必要时由全国人大常委会对宪法有关规定作出解释。

第四，增强备案审查工作队伍的力量。改变重被动审查轻主动审查的现状。一方面，应进一步加强备案审查工作组织体系建设，自上而下系统推进备案审查部门、人员和职能强化工作，不断提高基层备案审查工作规范化、专业化、科学化水平；另一方面，成立规范性文件备案审查专家组，通过书面征求专家意见、召开专家论证会、委托专家专题论证、邀请专家参加备案审查工作会议等形式，组织专家参与备案审查工作，发挥好专家组的"智囊团"作用，进一步提高备案审查工作的专业性、公正性、民主性、实效性。[②]

第三节 "科学地立法"：创新和健全地方立法机制

在法治浙江不断推进的十余年里，我省在立法机制方面不断探索创新，积累了宝贵的经验。当前，改革进入攻坚期和深水区，地方立法需要破解一些新难题，对科学立法工作机制提出了更高的要求。我省应遵循党的十九大、党的十八大和十八届三中、四中全会，省第十四次党代会的精神，按照《关于完善科学立法民主立法工作机制的若干意见》的要求，逐步予以落实，重点健全以下几方面的立法机制。

① 2018 年初的省十三届人大一次会议上，《浙江省人民代表大会常务委员会法制工作委员会关于十二届备案审查工作情况的报告》（以下简称《报告》）以参阅文件的形式印发给了出席会议的全体人大代表，向代表报告工作，接受代表监督，以参阅文件形式向人民代表大会报告备案审查工作在浙江省人大历史上尚属首例。

② 2016 年 12 月，浙江首个规范性文件备案审查专家组正式成立。

一　科学规划和立项的地方立法选题机制建设

立什么法无疑是科学立法首先要回答的问题，项目选择的科学与否直接影响着立法的质量和人民的期盼。习近平总书记指出，人民群众对立法的期盼，已经不是有没有，而是好不好、管用不管用、能不能解决实际问题。不是所有的法都能治国，不是所有的法都能治好国。在立法资源相对紧缺的条件下，立法选项的理想状态应是当地经济社会发展急需且必须由法规调整的项目。如何做好这一选题，则取决于科学规划和相对灵活的立项机制。

2003 年 12 月，浙江省人大常委会在认真总结编制与实施五年立法规划经验的基础上，积极创新，开始实行地方立法项目调研库制度。为了防止出现立法项目调研库与立法计划“两张皮”的现象，浙江省人大常委会在编制年度立法计划时，坚持年度立法计划的立法项目一般应当从立法项目调研库中选取的原则，充分发挥了立法项目调研库的指导作用。2013 年，浙江省人大首次向社会公开征求建议，进一步提高了项目库编制工作的公开性。当前和今后一个时期，地方立法选题机制建设应着重在选题内容、选题方式和选题数量上下功夫，在编制立法规划和立项时，对立法的必要性、可行性、合理性等要加强调研和论证。在选题内容上，应当紧扣“两个高水平”建设这一主题，把改革强省、创新强省、开放强省、人才强省建设工作导向方面的项目作为重点，努力实现立法规划同改革发展的重大决策紧密结合。在选题方法上，加强立法前瞻调研和项目论证。组织有关专家学者和相关力量立足前瞻性、前沿性、长远性开展立法需求研究，为编制立法规划（立法项目调研库）和年度立法计划提供参考，为全社会共同关注支持地方立法工作提供指引。[①] 在选题数量上，应当根据人大常委会会议的会期和每年可能审议的法规数量，结合立法工作队伍实际，妥善处理好立法数量与质量的关系，不能片面追求数量，将本地经济社会发展迫切需要、具有立法必要

① 例如，上海市人大常委会组织各委员会课题组、平行综合研究课题组和外发专题研究课题组三方面研究力量形成《上海“十三五”及更长时期重点领域立法需求总报告》，并经市人大常委会党组第九十次会议通过。

性和可执行性、调整范围和主要内容明确、各方面条件基本具备的项目优先列入计划，确保立法质量。

二 多元力量实质性有机结合的起草机制建设

起草法规草案是立法的一项基础性工作，法规草案的质量直接影响立法的质量和效率。实践中，属于行政管理方面的法规草案基本上由政府部门起草并提请审议，这是法律赋予提案主体的职责，也具有一定的科学性。政府部门有行政管理方面的实践经验，最清楚哪些该管，该怎么管。张德江曾指出，强调发挥人大主导作用，并不是忽视政府在立法中的重要作用，不是要撇开政府由人大唱“独角戏”。我们应根据立法内容实际，探索和逐步形成由立法机关主导，有关部门参加，专家学者、企事业单位、人大代表和人民群众等多元力量实质性参与起草法规草案的工作机制，调动一切积极因素，广泛凝聚社会共识，提高立法质量。

鉴于上述原理，我省应继续全面推行法规草案起草小组制度，普遍实行由人大专门委员会、常委会工作机构和政府部门、社会力量共同参与立法调研起草的工作机制。对于综合性、全局性、基础性等重要法规草案的起草，建立由省人大相关专门委员会、常委会法制工作委员会组织有关部门参与起草制度，同时，可以吸收执法部门有经验的管理人员参与。对于重要行政管理法规草案的起草，建立由政府司法行政部门（原政府法制机构）组织起草，省人大有关的专门委员会、常委会工作机构提前参与起草制度，从体制机制和工作程序上有效防止部门利益法制化。对于专业性较强的法规草案的起草，探索委托第三方起草法规草案制度，由专家学者从各自的专业角度对法规草案进行把关。

三 有质效的地方立法公众参与机制建设

健全地方立法公众参与机制，保证公众参与的质量和效果，是民主立法的内在要求。民主立法的核心，在于为了人民、依靠人民。无论国家层面的立法还是地方层面的立法，参与的人越多，各种主张和意见的博弈越充分，往往越符合经济和社会发展的客观要求。

从学理上论，完善公众参与立法机制，我省需要着重从以下几个方面切入。

一是立法公开全面化。就公众参与立法而言，立法公开是前提。在法治社会，公民享有充分的知情权，有权了解立法机关的工作；而作为民众所选出的立法机关，也有义务为公众提供有关立法活动的信息，为公众参与立法提供条件，同时有利于加强公众的监督。深入推进立法公开机制，需进一步完善立法建议项目公开征集意见、法规草案公开征求意见、审议意见公开、公民旁听立法会议等制度，运用微博、微信等新媒体，使公众更快捷地了解地方立法动态。

二是民意表达畅通化。目前，有些地方性法规出台后，又出来各种各样的批评和反对意见，究其原因还是地方立法工作中征求意见不够广泛、不够深入，意见表达渠道不够顺畅，协调和解释工作不够扎实。健全科学的意见表达机制，要建立健全人大代表参与地方立法的机制，在立法、调研、起草、审议、修改等各个阶段、各个环节上，都能顺畅地参与进来，充分发表意见；要发挥社会团体等各种社会组织在利益和意见表达方面的积极作用，主动邀请相关社会组织深入研究法规草案，倾听他们的意见和建议；要重视立法工作过程中的协商沟通，特别是不赞成的意见、反对的意见，认真研究并积极吸收其中的合理成分；要健全立法基层联系点工作制度，发挥联系点扎根基层、贴近实际、面向群众的优势，不断扩大人民群众对立法活动的有序参与，最大限度地凝聚共识、凝聚智慧。

三是征求意见刚性化。进一步深化社会公众意见评估、处理和反馈机制，改进吸收采纳和回应社会公众意见工作，采取集中回应、单独回应等方式，适时公布采纳或不采纳的答复及其理由。

四　优化审议质量的审议表决机制建设

法规议案的审议表决是指立法机关对于经过审议的法规议案进行表决，正式表示同意或不同意的活动。在整个立法活动中，法规议案的审议表决是最具有决定意义的一个步骤和阶段，也是保证立法质量的最后一个关口。

《浙江省地方立法条例（2016 修正）》分别就省人民代表大会会议审议的程序、省人民代表大会常务委员会审议的程序和对设区的市的地方性法规及自治条例、单行条例的审议程序作了相对详尽的规定。从制度健全和落实的角度，审议表决机制的建设还应从优化审议质量的方向予以完善。

一是优化法规审议前的协调决策。对法规中重大问题的分歧意见，应当尽可能事先进行协调，把重大分歧意见尽可能解决在法规草案的起草阶段，解决在法规草案提请审议表决之前。人大应当着力解决影响立法进度的难点问题，切实把握立法协调决策主导权。

二是优化人大常委会审议方式，分组审议的方式中应当更多增加联组审议形式，使常委会组成人员之间通过当面讨论达成共识，不分组审议的方式可以根据审议的需要增加分组形式，使更多的常委会组成人员和列席同志发表意见；发挥人大专门委员会的审议职能，着重解决专门委员会审议不够充分、对法规草案评价意见过于笼统、过多拘泥于文字修改等问题。

三是完善法制工作委员会的统一审议机制，同时防止以法制委员会统一审议代替或者削弱人大常委会对法规草案的审议。

四是在实行“二审制”的基础上，综合考虑法规草案的难度、社会关注度、常委会组成人员审议意见等因素，进一步增加“隔次审议”和“三审制”的运用，推进立法精细化，增强立法的针对性、及时性和可执行性。

五　客观深入的立法后评估机制建设

立法后评估不仅为法规实施情况提供论证，也为法规应否继续实施提供依据。地方立法权下放后，地方立法主体更为多元，建立立法后评估制度，可以及时跟踪有关法规的实施效果，分析、总结制度设计本身可能存在的问题，保证立法的协调性、一致性，起到优化立法、检验立法效果的重要作用。

我省的立法评估工作已取得一定成效，未来应进一步探索评估主体构成的多元化、评估指标的科学化和评估结果的应用化。就评估主体而言，《浙江省地方立法条例（2016 修正）》第六十条规定：“省人民代表大会有关的专门委员会、常务委员会工作机构可以组织对有关地方性法规或者地方性法规中有关规定进行立法后评估。评估情况应当向常务委员会报告。”评估主体可以将制定机关、实施机关、专家学者和社会公众相结合，确保评估过程中信息收集的全面性、准确性和专业性。就评估指标而言，立法后评估涉及诸多学科和复杂因素，凭几组简单的数据很难得出科学结论，当务之急是积极探索建立科学的评估体系，确立明确、科学、便于操作的“良法”评估标准。就评估结果的应用而言，评估结果应用应当配套强化法规清理机制。完善“立、改、废、释”并举工作机制，推进法规清理工作的常态化，根据立法后评估的结果，定期开展地方性法规、规章清理工作，并提出修改、废止的建议。

六　大数据思维促进科学立法的机制建设

人类社会正在以前所未有的速度进入数字化时代。现代信息技术尤其是大数据技术迅猛发展并深刻渗透到社会各个领域。在这一背景下，在立法中运用大数据的思维、机制和方法，有望使我国立法实践摆脱经验立法的桎梏而真正走向科学立法。有专家指出，信息是资源，数据也是生产力。海量的信息，庞大的数据，看似毫不相干的数字，其背后却蕴含着某种规律。[①] 而科学立法的核心就在于“尊重和体现客观规律”。立法更加倚重数据的分析，而不是基于经验和直觉。尤其在大数据建设和政府数字化转型走在全国前列的浙江，重视大数据的价值是创新科学立法机制中极其重要的方面。

运用大数据思维，促进科学立法，可以考虑在以下几方面作出努力：一是将以数据来推动立法决策作为一项基本立法制度确立下来。将大数据的统计方法和质量管理理论结合起来作为推进精细化立法的重要方法，运用到提高立法质量上来。二是以数据思维来推进精细化立法，尽可能把各方面的权力与责任、权利与义务在条文中写清楚，最大限度缩小自由裁量空间，增强立法的操作性和可执行性，降低守法成本和执法成本。三是探索在立法部门

① 董珍祥：《科学立法：一个划时代的重大课题》（下），载《人大研究》2017 年第 2 期。

里建立一支专门的软件工程师队伍，为立法者提供大数据技术和支撑，或者将其进行外包。[①]

第四节 加强重点领域立法

在全面建设小康社会、全面深化改革、全面依法治国、全面从严治党的战略布局中，立法将发挥越来越重要的作用。因此，我们应当从党和国家大局出发，结合地方实际加强重点领域立法。本质上，这是要解决好地方立法立什么的问题，是谋划和推进地方立法工作首先要考虑好的问题。着眼未来，我省应当按照法治浙江建设要求，扎实做好新时代地方立法工作，以高质量地方立法护航“两个高水平”建设，切实扛起“干在实处永无止境，走在前列要谋新篇，勇立潮头方显担当”的使命和责任。

一 围绕“两个高水平”建设布局地方立法重点领域

省第十四次党代会报告提出，确保到2020年全面建成高水平小康社会，并在此基础上，高水平推进社会主义现代化建设，“更进一步、更快一步”建设“六个浙江”。“两个高水平”和“六个浙江”是“五位一体”总体布局和“四个全面”战略布局在浙江的具体体现，也是浙江按照社会主义现代化建设“三步走”战略部署确定的新的行动目标，这为今后五年浙江的发展指明了方向，也为浙江的立法工作提出了新的方向和要求。这个高水平包括立法工作要求高标准、内涵高质量和组织高效率。

我们必须清醒地看到，尽管全面建成小康社会已经胜利在望，但社会主义现代化建设仍任重道远，面临的任务还十分艰巨，特别是外部诸多风险挑战、国内改革发展稳定难题与我省转型发展矛盾相互交织，发展形势错综复杂。这就更加要求立法机关围绕党代会确定的目标要求，认真分析我省高水平全面建成小康社会和社会主义现代化建设“下半程”面临的新形势，坚持立法先行，发挥立法的引领和推动作用。浙江省委书记车俊在2018年全

① 江必新、郑礼华：《互联网、大数据、人工智能与科学立法》，载《法学杂志》2018年第5期。

省立法工作会议上强调，要围绕中心大局加强重点领域立法，统筹立法资源与立法需求、立法效率与立法质量，出台一批引领经济高质量发展的法规、一批支撑实施乡村振兴战略的法规、一批加强社会主义民主法治的法规、一批回应民生关切的法规、一批加强和创新社会治理的法规、一批保障“两山”理念落地生根的法规，特别要突出完成保障“最多跑一次”改革规定等若干探索性、标志性、引领性的地方立法项目①，以良法促进发展、保障善治。

二　加强促进高质量发展的地方立法

经济社会领域仍然是今后我省地方立法的重点领域。我国经济已由高速增长阶段转向高质量发展阶段，这是党的十九大作出的重大判断。实现高质量发展，必须坚定不移贯彻创新、协调、绿色、开放、共享的发展理念，建设现代化经济体系。党的十九大提出了实施科教兴国战略、人才强国战略、创新驱动发展战略、乡村振兴战略、区域协调发展战略、可持续发展战略、军民融合发展战略、就业优先战略、健康中国战略、国家安全战略等一系列国家战略，还提出了建设制造强国、科技强国、质量强国、航天强国、网络强国、交通强国、海洋强国、贸易强国、文化强国、体育强国、教育强国、人才强国等一系列强国目标。地方立法工作必须结合地方实际，积极适应实现高质量发展的新形势，正确把握国家战略和强国目标对地方立法工作提出的新要求，通过法治方式使之制度化、规范化，更好发挥地方立法的积极作用。②

按照完善社会主义市场经济法律制度的要求，以保护产权、维护契约、统一市场、平等交换、公平竞争、有效监管为基本导向，加强经济领域立法。总的来说，就是围绕“四个强省”，为重大改革举措、重大创新举措、重大开放举措、重大人才举措进行地方立法的谋篇布局。具体来说，将来一个时期需要立法保障的“四个强省”重大举措可以概括为：以“最多跑一

① 2018年11月30日，浙江省十三届人大常委会第七次会议已经审议通过《浙江省保障“最多跑一次”改革规定》，于2019年1月1日起施行。

② 参见沈春耀《在第二十四次全国地方立法工作座谈会上的小结讲话》，2018年9月17日。

次”改革为突破口，实施一批群众最期盼、发展最急需的重大改革举措，重构体制机制优势，依靠改革强省；以产业创新为主战场，实施一批最具比较优势、最能带动全局的重大创新举措，培育发展新动能，依靠创新强省；以“一带一路”为统领，实施一批最能体现浙江资源禀赋、最契合国家战略使命的重大开放举措，提升开放格局和水平，依靠开放强省；以高教强省战略为依托，实施一批最能补齐发展短板、最能激发潜在优势的重大人才举措，优化集聚战略资源，依靠人才强省。[①] 概而言之，“十三五”及更长时期内，围绕经济高质量发展，我省立法的重点是健全产权保护制度、促进民营经济发展、完善激励创新制度、加强市场监管制度和完善促进公平竞争制度等方面的立法。

三 加强促进民主政治建设的地方立法

党的十八届四中全会决定指出：“以保障人民当家作主为核心，坚持和完善人民代表大会制度，坚持和完善中国共产党领导的多党合作和协商制度，民族区域自治制度以及基层群众自治制度，推进社会主义民主政治法治化。”这为在新的历史条件下健全保证和发展人民当家作主的民主政治制度，推进地方治理体系和治理能力现代化，指明了前进方向，明确了目标任务。

就地方而言，应当按照推进社会主义民主政治制度化、规范化、程序化的要求，加强民主政治领域立法。在坚持和完善人民代表大会制度方面，由于“各级人民代表大会、人民政府、人民法院和人民检察院的产生、组织和职权”是法律保留事项，地方立法可以在完善人大及其常委会依宪法、法律行使各项权力的具体法律制度和加强各级人大及其常委会的组织建设及工作制度等方面发挥积极性。在坚持和完善中国共产党领导的多党合作和协商制度方面，协商民主是党的群众路线在政治领域的重要体现。因此，地方立法应当引领和推进协商民主广泛多层制度化发展，构建形式多样、内容广泛、程序合理、环节完整的协商民主体系，拓宽和健全政党协商、人大协

---

① 参见盛世豪《实现“两个高水平”谱写浙江新篇章》，载《浙江日报》2017 年 6 月 19 日。

商、政府协商、政协协商、人民团体协商、基层组织协商、社会组织协商等渠道。从制度层面保障就社会生活中的重大问题和涉及人民群众切身利益的实际问题，开展广泛协商，坚持协商于决策之前和决策实施之中，保证人民知情权、参与权、表达权、监督权，最大限度凝聚社会共识，聚集社会正能量。[①] 在民族区域自治制度以及基层群众自治制度方面，在坚持和完善民族区域自治制度和基层群众自治制度的前提下，地方立法的重点是切实保障少数民族合法权益，保障建设团结、繁荣的民族自治地方；完善企业事业单位民主管理制度；在城乡社区治理、基层公共事务和公益事业中广泛推行群众自我管理、自我服务、自我教育、自我监督、完善和发展基层民主制度。

四　加强促进教育文化事业发展的地方立法

党的十八届四中全会决定强调，建立健全坚持社会主义先进文化前进方向，遵循文化发展规律，有利于激发文化创造力，保障人民基本文化权益的文化法律制度，并对制定有关法律提出明确要求。这一部署明确了我国教育文化事业发展的性质方向和重点任务，也为加强地方文化立法、完善文化法律制度提供了基本遵循。

我省历来重视教育文化事业领域的立法工作。例如，针对我省教育事业发展迅速，加之“一对夫妻全面二孩”政策放开后幼儿数量增加等情况，《浙江省学前教育条例》已应运而生。又如，为了让百姓最便捷享受到公共文化服务，《浙江省公共文化服务保障条例（草案）》已经省十二届人大常委会第四十五次会议审议通过。今后一个时期我省推进教育文化事业发展的立法重点领域应当包括但不限于：家庭教育方面的立法，文化产业振兴方面的立法、文化管理方面的立法、公民文化成果保护方面的立法、社会主义精神文明方面的立法和互联网领域的立法。我省在互联网发展的多个领域走在了全国前列，尤其需要加强互联网领域的立法，完善网络信息服务、网络安全保护、网络社会治理等方面的制度规范，为建设“网络强省”保驾护航。此外，在加强促进教育文化事业发展立法的过程中，应当融入社会主义核心

① 参见公丕祥主编《全面依法治国》，江苏人民出版社，2015，第192页。

价值观。用法律的权威来增强人们培育和践行社会主义核心价值观的自觉性，培育社会主义法治文化，弘扬社会主义法治精神，充分发挥文化法律制度的规范、引导、保障、促进作用，形成有利于培育和践行社会主义核心价值观的良好法治环境。

五 加强促进民生改善和社会治理创新的地方立法

新时代我国社会主要矛盾已经转化为人民日益增长的美好生活需要和不平衡不充分的发展之间的矛盾。人民群众对美好生活需要和向往是多方面、多层次、多样化的。人们对国家和社会生活的参与愿望、对权利和利益的保护要求、对自身能力发挥和自身价值实现的追求，都出现越来越积极的发展趋势。地方立法工作必须积极调整、主动适应。需要认识到，在新的历史条件下，人民群众对立法的期盼，已经主要不是有没有法律法规的问题，而是法律法规好不好、管用不管用的问题。法律法规不仅要体现价值理念，规定应然状态，而且还要能够合理有效地解决现实生活中的实际问题。这是加强促进民生改善和社会治理创新立法的目标任务。

地方社会治理体系是国家治理体系的重要组成部分。我省加强社会民生和社会治理领域的立法重点应围绕以下治理体系的构建展开：以创新发展大调解机制、加强调解工作专业化建设为重点的社会矛盾化解体系；以实施居住证制度、积分落户制度为重点的流动人口服务管理体系；以完善分类管理和帮扶救助为重点的特殊人群服务管理体系；以健全立体化现代化治安防控体系为重点的公共安全体系；以培育发展和依法管理为重点的社会组织服务管理体系；以构建宣传、引导、管理相结合的综合管理机制为重点的网络社会服务管理体系；以政府治理、市场治理、社会治理功能互补为目标的协同治理体系；以推进社会治理人性化、法治化、程序化、信息化为主要任务的现代化法治社会建设指标体系。①

① 参见江必新编著《全面推进依法治国战略研究》，人民法院出版社、商务印书馆，2017，第148～149页。

六　加强促进生态文明建设的立法

党的十八大把“生态文明建设”提升至与经济、政治、文化、社会四大建设并列的高度，明确提出建设五位一体的中国特色社会主义，要求把生态文明建设放在突出地位，融入经济建设、政治建设、文化建设、社会建设各方面和全过程。这是对生态文明建设前所未有的重视。法治浙江同时也是“美丽浙江”，法治浙江的美丽之处就在于为生态文明提供保障。这是加强促进生态文明建设立法的目标和旨趣所在。

党的十八届四中全会决定同党的十八届三中全会确定的生态文明体制改革任务相配合，从产权、开发保护、生态补偿、污染物防治的全过程，提出了建立生态文明法律制度的重点任务，这也为我省加强促进生态文明建设立法指明了方向。在建立健全自然资源产权法律制度方面，应当健全自然资源资产产权制度和用途管制制度，形成归属清晰、权责明确、监管有效的自然资源资产产权制度；在完善空间开发保护法律制度方面，应当建立空间规划体系，保障各类规划协调融合，健全主体功能区制度；在完善生态补偿法律制度方面，坚持谁受益、谁补偿原则，完善对重点生态功能区的生态补偿机制，推动地区间建立横向生态补偿制度；在加强污染物防治法律制度方面，拓展环保市场，推行节能量、碳排放权、排污权、水权交易制度，建立吸引社会资本投入生态环境保护的市场化机制，推行环境污染第三方治理制度。

第四章
加快建设法治政府

2018 年 8 月，在中央全面依法治国委员会第一次会议上，习近平总书记强调指出："建设法治政府是全面推进依法治国的重点任务和主体工程。"从现实看，我们国家大部分的法律法规都是由行政机关来具体执行和实施的，因此，加快建设法治政府是高水平建设法治浙江、推进区域治理现代化的主体工程。

第一节　现代化法治政府的基本标志和目标

在国家治理体系和治理能力现代化和法治现代化的语境下，我们所要建成的中国特色社会主义法治政府是党全面领导之下党政合力推动的法治政府，是以人民为中心的法治政府，是与创新政府、廉洁政府、服务型政府建设相结合的法治政府，是一个以现代科技革命成果为支撑的数字化政府。

一　与两个高水平建设相适应的法治政府建设目标与愿景

改革开放以来，依法行政理念从无到有，从朴素的"执法必严"概念到"严格规范公正文明执法"的系统集成；从行政机关"既要依政策办事，又要依法律办事"到"深入推进依法行政，加快建设法治政府"；从《行政诉讼法》《行政复议法》《国家赔偿法》构成的行政救济法体系到《行政处罚法》《行政许可法》《行政强制法》组成的行政实体法三部曲……中国的法治政府建设历程筚路蓝缕，在吸收人类文明共同成果的基础上走出了一条与西方不同的行政法治发展之路。

党的十九大报告指出，到2035年，法治国家、法治政府、法治社会基本建成。《法治政府建设实施纲要（2015～2020年）》提出："到2020年基本建成职能科学、权责法定、执法严明、公开公正、廉洁高效、守法诚信的法治政府。"那么，我们所需要建成的法治政府究竟是怎么样的？或者说，新时代中国特色社会主义法治政府的基本建成，需要取得哪些基本成果，达到何种基本目标。这一问题的探讨，可以明晰新时代中国特色社会主义法治政府的基本价值基准，从而明确与两个高水平建设相适应的浙江法治政府建设基本方向。

《中共中央关于全面推进依法治国若干重大问题的决定》指出："各级政府必须坚持在党的领导下、在法治轨道上开展工作，创新执法体制，完善执法程序，推进综合执法，严格执法责任，建立权责统一、权威高效的依法行政体制，加快建设职能科学、权责法定、执法严明、公开公正、廉洁高效、守法诚信的法治政府。"这一顶层设计，指明了新时代的法治政府基本元素，即职能科学、权责法定、执法严明、公开公正、廉洁高效、守法诚信。根据上述精神，结合《法治政府建设实施纲要（2015～2020年）》的具体规划，浙江要建设与基本实现社会主义现代化相适应的法治政府，应该达到以下的目标状态。

（一）政府各项职能依法全面履行，政府与市场/社会关系全面理顺

习近平总书记在十八届中央政治局第十五次集体学习时的讲话（2014年5月26日）指出："各级政府一定要严格依法行政，切实履行职责，该管的事一定要管好、管到位，该放的权一定要放足、放到位，坚决克服政府职能错位、越位、缺位现象。"法治政府必然是依法全面履行政府职能的政府，从省级区域而言，需要达到以下状态：全省各级政府机构及其职能、权限、程序、责任实现法定化，政府机构设置、职能配置、工作流程和部门职责关系得到充分理顺；法外设机构、设权的问题从根本上得到解决；法律规定的行政职责得到充分的履行。最大程度减少政府对微观事务的管理，减少对生产经营活动的许可，最大限度缩小投资项目审批、核准的范围，最大幅

度减少对各类机构及其活动的认定。消除妨碍统一市场和公平竞争的各种规定和做法，破除部门保护、地区封锁和行业垄断。事中事后监管科学良性运转，随机监管、信用监管、协同监管、互利监管等监管理念和新型监管方式得到普遍实施。社会组织充分、有效、规范地承接有关公共服务事项；立体化社会治安防控体系充分完善，有效防范管控影响社会安定的问题；公共突发事件防范处置和防灾救灾减灾能力得到实质性提高；安全生产和食品药品安全得到全方位保障。社会自治格局有效形成，市民公约、乡规民约、行业规章、团体章程等社会规范在社会治理中的积极作用得到有效发挥。实现区域基本公共服务标准化、均等化、法定化。环境信息公开制度、环境影响评价制度和污染物排放总量控制制度、生态环境保护责任追究制度和生态环境损害赔偿制度等生态文明法律制度得到良好执行。

（二）形成系统完备、科学规范、运行有效的依法行政制度体系

富强浙江、法治浙江、文化浙江、平安浙江、美丽浙江、清廉浙江建设所需要的制度保障体系较为完备，地方政府管理各方面制度更加成熟更加定型。省政府和各设区的市政府规章制定更加精细化，所立规章具有及时性、系统性、针对性、有效性；相当比例的规章由政府（司法行政部门）组织起草或者委托第三方起草，有效防止部门利益和地方保护主义法律化。重大改革措施于法有据、政府立法能够主动适应改革和经济社会发展需要。社会各方有序参与政府立法的途径和方式得到拓展，政协委员、民主党派、工商联、无党派人士、人民团体、社会组织在立法协商中的作用得到充分发挥。政府立法中拟设定的制度涉及群众切身利益或各方面存在较大意见分歧的，一律能够采取座谈会、论证会、听证会、问卷调查等形式广泛听取意见；所有规章草案均通过网络、报纸等媒体向社会公开征求意见，公众意见采纳情况得到及时充分反馈。规范性文件未设定行政许可、行政处罚、行政强制等事项，未减损公民、法人和其他组织合法权益或者增加其义务；所有涉及公民、法人和其他组织权利义务的规范性文件，均按照法定要求和程序予以公布；把所有规范性文件纳入备案审查范围，做到有件必备、有错必纠。根据全面深化改革、经济社会发展需要，以及上位法制定、修改、废

止情况，及时清理有关规章和行政规范性文件，“僵尸文件”“过时文件”得到杜绝。

（三）行政决策实现科学化、民主化、法治化

违法决策、不当决策、拖延决策现象明显减少并得到及时纠正，行政决策公信力和执行力大幅提升。公众参与、专家论证、风险评估、合法性审查、集体讨论决定成为本省各地各部门各项重大行政决策的法定程序。文化教育、医疗卫生、资源开发、环境保护、公用事业等重大民生决策事项全面实行民意调查制度；对社会关注度高的决策事项，能够及时公开信息、解释说明，及时反馈意见采纳情况和理由。形成行政机关内部重大决策合法性审查机制，未经合法性审查或经审查不合法的，不提交讨论。政府法律顾问从“有形覆盖”发展到“有效覆盖”，法律顾问在制定重大行政决策、推进依法行政中发挥实质性积极作用。专业性、技术性较强的决策事项，组织专家、专业机构进行论证，专家信息和论证意见向社会公开；全面落实重大决策社会稳定风险评估机制。重大行政决策经政府常务会议或者全体会议、部门领导班子会议讨论，由行政首长在集体讨论基础上作出决定。重大决策终身责任追究制度及责任倒查机制得到完善，对决策严重失误或者依法应该及时作出决策但久拖不决造成重大损失、恶劣影响的，能够严格追究行政首长、负有责任的其他领导人员和相关责任人员的法律责任。

（四）切实做到严格规范公正文明执法

权责统一、权威高效的行政执法体制较为健全，法律法规规章在本省行政区域得到严格实施，各类违法行为得到及时查处和制裁，公民、法人和其他组织的合法权益得到切实保障，经济社会秩序得到有效维护，行政违法或不当行为明显减少，对行政执法的社会满意度显著提高。具体而言，在执法体制方面，综合执法体制改革和整体性政府建设基本成熟，基层执法力量完整充实，行政执法和刑事司法衔接机制健全完善，行政执法机关、公安机关、检察机关、审判机关信息共享、案情通报、案件移送制度有效运转。在执法程序和执法方式方面，行政执法全过程记录制度、重大行政执法决定法制审核制度、执法公示制度在各领域全面实施，行政许可、行政处罚、行政

强制、行政征收、行政收费、行政检查等执法行为流程清晰、规范公正。大数据、物联网、人工智能等科技革命成果在行政执法中得到良好应用，行政执法效能较高。说服教育、劝导示范、行政指导、行政奖励等非强制性执法手段得到普遍应用，守法激励、失信惩戒的信用监管机制的实施成为一种常态。在执法责任和执法人员管理方面，常态化的责任追究机制全面运行，执法活动中的行政干预、部门利益和地方保护主义基本绝迹，趋利执法、选择性执法等现象得到有效遏制。全面实行行政执法人员持证上岗和资格管理制度，不具有执法资格的工作人员未参与任何执法活动，协警、协管员等执法辅助人员的活动得到全面规范。

（五）行政权力在阳光下运行，形成科学有效的行政权力运行制约和监督体系

在本省各级政府及其部门，以公开为常态、不公开为例外的原则得到普遍践行，全方位实现决策公开、执行公开、管理公开、服务公开、结果公开，政府新闻发言人制度成熟运行。决策权、执行权、监督权既相互制约又相互协调，通过监督制约确保行政机关按照法定权限和程序行使权力，行政权的制度笼子真正得到扎紧扎密。各级政府及其部门诚实履行行政承诺和行政合同，失信现象基本绝迹。全省各级行政机关负责人依法出庭应诉率达到或者逼近100%，涉及行政机关执行义务的人民法院生效裁判执行率达到100%。财政资金分配使用、国有资产监管、政府投资、政府采购、公共资源转让、公共工程建设等权力集中的部门和岗位内部流程控制成熟可靠，形成不能滥用权力的机制。公开道歉、停职检查、引咎辞职、责令辞职、罢免等问责方式和程序得到常态化、规范化运行。行政不作为（失职渎职）、乱作为情况基本不出现，懒政、庸政、怠政得到有效克服。

（六）社会矛盾纠纷得到有效化解，人民权益得到切实有效保障

在本省范围内，公正、高效、便捷、成本低廉的多元化矛盾纠纷解决机制全面形成，公民、法人和其他组织的合法权益得到切实维护。各级政府在食品药品安全、安全生产、生态环境、网络安全、社会安全等方面重点问题

治理能力和绩效普遍提升，有效降低突发事件和群体性事件的发生概率。具有浙江特色的行政复议体制机制成熟运行，“大信访、中诉讼、小复议”的格局完全打破，行政争议在更理性的轨道上化解。行政调解、行政裁决、仲裁、人民调解的公信力得到质的提升，行政机关、仲裁机构、人民调解组织在解决经济纠纷、化解社会矛盾、促进社会和谐方面的作用得到充分发挥。实现信访法治化，“信访不信法”和“大闹大解决、小闹小解决、不闹不解决”的问题得到根本性解决，群众的合理合法诉求依照法律规定和程序就能得到合理合法的结果。

（七）政府工作人员法治思维和依法行政能力适应法治政府要求

宪法法律至上、法律面前人人平等、权由法定、权依法使等基本法治理念成为全省各级政府工作人员特别是领导干部的共同遵循，公务员作为尊法学法守法用法的模范得到全社会的认可。法治素养好、依法办事能力强的干部在相同条件下得到优先提拔使用，对特权思想严重、法治观念淡薄的干部进行批评教育、督促整改，问题严重或违法违纪的，依法依纪严肃处理。领导干部的依法行政能力和法律知识能够与时俱进，得到定期更新。运用法治思维和法治方式深化改革、推动发展、化解矛盾、维护稳定，成为全省各级政府领导和公务员的自觉行动。在全省范围内真正形成办事依法、遇事找法、解决问题用法、化解矛盾靠法的良好法治环境。

二　未来法治政府的鲜明特征

上述七个方面的目标和状态达成以后，我们可以说，在浙江省域范围内，法治政府将真正得以建成或者基本建成。在中国特色社会主义法治体系中，我们所将要建成或者基本建成的法治政府，除了上述七个方面的具体目标状态之外，将具备以下几个鲜明特征。

第一，我们所要建成的法治政府是党全面领导之下党政合力推动的法治政府。法治政府建设涉及深刻的利益调整和公权力制约监督，单单依靠政府自身推动显然不够，过去的实践也表明，政府自上而下的推动力往往会层层消减，从而导致法治政府建设成效不彰。党的十八大以来，中国共产党把法治政府建设置于全面依法治国基本方略的框架之下，推进法治政府建设成为党的政治主张以及治国理政的目标，因此，法治政府也从政府自身建设的维度跃迁成为依法执政的重要构成。在党的领导和党政合力推动之下，未来的法治政府建设将获得更大的政治驱动力和行动资源，呈现出“依法治国、依法执政、依法行政共同推进，法治国家、法治政府、法治社会一体建设”的总体格局。

第二，我们所要建成的法治政府一定是以人民为中心的法治政府。现代法治政府的核心要义是规范权力、保障权利，这与我们坚持以人民为中心的发展理念是逻辑统一的。现代法治政府的权利保障内涵与以人民为中心的发展理念相结合，我们所追求的法治政府应当比西方国家的法治政府更加凸显其“人民性”特征——法治政府建设更加注重人民群众合法权益的维护，把为民谋利作为根本取向，把人民满意作为价值标准。就浙江而言，“最多跑一次”是实践以人民为中心的标志性改革，建设以人民为中心的法治政府，需要更多地以“最多跑一次”改革蕴含的理念、立场、作风和方法促进依法行政的各项工作。

第三，我们所要建成的法治政府是与创新政府、廉洁政府、服务型政府建设相结合的法治政府。过去我们谈法治政府，其实更多是一种“法制政府”，即强调政府依法行政的制度体系较为健全，在此基础上，各级政府及其部门依照制度来办事。这固然是法治政府建设的核心诉求，但与此同时，也要注意到，我们所追求的法治政府应当是善治的政府，即在“国家治理体系和治理能力现代化”的语境下理解和界定法治政府，在这个意义上，法治政府既是依法办事的政府，也必然是一个创新政府、廉洁政府和服务型政府。用理论上的话语来说，法治政府既包括“合法性”层面的考量，也少不了“最佳性”（有效性）层面的观照。李克强总理曾明确提出“转变政府职能本身就是建设法治政府的要求”。[①]“四个政府”相结合，就是要通过依宪施政、依法行政、简政放权，把政府工作全面纳入法治轨道，最终达成善治。新时代，浙江通过“最多跑一次”改革、构建最优的法治化营商环

① 参见《李克强在国务院机构职能转变动员会议上的讲话》，《人民日报》2013 年 5 月 13 日。

境，在建成法治政府的实践中将更加鲜明地体现“四个政府”协同推进的法治政府建设路径。

第四，我们所要建成的法治政府是一个以现代科技革命成果为支撑的数字化政府。未来已来，政府数字化转型势不可挡。政府的数字化转型是政府适应互联网时代的数字化社会环境，在云计算、大数据、物联网、人工智能等技术普遍应用的场景下，主动改变政府组织、管理和服务模式的过程，是政府治理的一场深刻革命，是从量变到质变、从理念到行为、从制度与工具到方法的一个系统性过程。法治政府是将政府的组织、行为、程序纳入法治化轨道，因此，法治化和数字化的目标对象高度一致，法治政府必然是数字化政府。在数字化政府的理念和架构支撑下，未来的法治政府将在行政组织形态、行政决策模式、行政程序设置、事中事后监管方式等方面发生革命性变化。以事中事后监管为例，过去那种传统的执法人员全方位监督检查将转变为物联网环境下的“数字化追踪 + 随机检查 + 信用监管”。

三 建成法治政府面临的短板

对照中国特色法治政府建设的上述价值愿景，实践中还存在一些短板，结合浙江的实际，还有以下几个问题值得重视。

其一，一些领导干部和政府部门的法治意识和法治素养还不够强。具体而言有这么几种典型表现：一是对法治政府是依法治官、依法治权理解不深，未能消化“将公权力关进制度的笼子”的真实含义，甚至对依法行政的内心理解仍停留于过去的依法治“人”、依法治“民”思路。二是有的领导干部对依法行政“讲起来重要、做起来次要、忙起来不要”，或者“只重纸上制度建设、不重具体行动的落实”。三是一些领导干部主动运用法治思维和法治方式解决实际问题的意识和能力还不够强，不依照法律规定的权限和程序行使行政权力的情况依旧存在；甚至把维护公共利益与保障公民权利对立起来，信奉“摆平就是水平、搞定就是稳定”，“通不通三分钟，再不通龙卷风”，对行政手段过度存在路径依赖，依法办事习惯尚待形成。四是有的领导干部把经济发展、行政效率与依法办事、按程序办事对立起来，重实体、轻程序，重结果、轻过程。

其二，行政权力边界和行政管理体制尚待理顺。“最多跑一次”改革取得了巨大的成效，在“四张清单一张网”的基础上进一步厘清了行政权边界。随着经济社会发展，政府与市场/社会的关系还需要在“最多跑一次”改革的纵深推进中进一步界定。现实中，行政机关通过红头文件设定授牌、带帽、考核、评比、指标、资金、项目等政策工具，以此主导优质资源分配、加速权力固化的现象还比较多见，即通过自我设权，获取部门利益。在一些领域，各种审批“要件”、程序、环节等还是繁多，审批时间还是比较长。从事中事后监管方面看，执法不公、检查任性、缺失疏漏、监管不力等问题仍比较常见。

其三，重大行政决策合法化、规范化、民主化程度仍有不足。一些地方和部门未按要求制定行政决策规则，没有把公众参与、专家论证、风险评估、合法性审查和集体讨论决定作为重大决策的必经程序，行政决策的民主化程度偏低，真诚听取民意不多，利益平衡不够，由此容易引发行政争议甚至群体性事件。有的重大政府项目违反基本建设程序，违反土地、规划、建设等领域的法律法规规定仓促上马；政府投资项目成为烂尾楼、拖欠工程款等案例亦频频出现。在许多重大行政决策过程中，党委政府法律顾问的作用尚未得到实质性发挥。决策评估环节较为欠缺，有关职能部门通常集合了决策权、执行权以及部分监督权，由此导致其缺乏对重大决策和政策执行情况进行全面科学评估的动力。责任追究制度刚性不刚，在实践中，难以对决策制定者和执行偏差者实施有效的惩戒和制裁。

其四，行政执法规范化程度尚待提高，不作为和选择性执法等问题比较突出。有关部门不依法履行法定职责而引发的行政争议较多，社会反应较为强烈。公务人员依法行政观念不强、能力不足，执法体制权责脱节、多头执法、选择性执法现象仍然存在，不作为、乱作为还时有发生。① 机构和执法职能配置还有待完善，部门职能交叉问题依然存在；一些特殊区域，如经济开发区、工业园区等，其行政执法权力和责任尚不明确。执法的规范性、公正性、文明性仍有待深化，从全省行政复议、行政诉讼的末端反映，各级行

① 教育部习近平新时代中国特色社会主义思想研究中心：《法治政府建设在改革开放中稳步推进》，《人民日报》2018 年 7 月 25 日（执笔：马怀德）。

政机关的行政行为因实体问题或者程序问题而被撤销或者确认违法的案件仍不少见。

第二节　依法全面履行政府职能

如前所述，法治政府必然是依法全面履行政府职能的政府，否则，便有可能成为一个“跛脚”的法治政府。新常态预示着一个更为长远的阶段的到来，它要求政府行为发生以下几个方面的变化：一是从重经济到重保障，二是从重权力到重责任，三是从重审批到重监管，四是从重管理到重服务，五是从重领导到重协商，六是从重数量到重质量。[①] 政府行为的这些变化，概括言之，实际上是从“管理”到“治理”的转变，实现这一转变过程，要求政府依法全面履行职能。

依法全面履行政府职能，关键要做到两件事：“法无授权不可为”与“法定职责必须为”。浙江近年来实施政府自身改革和法治政府建设而推出的一系列重大举措，如行政审批制度改革、四张清单一张网、“最多跑一次”改革等，均是推动各级政府实践“法无授权不可为”与“法定职责必须为”的重要载体。实现高水平建成法治政府，需要站在已有实践的肩膀上，继续深化创新。

一　持续深化“最多跑一次”改革

建设法治政府，需要厘清政府职能边界，完善权力配置，改善权力运行方式，提高政府治理水平。从这个意义上说，深入推进依法行政、加快法治政府建设是推进国家治理体系和治理能力现代化的必然要求。[②] 在浙江，厘清政府与市场（社会）关系、完善权力配置和权力运行方式，提高政府治理水平的重要实践载体便是持续深化“最多跑一次”改革。“最多跑一次”，是指群众和企业到政府办理一件事情，在申请材料齐全、符合法定受理条件

① 竺乾威：《经济新常态下的政府行为调整》，《中国行政管理》2015 年第 3 期。

② 教育部习近平新时代中国特色社会主义思想研究中心：《法治政府建设在改革开放中稳步推进》，《人民日报》2018 年 7 月 25 日（执笔：马怀德）。

时，从受理申请到形成办理结果全过程只需一次上门或零上门。需要通过持续深化“最多跑一次”改革，促进政府职能的深刻转变，打造国际国内一流、公平竞争的法治化营商环境，建设人民满意的法治政府，让浙江成为“审批事项最少、办事效率最高、投资环境最优、群众和企业获得感最强”的省份之一。

“最多跑一次”改革取得了十分丰硕的成果，并已然成为复制推广到全国的典型经验。未来如何持续深化，改革设计者和实践者也已作出谋划：[①]第一，解决若干深层次问题。审批事项需要进一步规范，审批权的层级配置需要进一步合理化，审批过程的各种要素需要进一步精简，实质性审批需要进一步加强，改革的风险需要进一步规避。第二，以“最多跑一次”改革撬动各方面各领域改革。用“最多跑一次”改革撬动经济体制、权力运行机制、司法、公共服务和社会治理等各方面各领域改革，推动政府效能革命，把能够纳入“最多跑一次”的事项全部纳入改革范围，同时将这项改革向乡镇、街道、农村社区等基层单位延伸，最大限度增加人民群众的获得感和满意度。第三，全力打造“最多跑一次”改革的升级版。大力提升“互联网+政务服务”水平，深入推进政务服务全流程网上办理，率先在浙江建成“数字政府”“网上政府”“掌上政府”，实现更多事项“就近跑一次”“一次也不跑”。大力完善“最多跑一次”改革的长效制度，以制度的刚性保证改革成果的长效性和可持续性。第四，不断提高“最多跑一次”改革的可复制性可推广性。深化“最多跑一次”改革的理论研究；发挥浙江作为国家标准化综合改革试点省的优势，积极推进“最多跑一次+标准化”，将标准化的理念融入政府治理和服务全链条，进一步提高“最多跑一次”改革的可复制性可推广性。这些谋划已经比较全面、深入，从理论的角度，我们认为，未来持续深化“最多跑一次”改革，推进政府依法全面履行政府职能，需要做好三件事：一是打造平台型数字政府；二是将“最多跑一次”改革成果惠及最基层；三是正确处理改革和法治的关系。

① 参见哲轩《将“最多跑一次”改革向纵深推进》，《人民日报》2018年7月9日。

(一) 率先打造平台型数字政府

浙江已经将实施数字经济“一号工程”作为省委、省政府推动高质量发展、提高竞争力、迈向现代化、实现“两个高水平”的重大战略决策。在整个数字经济“一号工程”中，加快推进政府数字化转型，构建包容审慎监管体系是其中的重点举措。浙江应当在“最多跑一次”改革基础之上，致力于在国内率先打造一个能够提供世界一流公共服务、永不打烊的“数字政府”。服务于这一目标，未来的数字政府建设一定是以平台为基础，即建成一个平台型的数字政府。

平台型数字政府的建构要点包括但不限于：① 一是以平台理念重塑数字政府建设重点。重点推进省级政府网络基础设施集约化建设，提供网络虚拟机、安全防护设施、操作系统、数据库、公共应用等软硬件资源服务，保证国家各部委提供的业务信息系统能够依托省级政府数据中心和省级政务云平台有效运行，实现政务信息系统整合和政务信息资源共享，消除区域范围内的“信息孤岛”，提升政务服务和社会治理能力。让政府部门的管理决策团队把更多时间精力放在以用户为中心的服务设计上，而不是一切从最初的软硬件环境构建开始，从而使得政府的数字服务更容易创建、运行成本也更加低廉。二是通过开放数据吸引社会力量共建政府数字服务平台。通过开放政府数据，在确保个人数据和敏感数据安全、符合社会公德的前提下，与（平台型）企业、科研部门、社会组织等力量建立数据互联互通关系。之前的实践已有成功案例，如基于腾讯微信平台可以开展社保、交通、税务、教育、医疗、水电煤气缴费等在线服务，通过运行在阿里云计算平台上的“政务超市”，市民可以像逛淘宝一样“办政事”，并且实现政府网站接受支付宝在线支付缴费。需要进一步加强平台之间的数据交换机制建设，让大数据发挥其资源性基础作用，在政府决策、公共服务、事中事后监管等领域发挥战略性作用。三是加强平台型数字政府建设的人才保障。在地方政府设立首席数据官，并为体制内的数字技术人员

---

① 以下建议多参考张晓、鲍静《数字政府即平台：英国政府数字化转型战略研究及其启示》，《中国行政管理》2018 年第 3 期。

建立良好的职业发展道路和奖励机制，为政府的数字化转型提供人才支撑。

（二）将“最多跑一次”改革成果惠及最基层

“最多跑一次”改革是一场以人民为中心的改革，其基本价值导向是“站在群众的视角思考改革，用群众的语言设定改革目标，以群众的感受确立改革标准，将改革成效的评判权交给群众，让群众成为改革的监督者、推动者、受益者”。因此，增强人民群众的改革获得感，将改革成果惠及最基层，可以说是改革的终极价值关怀，也是政府依法全面履行职能的“最后一公里”。为实现这一目标，需要进一步将政务服务向基层延伸，实现市、县、乡、村四级“互联网+政务服务”全覆盖。

首先，推进“无差别全科受理”向乡镇延伸。其关键是以统一标准为引擎，促进乡镇无差别受理事项的规范化。梳理标准，达致办事事项、办事材料、工作流程、数据流程等“业务流”和“信息流”的统一规范，是实现无差别受理的基础。目前，乡镇行政服务中心具体承办的“最多跑一次”事项大致可以分为四大类：一是县级部门委托下放事项，二是县级部门机构延伸事项（各部门派驻乡镇的所、站），三是审核转报事项，四是法定由乡镇政府办理的事项。其中，前三类事项本质上属于部门办事事项，无非是由于权力下放或者流程设计而将受理、办理末端置于乡镇，因此，这些事项的名称、办事材料、适用依据、办事流程、办理时限、表单内容等理应同县级部门事项保持一致。第四类事项，属于由乡镇作为法定主体进行办理的事务，从实践来看，各地乡镇公布的自办事项范围、名称、办事材料、办事流程等也有很大不同。

鉴于上述分析，建议分两种情况对乡镇无差别受理事项进行深入的“八统一”标准化：对于前三类事项（委托下放、机构延伸、审核转报），由于其本质上属于部门事项，建议直接吸收2017年实施的全省“最多跑一次”事项“八统一”梳理工作成果，并将其运用于乡镇办事的“业务流”和“信息流”；对其中的审核转报事项，则应当具体审查有无法律依据，对于无依据的审核转报事项，一律转为“受办分离”事项，由乡镇收件或者受理，由后台有关部门按责办理，减少办事环节。对于第四类事项（乡镇自办事项)，则建议由省级统一制定标准和模板，具体由各县级“跑改办”、县级编制机构和政府法制机构等组织实施“八统一”梳理工作，并报省级审核确认。

其次，以“四个平台”为基础，整合政务服务资源和基层治理资源。浙江的“四个平台”建设是数字政府在基层的重要实践，其核心是县级部门与乡镇（街道）之间的职责重构、资源重配、体系重整，它运用矩阵化管理理念，把乡镇（街道）和部门派驻机构承担的职能相近、职责交叉和协作密切的日常管理服务事务进行归类，从而实现条块力量有效融合、乡镇治理能力有效提升。要实现乡镇一级“无差别受理”，其关键性制度痛点正在于打通“条”与“块”，因此，在推进这项工作过程中，应当有效借力“四个平台”的功能，整合政务服务资源和基层治理资源，具体建议包括：

一是借力“四个平台”，拓展乡镇无差别受理的事项范围，并强化协调功能。从实践来看，目前许多乡镇无差别受理的事项范围主要涉及社保、民政、残联、计生、卫生、村镇建设等领域。如果能够有效借力“四个平台”，特别是其中市场监管、综合执法和综治工作三大平台，则可以将办件量大、与基层群众和市场主体密切相关的市场监管、城市管理、治安管理事项纳入乡镇“无差别全科受理”范围，从而大大提升乡镇“无差别受理”的含金量。与此同时，借助“四个平台”的协调功能，可以有效协调乡镇各站、所，进而协调县级有关部门，为“无差别受理”畅通外围路径。二是将乡镇“四个平台”沉淀的数据资源与乡镇行政服务中心审批服务信息系统互联互通。在“四个平台”运行过程中，通过基层综合信息指挥平台和浙江省平安建设信息系统积累和沉淀了大量数据资源，这些数据和信息，对于行政审批和公共服务同样具有重要意义，将之与审批服务信息系统互联互通，有助于提升审批服务的科学性和精准性。三是有效整合“四个平台”的网格员资源，将政务服务延伸至村。“全科网格”是“四个平台”的组织优势，可以考虑将村级便民服务中心代办员资源和网格员资源进行整合，网格员兼任代办员，并对其加强业务培训，在网格员工作手册的岗位职责、任务清单等方面加入审批服务代办事项功能。

（三）正确处理改革与法治的关系

“最多跑一次”改革是一场从理念、制度到作风的全方位深层次变革，同时是依法全面履行政府职能、建设法治政府的关键之举，因此，需要妥善处理改革与法治的关系。改革不能以牺牲法制的尊严、统一和权威为代价，凡属重大改革要于法有据，确保在法治轨道上推进改革，需要修改法律的可以先修改法律，先立后破，有序进行；有的重要改革措施，需要得到法律授权的，要按法定程序进行，不得超前推进，防止违反宪法法律的“改革”对宪法法律秩序造成严重冲击，避免违法改革对法治的“破窗效应”。① 在具体的运行逻辑上，则应当在政府自身改革的各项举措中，以法治凝聚改革共识，以法治引领改革方向，以法治规范改革程序，以法治确认、巩固和扩大改革成果。② 在推进“最多跑一次”改革、促进政府依法全面履行职能方面，建议从以下三个维度平衡改革与法治的关系，促进法治政府之建成。

首先，加强立法。法作为制度化的构成物，具有使重大行政决策正当化、公开化、法定化，并赋予其国家强制力的功能。在“最多跑一次”改革倒逼“破法”的同时，进一步加强了“立法”顶层设计，努力引领改革向纵深推进。③ 除了已经制定的《浙江省保障“最多跑一次”改革规定》之外，对“最多跑一次”改革中需要制度攻坚的其他内容，探索进行单项立法。比如：投资项目审批程序、告知承诺制、标准地改革等，通过立法，既可以为浙江的改革提供法律依据，也可以为全国形成可借鉴的法治化改革样本。

其次，以法治思维引领改革。持续深化“最多跑一次”改革的最终目标之一，就是要持续不断地“优化营商环境”，通俗讲就是从“抓项目”转型到“造环境”。而在现代治理体系中，我们所要营造的营商环境应当是法治化的营商环境。因此，在推进改革的过程中，需要时时以法治思维来引

① 参见新华社有关习近平总书记在十八届三中全会第二次全体会议的讲话、在中央政法工作会议上的讲话、在中央全面深化改革领导小组第二次会议上的讲话、在山东考察时的讲话等系列重要讲话的报道。上述表述整理，参见张文显《法治与国家治理现代化》，《中国法学》2014 年第 4 期。

② 参见张文显《法治与国家治理现代化》，《中国法学》2014 年第 4 期。

③ 俞世裕：《法治视野下的“最多跑一次”改革》，《浙江日报》2018 年 8 月 13 日。

导。例如：在招商引资方面，要由过去偏重追求政策“洼地”，转为更倾力打造公平营商环境的“高地”，不能违规设定税收减免、先征后返，对特定企业实施财政奖励等措施。又如：在压缩审批时限方面，不能脱离法律法规规定，将“放、管、服”改革片面理解为审批提速，将压缩的时限极端化，从而妨碍行政目标的实现，背离法律上设定办事时限的立法初衷。

再次，以标准化助推法治化。标准化是“最多跑一次”改革取得成功的重要法宝。在改革中，研制“一窗受理”事项受理材料标准化手册，作为“综合窗口”受理审核申报材料的依据。重点规范办事事项的申请主体、资格条件、申报材料清单、办理时限等要素内容，依法合理减少申请材料，杜绝“奇葩证明”，消除模糊语言、兜底条款，限制审批受理环节的自由裁量空间，为企业和社会公众办事提供清晰的指引。这一标准化过程实际上是追求“明确”“不矛盾”“稳定性”等法治价值的过程。因此，某种意义上说，标准化就是法治化。将来，应当在更深广的领域运用标准化思维，如在工业企业投资项目领域推广“标准地”模式，让企业在拿地前，就明确该块土地在固定资产投资强度、容积率、行政办公及生活服务设施比例、建筑系数、绿地率等方面的具体使用要求和标准；建成投产后，相关部门按照法定条件和既定标准进行验收。

二 以系统集成理念和方法提升事中事后监管水平

依法全面履行政府职能，深化实施“放、管、服”，是一个系统和辩证的过程。如果说放权是割肉，检验的是政府自我革命的勇气，那么监管要创新，考验的是各级政府的智慧和能力。[①] 尤其是在近期疫苗事件、P2P 平台频频“爆雷”事件的背后，凸显的都是对事中事后监管能力的挑战，甚至考问。现代法治政府要求我们一方面要减少执法扰民、执法扰企，对新兴产业实施包容审慎监管；一方面更要坚守底线，严格执法，保障人民群众的生命财产安全。平衡这两者的关系，应当在行政执法和监管领域引入以“数据共享、集成检查”为要义的执法改革理念和机制。

---

① 李克强总理 2018 年 6 月 28 日在全国深化“放、管、服”改革转变政府职能电视电话会议上的讲话。

（一）以系统集成理念推进执法和监管改革的必要性与可行性

随着相对集中行政处罚权、综合行政执法和“双随机、一公开”等改革的推进，部分领域内的执法问题得到改善，但不同部门多头监管、多头执法等难题尚未完全破解。在市场监管领域，重复检查、执法扰民的现象仍较多存在；在社会管理领域，各部门之间职责不清，争权诿责的情形仍不少见，由此导致执法绩效之不彰。之所以会出现这些现象，深层次的原因在于部门立法带来的部门执法。这一弊端的克服，既有赖于综合行政执法这样的体制调整，也需要以集成理念引导机制改革。事实证明，如果不在政府内部、部门之间的机制上作集成式调整，仅仅通过综合执法将机构、职能集中，并不能起到预期的效果。因此，集成式理念的引入，有助于在现有行政执法体制下，解决执法部门化问题，推进行政执法一体化。

尽管目前我国行政组织结构依旧呈金字塔形，存在条块分割问题，但在“互联网＋”时代，依托现代信息技术，通过信息共享，可以在纵向上形成跨越层级的沟通管道，在横向上实现不同部门、不同区域之间的自由联通和直接对话，将各层级各部门编织成一张彼此互联互通的网。这一点为通过集成式理念推进行政执法机制改革提供了可能性。

（二）分行业分领域推进集成式行政执法和监督检查

由于不同行业、不同领域对行政执法和监督检查的要求不一样，因此，以集成式理念推进执法和监管改革应当基于不同行业领域的特征分类展开。在现代社会，绝大部分行业或领域内的风险事项带有不确定性、系统性、复杂性等特征，因此，建议按“风险等级”为基准和标杆，推进分领域集成式执法和监管改革。

首先，在安全生产、食品安全、金融等监管风险相对较高的行业，执法频率和密度不减，加强部门集成。在风险较高行业，监管的绩效事关人民群众生命财产安全，因此，在严格执法的要求下，不能降低执法频率和密度。但严格执法不意味着执法扰民，应当向“集成制”要生产力，用尽量减少扰“民”的方式实现严格执法。具体方式上，可以对行业所涉各个监管部门的监督检查和执法要素进行标准化，在标准化的基础上，整合各部门的要素，尽量做到“同一检查内容，各部门只集中检查一次”。同时，对于检查形成的公共信息（如主体信息、业务信息、检查结论）在各部门之间进行数据共享，避免不同监管部门重复检查。对于在前监管部门已经检查的内容和要素，在后监管部门可以豁免检查或者减少检查要素。通过各部门对检查频次、检查材料、检查时间等各检查要素的高度集成，可以大幅减少监督检查和执法的数量，尤其是减少重复检查。在监管风险相对较高的行业，特别需要引起重视的是，要谨防一些与人民群众生命财产安全紧密相关的企业或者平台，披着“新兴产业”的外衣，借包容审慎监管之机，行违法犯罪之实，仍要以严格执法为基本准则，对逐利违法进行零容忍。

其次，以“双随机、一公开”为原则，在市场监管等领域加强跨部门联合检查。“双随机、一公开”作为规范事中事后监管的主要机制，重在解决任性执法、重复执法等难题，用随机性取代随意性。为此，各地区、各部门纷纷建立了随机抽查对象和执法检查人员名单库，以及随机抽查事项清单。在“一单两库”基础上，大力推行跨部门联合检查是进一步提高执法效能，激发市场活力的主要抓手，即以联合检查组的形式，根据“一企一表”内容，一次性完成对同一检查对象的多个检查事项。跨部门联合检查不仅可以适用于日常监督检查，还可以规范专项监督检查工作。推进跨部门联合监管和“互联网 + 监管”，实现从职能部门“单打独斗”转变为综合监管、“智慧监管”，做到“一次检查、全面体检”，不能每个部门你查一遍我查一遍，让企业不堪重负。[①]

再次，在监管风险相对较低的行业，在集成部门执法要素之外，搭建“主体责任 + 信用惩戒 + 违法事实公布 + 随机抽查并严格执法”的监管框架结构。对于监管风险相对较低的行业，应当摒弃政府的高密度监管，代之以通过制度约束强化被监管者的主体责任。这个制度约束，大致包括信用惩戒、违法事实公布和随机抽查三个维度。这三个方面，都是确保义务履行的有效机制，通过这些系统化的机制，让被监管者自觉守法，减少执法和监管的频次，但一旦被抽查到违法行为，则依法予以严厉制裁。

① 李克强总理 2018 年 6 月 28 日在全国深化“放管服”改革转变政府职能电视电话会议上的讲话。

（三）集成式理念推进执法和监管改革的三大基础性工作

以上分行业分领域推进集成式行政执法和监督检查进路的实现，依赖于一些基础性的制度设计和工作准备，主要包括但不限于以下三个方面。

一是执法监管标准化。集成的基础是相同的数据模块。因此，在执法主体众多的背景下，唯有标准化才能集成化，推进行政机关监督检查标准化，是探索部门联合监督检查的前提条件。为此，集成化的第一步，应当是由各部门在自身的监管领域中明确检查主体、检查权限、检查内容、检查频次、检查方式、检查程序、检查材料等基本要素。在这一基础上，再推进分行业的各部门执法要素集成化，尤其是检查频次、检查内容和检查材料上的集成统一。

二是全程数据联通化。在行政审批和公共服务领域，数据多跑路，能让群众少跑腿；在行政执法和监管领域，数据多跑路，能让群众少受扰。为打通信息壁垒，形成执法合力，依托政务服务网完善统一的行政执法信息平台。一方面，确保审批部门、监督检查机关、行业主管部门之间的信息传递，实现前端登记注册信息、审批信息与后端监督检查信息的联通；另一方面，注重各执法部门之间从日常巡查到处理结果全过程监管信息实时共享，真正实现违法线索互联、监管标准互通、处理结果互认，避免各部门重复要求企业提供有关情况和材料。此外，还应当与新闻媒体曝光渠道、公众投诉举报平台对接，及时发现执法线索，借助大数据分析，预判监督检查的重点区域、重点单位与重点环节。

三是信用惩戒常态化。压实被监管者的主体责任，从根本上减少“执法监管刚性频次”的关键在于加强信用惩戒的常态化建设。与行政处罚、行政强制等命令控制型惩戒方式相比，信用惩戒方式执法成本较低，有助于培育企业的守法意识与责任意识。目前在质量管理、食品药品安全、安全生产等重点领域，多个部门已签署对失信企业开展联合惩戒的备忘录。面对执法资源严重不足的现实困境，为了进一步提高执法效能，有必要构建常态化的信用惩戒机制。实行守信联合激励和失信联合惩戒机制，让市场主体“一处违法、处处受限”。其一，通过统一的信用信息基础数据库，全面、准确、及时公开信用信息源，包括违法违规行为以及其他能够反映企业状况的信息。其二，明确统一的信用评级标准，根据失信行为的危害程度，确定相对应的惩戒方式，避免出现类似行为在甲地为高信用评价而在乙地为低信用等级的矛盾现象。其三，除了跨部门联合惩戒之外，还可以与第三方征信机构挂钩，改变过去政府监管单一中心模式，依托信用信息，聚合市场主体、行业组织及社会公众的力量，形成多中心监管模式。

三　推进机构、职能、权限、程序、责任法定化

十八届四中全会通过的《中共中央关于全面推进依法治国若干重大问题的决定》在“依法全面履行政府职能”部分开宗明义：完善行政组织和行政程序法律制度，推进机构、职能、权限、程序、责任法定化。将“推进机构、职能、权限、程序、责任法定化”作为法治政府建设的“当头炮”，确实抓住了牛鼻子。这是因为，一方面，法律没有赋予行政机关的权力，行政机关就不得行使，这是依法行政的最基本要求，也是法治政府的逻辑起点。[①] 另一方面，行政体制的合理完善是政府履行各项职能的前提。设想一下，一个机构设置和职能配置交叉重叠、工作流程混乱的政府，是无法完成各项复杂管理职能的。

“机构、职能、权限、程序、责任法定化”，概括言之即是职权法定原则。所谓机构法定，是指一级政府设立哪些机构，应该通过“法”的形式来授权和确定。长期以来，我们国家对政府机构设置的法定化进程偏慢，往往根据地方政府一纸文件便设立一个机构，导致机构混乱和职能混淆。“机构膨胀－改革精简－再膨胀”的循环始终没有打破的根本原因也在这里。机构法定化，有利于促进政府廉洁、提高工作效率。职能法定，区别于职能“自”定，即法定的“机构”承担何种“职能”也应依法来确定。例如：某县公安局的职能范围便是法律法规上依法设定给“县级以上公安机关”的职权，这是该机构的“责任田”。权限法定，即行政机关履行职能的权限和手段也应法定化，不得超越法律规定的权限和权能。从理论上说，权限法定包括以下几个层次：一是事务管辖权法定，即行政机关管辖的业务权限依

① 马怀德：《法治政府建设的基本要求》，《中国司法》2018 年第 5 期。

“法”而定；二是地域管辖权法定，即行政机关管理哪一空间范围的行政事务由法律法规来确定；三是层级管辖权法定，即上下级行政机关之间的权限由法律法规来界分并划定。程序法定，即行政机关作出某一行政行为的步骤、顺序、方式和时限根据法律的规定来执行，在缺乏法律相关程序规定时，也应遵循一定的正当程序。比如，行政机关行使行政处罚权，应当遵循《中华人民共和国行政处罚法》的程序规定；行政机关行使行政决策权，应当按照《重大行政决策程序暂行条例》和《浙江省重大行政决策程序规定》要求，遵循公众参与、风险评估、专家论证、合法性审查、集体讨论等基本程序。责任法定则包括两个层面的含义，一是何种情况下行政机关及其工作人员应当承担何种法律责任，应当通过法的形式加以确定；二是行政违法应当被依法追责，（老百姓）受害应当获得依法救济。

以区域治理和法治现代化的标准来衡量，实现“机构、职能、权限、程序、责任法定化”，在实践中还存在一些重要问题，需要我们运用法治思维与法治方式加以解决。

（一）职权法定化解权力下沉与权责不一致问题

实施权力下沉、将行政管理权扁平化，是近年来行政管理体制改革的重点内容之一。由于相关法律法规调整的暂付阙如，从法治政府建设角度，放权改革中出现了一些权责不一致的情形。例如：一些法律、法规、规章规定只能由省级或者市级部门行使的行政权力，省级或者市级部门以委托、交办等形式将权力移转至下级部门行使，在权力行使的主体上存在两种处理方式：一种是以省级或者市级部门名义行使行政权；另一种是下级部门以自己名义行使行政权。在第二种情况下，存在非法定主体行使行政权的问题。又如：一些职能部门片面理解放权内涵，将本应由自己履行的行政职权（责）下放至乡镇，造成乡镇职能膨胀，且由于乡镇街道在法律上并无执法权（除极少数领域外），导致权责不对等，或者行政主体不适格。鉴于权力下沉与权责不一致的问题，应当运用法治思维进行理顺：其一，坚持职权法定，确保行权主体与法定主体一致。其二，对于法律规定由省级或者市级部门行使，但确需下放的权力，或由下级部门以省市部门名义行使，或通过“受办分离”解决合法性问题，即由下级部门受理和出件，通过内部系统流转，由法定的省级或者市级部门审查决定。其三，明晰县级政府及其部门与乡镇街道的职责边界，避免乡镇街道与相关职能部门的权力交叉和责任扯皮，对于确实需要由乡镇行使的职权，应当借鉴上海、天津等地的地方立法例，通过地方立法解决乡镇街道的执法主体资格问题。

（二）行政执法主体公告制度解决行政主体不适格问题

实践中，一些单位并不具有行政执法主体资格，但实际以自己名义行使某项行政职权的情况并不鲜见。比较突出的如：一些没有法律法规规章授权或者有关行政机关依法委托的事业单位或者部门内设机构，实际行使行政职权；一些议事协调机构或者临时机构以自己名义行使行政执法权，例如，个别地方以“三改一拆”办的名义作出拆除违法建筑的有关法律文书等。针对这类情况，应当根据《浙江省行政程序办法》的规定，由县级以上人民政府按照行政执法责任制要求，依法确认本行政区域内行政机关的行政执法主体资格，并向社会公告。各级政府应当对本行政区域内的法定执法主体（行政机关或者组织设立时就由法律、法规明确其职权）、授权执法主体（法律法规规章授权已设立的承担公共事务的组织履行行政职权）、委托执法主体（依法由法定执法主体委托，并以委托机关名义行使职权）进行梳理，并在梳理的基础上向社会公告三大类执法主体。对于不具备行政执法主体资格的单位的执法行为，公民、法人或者其他组织有权予以拒绝。

另外，针对广为存在的授权执法和委托执法，需要破解“代理人困境”，建设“法治生态体系”。在当下的行政体系中，还存在较多的根据法律法规授权或者上级行政机关委托行使行政管理职能的单位。管理学上的“代理人困境”在授权/委托执法模式中同样存在，因此，相比于行政机关，这些机构无论在法治意识和素养上，还是在接受法治训练的程度上都相对不足。为此，建议结合机构改革，对委托/授权执法单位进行一次系统梳理，建设横向到边、纵向到底的“法治生态体系”。

（三）完善程序法制解决程序法定化与行政效率的平衡问题

程序正义是法治政府建设的核心要义之一。从行政法治的发展来看，行政程序法定化的水平和程度是一个国家或者一个地区法治政府建设水平的重要指针。浙江省在全国较早地制定了《浙江省行政程序办法》和《浙江省重大行政决策程序规定》两部重要的行政程序类规章，在规范、保障和监督行政机关行使行政职权，保护公民、法人和其他组织的合法权益的同时，也提高了行政效率。行政程序不同于司法程序，在追求公平正义的同时又要体现行政的效率性，兼顾多种程序价值，因此，程序法定化需要在寻找法益平衡的过程中不断完善。建议对《浙江省行政程序办法》和《浙江省重大行政决策程序规定》的实施情况进行评估，特别是对正当程序内涵和外延、重大行政决策程序法定节点的履行、行政执法主体资格和行政执法人员资格、依申请事项的启动程序、重大行政执法决定法制审核、行政调查程序、行政检查程序、行政行为法定期限与承诺期限、行政行为送达程序等执行情况进行评估。通过评估，从多重法益考量制度设计得失，为现代化法治政府建设提供浙江版的“行政程序法”。

第三节 推进行政决策科学化、民主化和法治化[①]

健全行政决策机制，规范行政决策程序，提高行政决策的科学化、民主化、法治化水平，是建设法治政府的重要方面。过去的“三拍”决策——“拍脑袋决定、拍胸脯保证、拍屁股走人”，至今仍然在一些地方和部门存在，这与现代化的高水平法治政府建设要求显然不相适应。将来推进行政决策科学化、民主化和法治化，关键在于通过体制和机制建设强化各种法定决策程序和决策制度的严肃性。

一 强化和实化重大行政决策法定程序的履行

公众参与、专家论证、风险评估、合法性审查、集体讨论决定作为重大行政决策程序的五大节点，对于保障和推进行政决策的科学化、民主化和法

① 本节初稿完成于2018年12月。2019年4月，国务院制定并公布了《重大行政决策程序暂行条例》，自2019年9月1日起施行。由于本节提出的建议与《重大行政决策程序暂行条例》的原则未冲突，因此，基本保持了初稿的原样。

治化，具有基础性和决定性的作用。其中，公众参与可以促进决策民主化，获取的公众意见，又能提升决策科学化水平；专家论证和风险评估则对专业性、技术性较强的决策事项起到科学化保障作用；合法性审查重在确保依法决策，提升决策的法治化水平；集体讨论决定既是民主化的表现，亦是决策科学性的程序保障。正是从这个角度而言，推进行政决策科学化、民主化和法治化，关键在于强化和实化重大行政决策法定程序的履行。2015 年，浙江省已经制定实施《浙江省重大行政决策程序规定》，通过立法的形式健全行政决策机制，规范行政决策程序。制度设计虽有待完善，但已具备基本框架，未来重点在于落实。

（一）将重大行政决策事项范围适度刚性化

如何界定重大行政决策的事项范围，是实化重大行政决策程序履行的基础性工作，亦是难点所在。从理论上和立法上而言，经济和社会发展等方面的重要规划和重大改革措施，社会保障、卫生和计划生育、教育等民生领域和环境保护、资源分配等方面的重大政策，由政府组织实施的对相关群体利益可能造成较大影响的重大建设项目等均应纳入重大行政决策事项的范围，要求其遵循法定决策程序，但是，地方政府和部门在具体实施过程中，对于何种决策纳入重大行政决策范畴，仍然具有较大的自由裁量权，甚至有一定的随意性。

为使得这一范围刚性化，建议进行如下制度设计：其一，建立和完善重大行政决策目录管理制度，地方政府应当编印重大行政决策事项年度目录，向社会公布，并严格执行；明确规定凡属于目录范围内的事项，都应按法定程序进行决策，未履行法定程序则不得提交政府常务会或部门领导班子会议集体讨论决策，从议题管理把好决策审查关。[①] 建议对目前各设区的市政府和各厅局重大决策事项目录（清单）进行一次评估，根据各厅局的权力清单、责任清单和日常工作环节，就本单位重大决策事项目录完整性进行自查，并查漏补缺，修订目录清单。必要时，可以引入第三方评估，依照法律法规规章的清单评估重大决策事项目录的完整性。

---

① 参见朱海波《地方政府重大行政决策程序立法及其完善》，《广东社会科学》2013 年第 4 期。

其二，借鉴浙江在实施规范性文件管理过程中推行的“三统一”制度（即规范性文件实行统一登记、统一编号、统一发布），由上一级政府加强对下一级政府是否将法定的重大决策事项纳入法定渠道的监督。规范性文件备案审查实施之初，有不少部门为了规避合法性检验，将本属于规范性文件的文本不纳入文件管理体系，导致备案审查难以发挥实效，自浙江率先在全国实施“统一登记、统一编号、统一发布”的“三统一”制度之后，这一问题得到很大程度的解决。在重大行政决策领域，也可以引入“统一登记、统一编号”制度，夯实重大行政决策“程序嵌入”的基础，真正做到让所有重大行政决策都依法履行法定程序。

（二）实现重大行政决策程序介入的早期化

对一些地方的重大建设项目决策程序进行实证调查的结果显示，大部分项目决策过程能引入专家论证、公众参与、合法性审查等程序，但仔细进行解剖发现，在大多数决策个案中，专家论证和公众参与往往体现在初步设计、环评等其他法定环节中，对于决策初始方案本身进行论证、吸收公众参与的项目还比较少，由此可能导致决策初始阶段的盲目性。从真正促进决策科学化和民主化的角度，建议在行政决策程序的更早阶段引入法定程序要求，对决策的初始方案进行充分论证。“大风起于青萍之末”，早期的程序介入，有助于更好地集思广益，防范决策风险。

（三）增强公众参与的多元化和交互性

首先，应当健全信息公开机制。坚持以公开为常态、不公开为例外原则，推进决策公开，及时向公众传递决策的过程性信息和结果性信息。如公众反映较为强烈的价格听证会，应当披露运行成本等重要信息，以方便群众真正参与，防止形式化、表演化甚至被操纵的危险，走出“逢听必涨”的局面。其次，丰富公众参与方式。建立有序、有效且可操作的公众参与制度，从决策科学化质量、公众接受认同度两个方面，梳理和设计调查问卷、座谈会、听证会等不同的公众参与形式。再次，增强公众参与的交互性。建立健全公众意见反馈机制，听取公众意见是否采纳、对哪些公众意见采用何种形式进行反馈和说明理由等应当通过建章立制予以标准化。对可能受到重大决策影响的公民、法人或者其他组织（社会组织、社会团体等）的参与意见，尤其应当予以重视，建立有效的书面反馈机制。

（四）推进重大行政决策合法性审查

杜绝“三拍”决策的重要路径是将决策纳入法治化的轨道，因此，提升重大行政决策合法性审查的程序意义重大，即要让合法性审查真正能够成为行政决策程序中的“紧箍咒”，确保重大行政决策守住合法性的底线。首先，应当明确合法性审查的效力。对经合法性审查发现超出法定权限或与法律法规相抵触的，不作出决策；凡是提请政府常务会议讨论的重大议题，未经合法性审查或经审查不合法者，一律不得提交会议讨论。若能在实践中做到这两条，合法性审查才能真正做到守住法治底线。应当废止“合法性审查结论得出后，须经行政首长审定是否将决策方案提交审议”等规定或者惯例性做法，否则将虚化合法性审查的功能。其次，应当从具体机制上保障合法性审查的严肃性。这些具体机制包括但不限于：给予合法性审查必要的时间长度，不能在决策机关讨论前一天甚至讨论过程中才将决策资料交由合法性审查机构审查；为合法性审查提供充实的材料，除决策议案文本外，还应当提供相关说明、背景资料、履行法定程序情况、疑难问题研究意见等材料，如此方能使合法性审查具备充分的信息基础；建构数字化的决策全过程留痕系统，合法性审查意见进入决策过程留痕管理系统，无法擅自修改，合法性审查之后的决策程序和环节，受到该意见的约束。再次，应当充分发挥政府法律顾问的作用。目前，重大行政决策的合法性审查任务，往往由政府法制部门（机构改革后为司法行政部门）承担，政府法律顾问作为外部主体发挥的作用还不够。在全面推行依法行政、建设现代化法治政府的要求下，政府法律顾问应从“有形覆盖”（地方各级政府及部门均聘有法律顾问）[①] 升级为“有效覆盖”（政府法律顾问真正发挥作用）。作为外部主体，法律顾问具有一定的超脱性，因此，重大行政决策合法性审查是法律顾问发挥实质性作用的重要场域。建议建立“凡决策均顾问”制度，凡重大行政

① 根据原浙江省法制办的统计数据，浙江在2015年底，省、市、县三级政府已全部拥有政府法律顾问，全省1262个乡镇街道中的1245个已经拥有法律顾问，覆盖率达98.65%，各级政府共聘用法律顾问2352人。

决策均应由法律顾问参与，必要时，邀请法律顾问参与决策重大节点，便于其高质量地发表顾问意见；同时，加大对政府法律顾问参与重大决策合法性审查的绩效考核力度。

二 严格决策责任追究

《中共中央关于全面推进依法治国若干重大问题的决定》提出，建立重大决策终身责任追究制度及责任倒查机制。《法治政府建设实施纲要（2015～2020年）》作出更明确的规定："决策机关应当跟踪决策执行情况和实施效果，根据实际需要进行重大行政决策后评估。健全并严格实施重大决策终身责任追究制度及责任倒查机制，对决策严重失误或者依法应该及时作出决策但久拖不决造成重大损失、恶劣影响的，严格追究行政首长、负有责任的其他领导人员和相关责任人员的党纪政纪和法律责任。"建立决策责任追究制度，是要让"拍脑袋"决策者不能"拍屁股"走人，从而倒逼决策者依法决策、民主决策、科学决策，将决策权关进制度的笼子里。

从实践来看，目前对决策严重失误、违法决策、决策不作为等问题的责任追究，尚处于探索阶段，相关案例也并不多见。这同相关制度不健全有关，也跟"集体决策，个人不承担责任""好心办坏事，不应追究责任""决策总有失误，交学费是必然的"等习惯性观念密切相关。在现代治理体系中，"谁决策、谁负责"，实现决策权和决策责任相统一是一条重要的原则。因此，需要打破观念和制度的藩篱，建立健全决策责任追究制度。

《浙江省重大行政决策程序规定》第22条规定："对决策严重失误造成重大损失、恶劣社会影响的，应当倒查责任、实行终身责任追究，依法追究行政首长、负有责任的其他负责人和相关责任人员的责任。集体讨论决定决策事项时，有关人员对严重失误决策明确持不赞成态度或者保留意见的，应当免除或者减轻责任。"决策责任追究的原则已经明确，关键是细化和落地。

（一）细化问责情形

《关于实行党政领导干部问责的暂行规定》和《浙江省重大行政决策程

序规定》规定的决策追责情形是“决策严重失误，造成重大损失或者恶劣影响的”。为保障制度落地，有必要对何为严重失误进行细化，统一标准和尺度。“失误”是指主观上存在过失，采取的是主观过错原则，主观过错的认定标准应进一步细化，如规定“应为”而“未为”等外在行为推定主观是否存在过错。再如“重大损失”之“重大”及“恶劣影响”之“恶劣”都应根据中央精神结合本地实际作出明确的指导性、操作性规范。同时，要明确决策阶段的追责标准，要根据决策不同阶段细化责任追究标准。决策程序一般可分为“调查、设计、选择、评估纠正”四个阶段，每个阶段的决策者或者执行者应依据什么标准承担相应的责任必须在制度中予以明确。[①]

为保障重大行政决策法定程序的履行，提升决策质量，建议将不履行决策程序的重要问题作为决策失误来对待。具体而言，包括以下情形：一是在重大行政决策公众参与程序中未按照规定公开征求社会公众意见的，未按照规定处理公民、法人或者其他组织提出的意见的，未按照规定举行听证会的。二是在重大行政决策专家论证程序中未按照规定组织专家论证的，在论证过程中弄虚作假的。三是在重大行政决策风险评估程序未按照规定开展风险评估，未按照规定处理风险评估结论的。四是在重大行政决策合法性审查程序中未按照规定进行合法性审查的，经合法性审查认定不合法仍作出决策的。五是在重大行政决策集体讨论决定程序中未按照法定权限、时限、程序作出决策，未按照规定对会议决定过程进行记录的。

（二）充实信息基础

决策需要信息，决策责任的追究同样需要信息。从规范重大行政决策、推进决策责任追究理性化的角度，建议建立重大行政决策“案卷化”和全过程记录制度。亦即，对重大行政决策进行全过程的记录管理，对决策各程序节点形成的信息、资料完整客观记载、整理，形成“一案一宗”（每个重大行政决策个案都形成一个卷宗）。这样一来，一方面能够约束和规范决策过程，另一方面也能为事后的追责提供客观、原始的信息。充实信息基础，

---

① 邱曼丽：《重大决策终身责任追究制应明确哪些问题》，《学习时报》2016年7月21日。

还需要加大重大行政决策问责信息的公开力度，特别是要通过典型案例通报、纳入政府信息主动公开范围等方式公开问责结果，一则接受社会监督，二则也营造严格责任追究的良好氛围。

（三）平衡追责与容错

习近平总书记强调指出："既要鼓励创新、表扬先进，也要允许试错、宽容失败，营造想改革、谋改革、善改革的浓郁氛围。"为了鼓励行政机关公务人员愿干事、敢干事、干成事，营造严格担当的良好氛围，治理行政不作为慢作为等顽疾，也需要妥善平衡严格追责与"容错机制"之间的关系。为此应当作出三个区分：把公务人员在推进改革中因缺乏经验、先行先试出现的失误和错误，同明知故犯的违纪违法行为区分开来；把上级尚无明确限制的探索性试验中的失误和错误，同上级明令禁止后依然我行我素的违纪违法行为区分开来；把为推动发展的无意过失，同为谋取私利的违纪违法行为区分开来，以此保护那些作风正派又敢作敢为、锐意进取的干部，最大限度调动广大干部干事创业的积极性、主动性、创造性。换言之，在决策责任追究的制度设计和实践中，应为"试错"者留出免责空间；当然，"容错"并不是对乱作为的宽容，法律仍是不可逾越的底线。

三 提升"红头文件"的"良法"品质

行政规范性文件（俗称"红头文件"）是一种特殊的重大决策形态，制发行政规范性文件是行政机关依法履行职能的重要方式，直接关系群众切身利益，事关政府形象。规范性文件是行政机关依照法定权限和规定程序制定的，涉及不特定的公民、法人或者其他组织的权利义务，在一定时期内反复适用，在本行政区域内具有普遍约束力的各类行政文件。正因为如此，规范性文件实际上扮演着法律法规实施落地"最后一公里"的角色，其制定得是否合法、科学，是否具备"良法"品质，对于提高各级政府法治化程度至关重要。浙江是较早建立规范性文件"三统一"制度的地区，对规范性文件实施统一备案、统一编号、统一公布，起到了良好的效果。但基层政府及其所属工作部门制定的一些规范性文件，还存在不少问题，甚至偶有

“奇葩文件”的出现。因此，需要通过制度和实践的努力，不断提升“红头文件”的“良法”品质，适应现代治理的规则需求。

（一）落实规范性文件的范围的有关规定，避免“逃逸”监管

从实践情况来看，目前仍有少数行政机关以各种理由将本质上属于规范性文件的文件定性为非规范性文件，以逃逸备案审查、合法性审查等监管程序。对此，《浙江省行政规范性管理办法》第 2 条已经有明确的规定：“行政规范性文件指除政府规章以外，行政机关依照法定权限和规定程序制定的，涉及不特定的公民、法人或者其他组织的权利义务，在一定时期内反复适用，在本行政区域内具有普遍约束力的各类行政文件。”应该说，这一界定已经较为科学地归纳了规范性文件的内涵和外延，关键是如何落实。为此，建议加强责任制度建设，对抽查发现规范性文件逃避监管的，对文件制定单位和有关责任人进行处理。

（二）规范行政规范性文件的内容权限、制定程序和制定责任

首先，准确界定规范性文件的内容权限。根据《宪法》《立法法》《地方各级人民代表大会和地方各级人民政府组织法》的精神，规章以下的规范性文件在制定内容权限上具有从属性和执行性，主要是对法律法规规章中涉及行政管理的具体事项进行说明和细化规定，根据法治原则和《国务院办公厅关于加强行政规范性文件制定和监督管理工作的通知》（国办发〔2018〕37 号）等规定的要求，不得增加法律、法规规定之外的行政权力事项或者减少法定职责；不得设定行政许可、行政处罚、行政强制等事项，增加办理行政许可事项的条件，规定出具循环证明、重复证明、无谓证明的内容；不得违法减损公民、法人和其他组织的合法权益或者增加其义务，侵犯公民人身权、财产权、人格权、劳动权、休息权等基本权利；不得超越职权规定应由市场调节、企业和社会自律、公民自我管理的事项；不得违法制定含有排除或者限制公平竞争内容的措施，违法干预或者影响市场主体正常生产经营活动，违法设置市场准入和退出条件等。

其次，严格规范性文件制定的正当程序要求。行政规范性文件以“权

利义务”为内核，当属依法行政中的重大问题，所以，秉承正当法律程序不得省略听取意见程序，基于民主精神不得省略合议程序等。[①] 在规范性文件的制定程序上，应当坚持民主化科学化，在制定作为行政管理依据的规范性文件前，应当采取座谈会、听证会、调查问卷等多种形式广泛听取意见，进行合法性审查和论证，并由制定机关负责人集体讨论决定。集体讨论通过后的规范性文件，凡涉及公民、法人或者其他组织权利义务，都应当通过政府公报、政府网站、新闻媒体、公告栏等多种载体向社会公布，以让人民群众充分了解对其具有约束力的规范性文件。听取意见、合法性审查、集体讨论和公布均是制定规范性文件的必经程序，未经其中任何一个程序，都不得施行或者作为行政管理的依据。

再次，强化规范性文件制定者的政治责任和法律责任。从理论上讲，行政机关制定行政规范性文件，当属于重大行政决策的范畴，行政首长作为推进依法行政的第一责任人对其后果应当承担直接责任和领导责任；而为有效避免行政违法或者不当发生，落实征求公众意见、专家论证、合法性审查、主动公开等程序性规定，关键又在于行政首长的法律意识和重视程度。因此，推进行政规范性文件管理工作，应当促使行政机关第一责任人真正把这项工作摆到重要位置。[②] 发现存在侵犯公民、法人和其他组织合法权益，损害政府形象和公信力的，应当加大查处力度，对负有责任的领导干部和直接责任人员，依纪依法追究责任。对问题频发、造成严重后果的地方和部门，应当通过约谈或者专门督导等方式督促整改，必要时向社会曝光。

（三）加强两套备案审查制度的衔接机制建设

在地方，目前存在两种法定的由不同主体进行的规范性文件备案审查：一是县级以上地方各级人大常委会依据《中华人民共和国各级人民代表大会常务委员会监督法》，对其下一级人大及常委会作出的决议、决定和本级人民政府发布的决定、命令的备案审查；二是县级以上地方各级人民政府依

① 柳砚涛：《我国行政规范性文件设定权之检讨》，载《政治与法律》2014 年第 4 期。

② 参见夏利阳、曹水萍、何健勇《浙江行政规范性文件管理的实践与思考》，载《2014 年浙江发展报告（法治卷）》，浙江人民出版社，2014，第 174 页。

据《中华人民共和国地方各级人民代表大会和地方各级人民政府组织法》，对其下一级政府和本级政府所属各工作部门、直属机构制定的行政规范性文件的备案审查。两套备案审查制度的存在，客观上有利于加强对规范性文件的监督和规范，但与此同时，也应当注意到，双重备案的要求，使规范性文件的制定主体要遵循不同的备案程序，甚至有可能出现不同的备案审查结果，如果本级人大常委会和上级人民政府的备案审查结果有差异时更难处理。[①] 这样一来，久而久之，不仅对规范性文件备案审查的公信力产生伤害，同时也会对规范性文件的“规范标准”产生疑惑，最终不利于规范性文件质量本身的改善和提高。为此，建议建立健全县级以上地方各级人大常委会备案审查机构与县级以上政府文件审查机构（机构改革后一般设在各级司法行政机关）的良性衔接机制，通过机制及时沟通信息，尽量将规范性文件主体越权、内容违法或者不适当的问题达成共识，并将其消除在萌芽状态。

（四）建立长效化的规范性文件清理和评估机制

相比于法规规章，各级政府的规范性文件更具有较强的政策性、不稳定性，在制定程序上也更为灵活，因此，需将国家规定的“每隔两年进行一次规范性文件清理工作”作为一项常态化的制度，并引入监督执行机制，建议可以由同级人大常委会和上级人民政府及其部门监督清理工作的执行；建议制定《各级行政机关规范性文件清理和后评估指导意见》，对清理的主体、方式及其监督体制进行明确，并对规范性文件后评估的技术方法、评估手段以及评估处置等予以规范。

第四节　坚持严格规范公正文明执法

党的十九大报告指出，建设法治政府，推进依法行政，严格规范公正文明执法。严格规范公正文明执法是一个有机统一的整体，是法治政府基本建成的重要标志。其中，严格是执法基本要求，规范是执法行为准则，公正是

---

① 孔繁华：《行政规范性文件法律监督机制探究》，《法学杂志》2011 年第 7 期。

执法价值取向，文明是执法职业素养。严格，就是在执法工作中，必须做到“有法可依，有法必依，执法必严，违法必究”。规范，是指规范执法的程序，必须按照法律规定的程序执法，做到实体与程序并重。公正，就是公平正义，对执法者来说就是实现法律面前人人平等。文明，是指执法者文明的形象，是对人的一种态度，是执法对象最直接的感受，文明执法要有礼有节、春风化雨、以文化人、以理服人、以礼待人。

适应现代治理体系和高水平建设法治浙江的要求，坚持严格规范公正文明执法，需要进一步深化行政执法体制改革，落实行政执法三项重点制度、规范行政执法行为，创新行政执法方式。

一 深化行政执法体制改革

《中共中央关于全面推进依法治国若干重大问题的决定》从推进综合执法，大幅减少市县两级政府执法队伍种类，完善市县两级政府行政执法管理，加强统一领导和协调，健全行政执法和刑事司法衔接机制等方面，为深化行政执法体制改革确定方向。执法体制是执法管理的根本，体制安排科学、合理，则执法事半功倍。

近年来，浙江在实施相对集中处罚的丰富实践基础上，试点并全面推进综合执法；将机构改革与执法主体资格管理紧密联系，推动职权和机构法定化；规范行政执法人员管理，加强“行为主体”的能力建设。执法体制改革尚需进一步解决以下问题：

一是执法主体不规范的现象仍较为常见，跟“机构、职能、权限、程序、责任”五个法定化尚有距离。例如：对于开发区、功能区等特殊区域的管委会内设执法机构的法律性质认识不统一，有些地方将其作为一级独立的执法机构，有些地方则作为派出机构来对待；乡镇街道“七站八所”“五站四中心”的执法主体资格不明晰，存在诸多法律风险；一些部门内设多支执法队伍，执法管理体制混乱，执法不统一、多头执法现象突出。

二是综合执法体制的适用领域尚需进一步研究，综合执法与原有执法（监管）体制的磨合与契合度有待提升。虽然《浙江省人民政府关于深化行政执法体制改革全面推进综合行政执法的意见》（浙政发〔2015〕4号）明确了逐步纳入综合执法范围的 21 个领域，但在各地实践中，究竟哪些具体领域以何种方式纳入综合执法，还存在很多问题；另外，开展综合行政执法后，虽然通过建立部门配合协作机制，协调行政主管部门、综合执法部门分别负责源头监管和后续监管，但实际工作中，行政主管部门和综合行政执法部门各自监管的边界很难界定得一清二楚，留下相互扯皮、相互推诿以及监管真空的隐患。

三是行政执法人员数量、素质与执法任务膨胀之间不相适应的问题较为突出。现有行政执法人员的数量和素质还不能适应增长的行政执法任务，这里涉及几个突出的问题：申领行政执法证的人员范围或者说行政执法的概念外延如何框定？全员领证是否与公务员法上的公务员分类管理产生冲突？所有行政执法活动是否必须有两名以上正式执法人员在场？如何客观认识并规范行政执法辅助人员的活动？等等。这些问题实际上都是体制性问题。

四是行政强制执行体制仍需完善。土地违法、环保等领域行政执法“执行难”是一个老大难问题，一些地区近年来试行“裁执分离”体制，取得了一定成效。但是，“裁执分离”体制“裁”与“执”的职能和责任如何界分，在实施“裁执分离”之后，如何进一步整合行政机关的执行资源等，仍需要在制度设计方面充分考量。

针对上述问题，对未来的行政执法体制改革深化方向建议如下：

一是加强执法主体的资格管理，实现权责一致和机构法定化。应当对开发区/功能区执法机构、乡镇执法机构的现状作出系统梳理，在梳理的基础上进行分类对待：对于需要通过立法明确机构执法主体资格的，积极寻求立法上的支持保障和建章立制，纳入制度的轨道；对于能够通过“挂牌”“合署”等形式解决机构合法性和执法主体资格的，在现有法律框架下由编制管理机构、承担政府法制事务的司法行政部门予以联动推进；对于一个部门设立多个执法机构的情形，则要加以改革，实施统一和综合，跨部门间综合执法的前提是一个部门内部本身的执法体制得以理顺。

二是稳步推进综合执法，实现法定职责必须为。建议对《浙江省城市管理相对集中行政处罚权条例》进行立法后评估，并对综合执法试点地区进行一次“回头看”，以立法评估和“回头看”为契机和平台，对纳入综合执法的事项适宜度作一次系统的科学论证，以此解决综合执法的合理性和有效性问题。综合执法不宜大而全，而应根据相关度、专业适宜度、职能履行便利度等多个维度综合确定纳入综合执法的领域和具体执法事项范围，必要时，实施成本效益分析。同时，通过充实责任清单、签订行政协议、健全权限争议解决机制等方式，理顺综合执法部门和业务监管部门之间的职能，实现“平滑流转”，监管与执法并重，管理与治理并举。

三是规范界定行政执法的范围，通过立法和法律解释解决执法人员不足的困境。统一界定行政执法的外延范围，将大部分具体行政行为纳入行政执法范围，从而解决谁可以领证、在什么岗位上需要持证的问题；提高执法辅助人员的待遇，规范执法辅助人员的准入门槛和活动，并从制度上明晰执法辅助人员的行为边界，明确其适用岗位、身份性质、职责权限（包括数据采集、辅助调查等）、权利义务、聘用条件和程序等。

关于执法体制改革中的重要内容——综合执法体制改革，有必要就其中一个重要的命题进行更深入的探讨，即如何厘清综合执法机构与业务部门的职责边界。如前所述，实施综合执法之后，相关业务部门的末端执法权转移至综合执法机关，但行政监管和行业监管仍是其法定职责，而综合执法部门也行使相关的监督检查权，因此，综合执法部门和业务部门之间的职责界分问题变得非常重要，若处理不慎，会滋生新的不作为和推诿扯皮现象，或者使得综合执法演变为末端执法，以执法代替管理、以处罚代替治理，从而与综合执法体制改革的既定目标背道而驰。从调研情况来看，各地对这一问题的关注度普遍很高，如很多地方提出，开展综合行政执法后，虽然通过建立部门配合协作机制，协调行政主管部门、综合执法部门分别负责源头监管和后续监管，但实际工作中，行政主管部门和综合行政执法部门各自监管的边界很难界定得一清二楚，留下相互扯皮、相互推诿以及监管真空的隐患。

浙江在推进改革中已经注意到了这一问题。如《浙江省人民政府关于深化行政执法体制改革全面推进综合行政执法的意见》提出：“业务主管部门要切实落实主体责任，加强源头监管和协调指导，依法履行政策制定、审查审批、批后监管、协调指导等职责，强化事中事后监管；要加强对综合行政执法部门的业务指导和监督，及时抄送涉及综合行政执法的文件、审批信息等资料，明确执法重点和要求，督促其执行有关法律、法规和政策。”但是，这更多的是原则性的规定，尚需要操作性制度支撑。笔者以为，从实践来看，需要建立三方面的制度。

第一，充实责任清单的要素。当下，各地除制定行政机关“权力清单”之外，往往还制有“责任清单”，但观诸各地的责任清单，其多为行政机关“三定方案”确定的概括性职责之重述，对于部门之间的职责交叉缺乏必要的区分，或者至多对 A 业务部门与 B 业务部门之间的职责界限进行说明；综合执法部门与业务部门之间的监管职责分配这一新问题，较少在责任清单中体现。随着综合执法的推进，建议将涉及综合执法的业务部门与综合执法机关之间的职责分配进行专项逐条梳理和细化，对涉及的监管事项、监管权限、监管权能、监管环节作出全方位、全过程的界分，并在部门责任清单中予以体现。同时，在业务部门和综合执法机构之间签订监管职责清晰的部门协作协议。或有人认为，行政机关的职责是法定的，不宜通过签订行政协作协议这种“行政化”的方式确定监管责任。但是，我们知道，立法都是在某一事务的业务主管部门和执法部门合一的基点上进行的规则设计，对于两者分离之后，监管权如何分配，立法上基本不会涉及。在这样的现状之下，应当以更务实的态度，运用责任清单和协作协议的形式作出补充性的制度设计，进而更好地实现“法定职责必须为”。

第二，完善综合行政执法信息平台。通过政务服务网和综合行政执法信息平台，推进行政许可、行政处罚、行政强制、行政调查与检查等全过程监管信息的共享，解决监管部门与综合执法部门之间的信息不对称问题；同时，应当建立综合行政执法信息与社会信用信息基础数据库联动机制，将综合行政执法中涉及公民、法人和其他组织的部分违法情况纳入诚信档案。

第三，创新权限争议处理机制，在政府内部解决执法和监管的模糊地带与真空地带。从法治政府建设的实践状况来看，建成法治政府的最大短板可能不是乱作为，而是不作为和选择性执法。不作为的产生，很大一部分原因在于执法与监管的模糊与真空地带较多。“责任清单”能解决一部分问题，但有其实体上的极限，因此，需要进一步在程序上创新，以解决职责交叉不清的问题。因此，在权力清单和责任清单的基础上，可以由地方探索由政府编制管理机构、法制机构等组成的行政权限争议处理机制，在这一机制下根据法律法规和“三定方案”就权限争议作出的职责分配决定，以提升执法效能，减少监管空白。

二 规范行政执法行为

行政执法规范与否，直接影响到民众对于政府法治化程度的判断和认知。如本章第一节所言，规范行政执法行为是一个系统工程，其中，在执法程序和执法方式方面，需要推进行政程序法治不断完善，行政执法活动严格遵循法定程序和正当程序，行政执法全过程记录制度、重大行政执法决定法制审核制度、执法公示制度等得到全面实施，行政许可、行政处罚、行政强制、行政征收、行政收费、行政检查等各项执法行为得到公平、公正、规范地实施。从将来一个时期而言，在制度建设层面关键仍在于推进行政执法全过程记录、重大行政执法决定法制审核、执法公示三项制度的全面落实，以三项制度保障执法的规范、公正。

（一）落实重大行政执法决定法制审核制度

《中共中央关于全面推进依法治国若干重大问题的决定》提出“建立重大行政执法决定法制审核制度”，并将其作为“完善执法程序”的重要内容推动“严格规范公正文明执法”。中共中央、国务院《法治政府建设实施纲要（2015～2020年）》对实施重大行政执法决定法制审核提出细化要求：“严格执行重大行政执法决定法制审核制度，未经法制审核或者审核未通过的，不得作出决定。”2017年1月，国务院办公厅印发《关于印发推行行政执法公示制度执法全过程记录制度重大执法决定法制审核制度试点工作方案的通知》（国办发〔2017〕14号），落实审核主体、确定审核范围、明确审核内容、细化审核程序。重大行政执法决定法制审核制度主要是指行政执法机关在作出重大行政执法决定之前，由确定的内部机构及其工作人员对行政执法决定的内容进行法律审查，提出处理意见的制度。这项制度，对于促进规范执法和决策、保护行政相对人合法权益、促进社会公共利益和整体制度福祉，具有十分重要的意义。

深化重大行政执法决定法制审核制度，需要在理论和实践上处理好以下几个问题。

一是把握法制审核制度的定位和性质。关于这一问题，目前主要存在两种不同的观点，一种观点认为法制审核是一种“参谋性”制度装置，主要是为行政首长和行政机关集体讨论提出参考性意见，是否采纳这一意见，由承担执法主体责任的行政首长来确定。另一种观点认为，法制审核具有一定的决定权，主要理由在于，《法治政府建设实施纲要（2015～2020年）》已然明确：“未经法制审核或者审核未通过的，不得作出决定”；这一条事实上确立了“法制否决权”。从《中共中央关于全面推进依法治国若干重大问题的决定》和法治政府建设纲要的精神来看，主要将法制审核制度界定为一种“事前监督”，这意味着，一方面，它不代表法制机构与行政机关负责人的决策权分享；另一方面，它具有“参谋”和“监督”的双重属性，比之普通的参考意见具有更强的刚性。因此，法制审核制度的主要意旨和功能应在于对于明显违法的行政执法决定的事前阻断。

二是确定法制审核的介入时点。鉴于法制审核制度的“事前监督”性质定位，其毫无疑问应当在作出行政执法决定之前实施，不应该在作出执法决定之后再履行审核手续，否则便成了执法决定的事后备案。在这个大前提之下，有两个程序设计问题值得注意：其一，法制审核的具体介入时点，应当是在拟作出的执法决定提交行政机关负责人集体讨论前，依法不适用集体讨论环节的，应当在行政机关负责人批准之前。集体讨论一般是重大行政执法决定内部程序中的最后一道，法制审核应当在这一节点之前进行，以便行政机关负责人在决策时充分关注到其中的合法性问题，并对决策过程产生影响。如果在集体讨论程序之后再实施法制审核，将虚化法制审核的实际意义和功能。其二，在介入时点安排上，应当充分考量法制口负责人和业务口负责人的审查时点。某个重大行政执法决定，如果其涉及的执法机关内部分管法制和具体业务领导是同一人，这一问题不存在，但如果是不同的人，则需要注意其中的关系。基层反映，一般的法制审核流程是在业务经办机构提出处理方案后，由法制机构审核，再报送业务领导审批决定，业务领导往往更多从业务角度考量，且在前期办案过程中已由经办机构向其报告，至案件审核时，业务领导不免先入为主，此时若法制机构再提出不同观点，不被采纳的概率比较高。为此，建议在具体的法制审核程序设计时，充分考虑这一制度化因素，强化法制口负责人提前参与法制审核的内部职能。

三是界定“重大执法决定”。目前纳入法制审核的大多为行政处罚行为，针对其他重大执法决定，也应适用法制审核。根据行政法学理论和《浙江省行政程序办法》第九十七条的规定，行政机关实施法律、法规和规章，针对特定公民、法人和其他组织作出的影响其权益的行政行为都是行政执法行为的范畴，具体包括行政许可、行政处罚、行政强制、行政确认、行政给付、行政裁决、行政征收、行政检查等行政行为。因此，应当将上述八大类行政执法行为均纳入“执法决定”范畴，至于何为重大，应当大致从以下方面把握：行政执法机关依法应当组织听证的；当事人、利害关系人的权益可能受到重大影响的；当事人、利害关系人人数较多或者争议较大的；行政执法事项疑难、复杂的。在这样的认知框架之下，除了较大数额罚款、责令停产停业、吊销营业执照等重大行政处罚行为外，类似于直接涉及申请人与他人之间重大利益关系的行政许可行为、涉及公共利益的行政许可行为、对申请人作出不予许可决定、撤回行政许可的决定、土地和房屋征收行为、重大的税务处理决定、重大的行政强制措施和行政强制执行等行为也应当纳入法制审核的范畴。

四是细化法制审核的基准。从传统合法性审查的角度来说，法制审核主要审查行政执法行为的主体是否适格、认定事实是否清楚（证据是否充分）、适用法律是否正确、是否符合法定程序要求。这些当然是重大执法决定法制审核的题中应有之义。除此之外，还有两个审查元素值得关注：其一，行政复议法规定了复议机关在合法性之外，还要审查行政行为是否适当，2015 修订的《行政诉讼法》也将“明显不当”作为撤销行政行为的情形之一。因此，在实施重大执法决定法制审核过程中，除传统的合法性问题外，还应当审查行政执法行为的适当性问题，特别是是否存在明显不当以至于违背比例原则的情形。其二，传统意义上理解的法制审核对象系针对作为性的执法行为，但从法定职责必须为角度，在对行政执法行为进行审查时，还应关注行政执法过程中，法定职责是否履行到位。

（二）深化行政执法公示制度

执法公示制度是借助“公开的力量”，倒逼执法规范化。加强事前执法权力基本信息公开、规范事中执法过程公示、推动事后执法结果公开、统一执法公示平台，这些均是规范行政执法行为的重要基础。

一是事前执法权力基本信息公开。执法权力基本信息公开是指将行政机关的行政执法职责、依据、范围、权限、标准、程序等行政执法内容向行政管理相对人和社会公众公开，接受社会监督。公开的主要信息包括：行政执法主体资格、实施主体；行政处罚的依据、种类、幅度、程序；行政许可的事项、依据、条件、数量、程序、期限等；行政强制的种类和行政强制实施与执行的权限、范围、条件、程序、方式等；行政事业性收费事项、依据、标准；“双随机一公开”事项信息；行政执法自由裁量权的裁量标准；依申请行政行为事项需要提交的全部材料目录、申请书示范文本；行政执法职权运行流程图；行政管理相对人依法享有的权利、救济途径、方式和期限等；投诉举报的方式和途径；行政执法机关的办公电话、通信地址、电子邮箱、网址等。在执法权力基本信息公开方面，浙江通过这几年的“四张清单一张网”和“最多跑一次”改革，已经在全国居于领先地位，在依申请行政事项领域做到了事项信息的“八统一”公开，即主项名称统一、子项名称统一、适用依据统一、办理时限统一、申请材料统一、申请表单统一、办事流程统一、业务流程统一。在这一基础上，将来需要做的是，将这种全要素的执法权力事项信息公开延伸到所有执法领域，包括行政检查、行政征收等各种行为；同时，实现“纵向到底”，对乡镇自身具有或者受委托行使的执法权力事项也进行全方位、全要素公示。

二是事中执法过程公示。行政执法人员从事执法活动，应当佩戴或者出示能够证明其执法资格的执法证件，出示有关执法文书，做好告知说明工作。服务窗口要明示工作人员岗位工作信息。对于不涉及需要秘密行使行政职权的领域，借鉴法院司法办案全过程公开实践，探寻行政执法全过程公开和可查询，行政相对人和利害关系人可以查询执法程序启动、调查取证、审查决定、送达执行、归档管理等行政执法整个过程各个节点的办理情况。

三是事后执法结果公示。通过执法结果公开，可以引进社会和公众监督，使执法不公或者选择性执法等曝晒在阳光之下。2015 年，浙江省政府制定《浙江省行政处罚结果信息网上公开暂行办法》，要求行政执法机关适用一般程序作出的行政处罚，应当在互联网上主动公开行政处罚结果信息。在互联网上公开行政处罚结果信息，可以公开行政处罚决定书全文或者摘要信息，其中摘要信息，应当包括行政处罚决定书文号、案件名称、被处罚人姓名或者名称、法定代表人姓名、主要违法事实、行政处罚的种类和依据、行政处罚的履行方式和期限、作出行政处罚的机关名称和日期等内容。在浙江政务服务网上，专门辟有行政处罚结果公开的端口。将来，需要在此基础上进一步深化执法结果公示制度，主要深化方向包括：首先，需要扩大行政处罚结果的范围。从目前评测情况来看，省市县三级行政主管部门公开的行政处罚结果信息仍然没做到“应公开尽公开”，许多行政机关出于种种考虑，暂未按省政府规章要求全部公开行政处罚结果。其次，需要挖掘行政处罚结果公开的深度。目前规定处罚结果公开，既可以公开处罚决定书全文，也可以公开摘要信息，这是基于初级阶段的一种制度设计，将来从规范公正执法的角度，应当逐步推进全领域处罚决定文书的公开。就如同“中国裁判文书网”公开裁判文书一样，全文的披露有助于识别执法的公正与否，起到更好的监督作用，也有助于促进“同案同尺度执法”。再者，需要将执法结果公示从行政处罚领域扩大到其他的行政执法领域。其他如行政强制、行政征收、行政检查等结果信息的公开，更有待全面展开。

四是执法公示保障措施。为了使执法公示制度真正发挥效用，提出以下几条制度保障性建议：首先，统一执法公示平台。建议将浙江政务服务网的“行政处罚结果”模块重组为“行政执法结果”模块，并按行政执法权力种类设置子模块，如行政许可结果、行政强制结果、行政检查结果等，让浙江的行政执法结果公开继续走在前列。其次，加强系统衔接。在全面建成执法公示统一平台基础上，结合国家信用体系建设的安排，推进行政执法公示信息与社会征信体系之间衔接，加强执法部门之间信息共享和数据交换，发挥制度合力。再次，县级以上人民政府加大对行政执法公示制度落实情况监督检查力度，建立和完善考核制度与责任追究制度，将行政执法公示制度落实情况纳入政府目标责任制考核、法治政府评估和政务公开测评，对执法公示不全面、不到位、不及时的，按规定依法追究相应责任。

（三）全面实施执法全过程记录制度

执法全过程记录，一般是指行政执法机关及其执法人员通过文字、音像、视频、监控设备（执法记录仪）等多种记录方式，对执法程序启动、调查取证、审查决定、送达执行、归档管理等行政执法的整个过程进行跟踪记录。实施执法全过程记录制度是完善执法程序、规范执法行为、保障公平执法和文明执法的重要内容，其重要意义不仅在于规范行政执法一端，还能震慑违法行为人，一定程度上避免发生暴力抗法等事件。

从基层实践中反映的问题来看，目前执法全过程记录制度的实行并不尽如人意。首先是观念问题，一种情况是有些执法人员没有充分认识执法全过程记录的重要性，仍停留在过去的观念和习惯之中；另一种情况则是认为执法全过程记录是对执法人员的监督，不如不做。其次是范围和标准不统一。究竟哪些执法行为要实施执法全过程记录，记录哪些内容等缺乏细化标准，电子化记录设备等也尚无统一的配备使用标准。再者是实施执法全过程记录的技术和能力未有效跟进，业务培训有待加强。

针对上述问题，深入推进执法全过程记录制度，从执法全流程规范行为，需要在以下方面进行努力。

一是普及观念。从个案警示和行为激励的角度引导执法人员全面使用执法记录仪等设备，做好执法全过程记录，让每一个执法人员都意识到，执法全过程记录制度不仅仅是规范自身的行为，保障行政相对人的合法权益；即便单从保障执法人员切身合法利益角度而言，也是十分必要的。从“雷洋案”等多个典型案例中可以发现，执法人员在执法过程中有无不规范甚至过激行为，采取对人对物的强制措施是否符合法定要求和程序等这些问题，往往在事后呈现双方观点对立的状态。如果执法人员没有对执法全过程进行记录，将使得这些问题的真相变得扑朔迷离乃至真伪不明，而由于行政执法机关和执法人员居于证据保全和证据固定的优势地位，真伪不明的不利责任依法归于行政机关及其执法人员。因此，执法人员除了树立执法为民的责任性观念之外，即便从保护自身合法权益的角度，也应积极应用执法全过程记录制度。

二是确定标准。包括以下几方面的标准：其一是覆盖范围标准。执法全过程记录制度应当适用于各类行政执法行为，特别是对相对人可能产生不利影响的执法行为。从这个角度来说，行政机关实施行政许可、行政处罚、行政强制、行政征收、行政检查、投诉举报受理和处理等都应纳入全过程记录的范围。其二是记录节点标准。应当要求执法人员对执法程序的启动环节、（检查）调查取证环节、强制措施环节、审查决定环节、送达执行环节、归档管理环节等主要节点进行完整、客观记录。其三是责任标准。即细化不实施全过程记录，或者不规范实施全过程记录的责任，包括记录不作为、记录碎片化、擅自删改记录内容等各种违规行为的责任。

三是规范具体记录行为。其一，规范文字记录行为。行政执法文书是全过程记录中文字记录部分的基本形式，在原来制定的执法文书统一参考文本基础上，根据最新法律法规和执法行为种类、性质、流程等规范执法文书的制作，推行执法文书电子化。其二，规范音像记录行为。对实施现场检查、随机抽查、调查取证、证据保全、听证、行政强制、送达等易引发争议的行政执法过程，要实施音像记录，对直接涉及行政相对人或者利害关系人人身自由、生命健康、重大财产权益的现场执法活动及其涉及的执法场所，进行全过程音像记录。其三，规范执法记录仪和音像记录的内容。包括但不限于：执法现场环境；当事人和证人等现场人员的体貌特征及其言行举止；涉案物品及其主要特征，以及其他可以证明违法行为的证据；执法人员现场开具、送达法律文书以及对有关人员、财物采取措施的情况。其四，规范记录内容的保存。除特殊情况外，要求行政执法人员应当在当天执法活动结束之后及时导出执法记录设备的记录资料，上传管理平台。

三 创新执法方式

严格规范公正文明执法的实现，还有赖于行政执法方式的创新。基层执法人员反映，当前的许多行政执法工作陷入“老办法不能用，新办法不够用，软办法不顶用”的境地，这样一种境地的“解套”，除了需要科学立法和执法环境的改善之外，较为重要的一点是主动作为，创新行政执法方式。

关于如何创新行政执法方式，《法治政府建设实施纲要（2015～2020年）》指出：“强化科技、装备在行政执法中的应用。推广运用说服教育、劝导示范、行政指导、行政奖励等非强制性执法手段。健全公民和组织守法信用记录，完善守法诚信褒奖机制和违法失信行为惩戒机制。”事实上，创新执法方式是一个“实践活”“经验活”，需要以实践为师。从《法治政府建设实施纲要（2015～2020年）》的上述指引，结合调研观察，当下创新行政执法方式，除了在本章第二节提到的运用大数据和科技手段提升事中事后监管和行政执法绩效之外，还需要特别重视两个问题：其一是“刚柔并济”的执法方式组合；其二是法治化的信用监管机制设计。关于信用监管的设计，在本章第一节也已涉及，这里重点探讨一下“刚柔并济”的执法方式组合问题。

“刚性不刚、柔性不柔”是过去执法方式中的典型弊病。“刚性不刚”主要体现在：受计划经济体制下“命令服从式”管理思维的影响，一方面，长期以来行政执法过于倚重惩罚性、威慑性的行政处罚、行政强制等刚性执法方式；另一方面，“选择性执法”又经常出现，特别是一些法律法规设定较为严苛的法律责任的情形下，执法不到位、“刚性不刚”的情况还比较多见。当某一领域违法现象极为普遍，而执法资源严重不足的情形下，行政执法人员将面临尴尬境地，此时以刚性执法方式为主的固化思维往往会导致他们选择“以罚代管”“罚钱了事”，从而带来执法不力的问题。以交通管理领域的运输车辆超载超限执法为例，罚款是执法人员的惯用方式，一些地方的执法陷入以罚代管、车辆加码、加大罚款力度的怪圈，这不仅未能及时查处制裁超载超限行为，有效维护交通秩序，反而向违法者传递了一种违法行为可以接受的信号。“柔性不柔”则主要表现为柔性执法方式的实践种类不多以及运用柔性执法缺乏激励，甚至执法人员会担忧，采用柔性执法方式是否会带来失职渎职的风险。例如：对于某些交警针对违章停车进行柔性执法，在罚款之前先行告知车主的行为，本是值得倡导的一种执法形式，但在实践中，有关交警执法部门和执法人员却对此不无疑虑，担心由此产生不作为乃至失职渎职的执法风险。

在加快建设法治政府进程中，积极推行说服教育、劝导示范、行政指导、行政合同（行政契约）、行政奖励等柔性或激励性执法方式，不仅能够寓执法于服务之中，融处罚于教育之中，在一定程度上应对执法不力，消解执法冲突，而且是推进国家治理体系和治理能力现代化的应有之义。以说服教育、劝导示范等为形式的行政指导行为，是指行政主体在其法定职责范围内，依据国家法律或者政策，对特定的行政相对人运用劝告、说服、建议、示范等不具有法律上强制力的行政手段，引导公民、法人或者其他组织遵守或服从法律，以实现预期行政目标的行为。行政指导作为一种重要的“东方经验”式执法方式，可以大大减少执法的对抗性，缓解社会矛盾，又能实现政策目标。而所谓行政合同，又称行政契约，是行政主体根据法律和政策，与行政相对人在意思表示一致之基础上达成的协议（合同）。行政合同是典型的以私法形式达成公法目的，通过明确各方权利和义务，将执法任务转变为合同义务，增强了行政执法中的互动性。行政奖励，则是行政主体采用奖励表彰等手段，激励行政相对人实施符合治理目标的行为，它能够解决执法力量不足的实际问题，又促进执法活动中的公众参与。

其实，柔性执法方式的旨趣在于缓解对抗性、增强互动性、促进参与性，而这些恰恰是现代治理的重要元素。换言之，从本质上讲，柔性执法方式的扩展运用实际上是从“管理”走向“治理”的转型在执法领域的体现。因此，国家治理体系和治理能力现代化之下的法治政府建设新时代，必定是柔性执法方式越来越有用武之地的舞台。

第五节 强化对行政权力的制约和监督，依法有效化解矛盾纠纷

强化对行政权力的制约和监督，依法有效化解矛盾纠纷在法治政府建设中具有重要的保障性作用。结合浙江实际，需要进一步规范行政执法程序、全面推进政务公开、深入实施行政复议体制机制改革。

一 顶层设计的要求和重大举措

根据《中共中央关于全面依法治国若干重大问题的决定》和《法治政府建设实施纲要》，将来这方面的制度建构内容非常丰富，还有许多需要完善的举措。举其要者言之，在强化对行政权力的制约和监督方面包括：

一是健全行政权力运行制约和监督体系。其中的重点是：坚持用制度管权管事管人，坚持决策权、执行权、监督权既相互制约又相互协调，完善各方面监督制度，确保行政机关按照法定权限和程序行使权力。加强行政程序制度建设，严格规范作出各类行政行为的主体、权限、方式、步骤和时限。加强政府及其公务员的诚信建设。

二是各级政府自觉接受四大监督，即党内监督、人大监督、民主监督、

司法监督。在党委对党风廉政建设和反腐败工作的统一领导下，各级政府及其部门党组对本级政府各部门党风廉政建设负总责。执行向本级人大及其常委会报告工作制度，接受询问和质询制度，报备行政法规、规章制度。政府相关部门向政协定期通报有关情况，为政协委员履职提供便利、创造条件。支持人民法院依法受理行政案件，健全行政机关依法出庭应诉制度，尊重并执行人民法院生效裁判。检察机关对在履行职责中发现的行政违法行为进行监督，行政机关应当积极配合。

三是加强行政监督和审计监督。包括完善政府内部层级监督，加强对政府内部权力的制约，尤其是对财政资金分配使用、国有资产监管、政府投资、政府采购、公共资源转让、公共工程建设等权力集中的部门和岗位，更要用制度和流程预防权力滥用。完善审计制度，对公共资金、国有资产、国有资源和领导干部履行经济责任情况实行审计全覆盖。

四是完善社会监督和舆论监督机制。主要包括建立对行政机关违法行政行为投诉举报登记制度，依法及时调查处理违法行政行为；发挥报刊、广播、电视等传统媒体监督作用，加强与互联网等新兴媒体的互动，推动网络监督规范化、法治化。

五是全面推进政务公开。坚持以公开为常态、不公开为例外原则，推进决策公开、执行公开、管理公开、服务公开、结果公开。完善政府信息公开制度，拓宽政府信息公开渠道，推进重点领域政府信息公开。完善政府新闻发言人、突发事件信息发布等制度，创新政务公开方式，提高政务公开信息化、集中化水平。

六是完善纠错问责机制。包括加强行政问责规范化、制度化建设，增强行政问责的针对性和时效性。加大问责力度，坚决纠正行政不作为、乱作为，坚决克服懒政、庸政、怠政，坚决惩处失职、渎职。等等。

在依法有效化解社会矛盾纠纷方面，主要包括：

一是健全依法化解纠纷机制。主要有：建立健全社会矛盾预警机制、利益表达机制、协商沟通机制、救济救助机制。依法加强对影响或危害食品药品安全、安全生产、生态环境、网络安全、社会安全等方面重点问题的治理。加大普法力度，引导和支持公民、法人和其他组织依法表达诉求和维护权益。

二是加强行政复议工作。完善行政复议制度，改革行政复议体制，通过行政复议局等模式整合地方行政复议职责。健全行政复议案件审理机制，加大公开听证审理力度，纠正违法或不当行政行为。提高行政复议办案质量，增强行政复议的专业性、透明度和公信力。依法加强行政复议能力建设，推动相关机构设置、人员配备与所承担的工作任务相适应，充分发挥行政复议在解决行政争议中的重要作用。

三是完善行政调解、行政裁决、仲裁制度。健全行政调解制度，进一步明确行政调解范围，完善行政调解机制，规范行政调解程序。健全行政裁决制度，强化行政机关解决同行政管理活动密切相关的民事纠纷功能。有关行政机关要依法开展行政调解、行政裁决工作，及时有效化解矛盾纠纷。完善仲裁制度，提高仲裁公信力，充分发挥仲裁解决经济纠纷、化解社会矛盾、促进社会和谐的作用。

四是加强人民调解工作。贯彻落实人民调解法，健全人民调解组织网络，实现村委会、居委会人民调解组织全覆盖，重点协调解决消费者权益、劳动关系、医患关系、物业管理等方面的矛盾纠纷。

五是改革信访工作制度。把信访纳入法治化轨道，保障合理合法诉求依照法律规定和程序就能得到合理合法的结果。规范信访工作程序，畅通群众诉求表达、利益协调和权益保障渠道，维护信访秩序。实行诉访分离，推进通过法定途径分类处理信访投诉请求，引导群众在法治框架内解决矛盾纠纷，完善涉法涉诉信访依法终结制度。

在高水平建设法治浙江，加快建成法治政府的征程中，以上有关行政权力的监督制约体系和社会矛盾纠纷化解机制的重大举措“一个都不能少”，需要不断予以精进完善。与此同时，结合浙江实际，进一步规范行政执法程序、全面推进政务公开、深入实施行政复议体制机制改革等是短期内需要深化落实的重要措施。

二 构建行政程序地方立法2.0版示范版本

如前所述，浙江省已出台《浙江省行政程序办法》，对行政执法的基本程序进行了统一规范。与此同时，国家层面的《行政程序法》尚未出台，作为地方行政执法领域的一部“基本程序法”，我们的地方政府规章还需要一个完善的过程。从全国各地制定地方行政程序法规规章的省区来看，也很难说已经有一部十分完善的行政程序法规规章。因此，作为“法治中国”的先行区，在高水平建设法治浙江的过程中，应当逐步完善、创立一部更高水平的行政程序法规，应当从建构行政程序地方立法2.0版示范版本的高度，对《浙江省行政程序办法》实施以来的情况进行客观评估、系统总结、理性提升，使其成为一部兼顾公平与效率、平衡控权与促权、统一公共福祉促进和个人权益保护等多维法益的“良法美制”。在此基础上，强化各级政府的程序意识，以考核激励和资源分配为指挥棒，切实转换“摆平就是水平、搞定就是稳定、无事就是本事、妥协就是和谐”等忽视程序正义的观念与实践做法。让程序正义和实质正义并重成为高水平法治浙江建设中一道亮丽的风景！

在深化党和国家机构改革的大背景下，除了完善《浙江省行政程序办法》这一基本程序法制之外，还需要注意机构改革后部门领域特别行政程序的法规重整和统一规范问题。即使在制定了行政程序法典的国家和地区，统一的《行政程序法》也无法包打天下，而仍需要依赖各个部门行政领域的特殊程序法制。我们国家亦不例外，长期以来，在公安、建设、国土、工商、质监、食药、农业、林业、水利等部门领域都形成了各自的执法程序规则，在实际执法过程中，这些特别规则发挥着十分基础而重要的作用。在机构改革的背景下，由于部门整合，就出现了原部门领域的程序规则之间互不一致甚至冲突打架的现象，以工商、质监、食药合并而成市场监管部门为例，基层反映，机构改革后，在执法办案时，存在着工商、食药、质监三套执法文书、三套办案系统、三种执法程序，一定程度上造成执法中的困惑，也带来一定的执法风险。因此，行政执法程序的规范，还需要通过法规重整解决程序的统一性问题。

三　加强行政执法监督

为确保程序上和实体上的严格规范公正文明执法，在高水平建设法治浙江的进程中，还需要加强对执法行为的监督。

首先，对《浙江省县级以上人民政府行政执法监督条例》进行立法实施情况评估，通过评估，对根据《条例》规定实施的县级以上人民政府对所属工作部门和下级人民政府行政执法情况监督活动的实际情况进行全面调研，并进行优化设计。

其次，完善统一的行政执法监督网络平台，建立健全投诉举报、情况通报等制度。特别是在投诉举报线索梳理分析、线索与法定职能的匹配分拣、举报处理情况的考核等方面进行细化优化，充分利用行政执法监督网络平台所具备的自动预警、重大案件预警、抽样等功能以及行政执法监督平台归集的执法监督信息，开展行政执法监督工作。

再次，创新执法监督方式。优化案卷评查的内容、方式和程序，提升执法监督通知书、决定书的规范化水平。探索以统一的执法监督网络平台为信息和技术支撑，制定抽样监督工作计划，通过平台抽取行政执法案卷、行政监督检查等信息进行审查，对发现的行政执法问题依法进行处理；利用互联网+和大数据，利用“微监督”等新型监督方式。

四 全面推进政务公开

阳光是最好的防腐剂。除了第四节所述的执法公示制度之外，还需要致力于常态化的透明政府建设。政务公开是推动民主治理、政府创新和法治政府建设的重要工具，应当坚持以公开为常态、不公开为例外原则，推进决策公开、执行公开、管理公开、服务公开、结果公开。推进政务公开信息化，加强互联网政务信息数据服务平台和便民服务平台建设。

一是扩大公开范围，突出公开重点。一方面，要健全政务公开的目录，通过目录，明确各领域“五公开”（决策公开、执行公开、管理公开、服务公开、结果公开）的主体、内容、时限、方式等，并做到动态有机更新，提升政务信息主动公开的标准化规范化水平。诚如有研究者提出的，今后要让群众了解政务公开像扫二维码一样简单便捷。当然，在“应公开尽公开”的同时，还要严格区分和把握保密与公开的边界。另一方面，需要突出公开重点。《中共中央关于全面推进依法治国若干重大问题的决定》指出：“重点推进财政预算、公共资源配置、重大建设项目批准和实施、社会公益事业建设等领域的政府信息公开。”根据这一顶层设计要求，政府预算和决算要全部公开到支出功能分类中的项级科目；征地拆迁、土地使用权出让、产权交易、政府采购、保障性住房分配以及重大建设项目审批、监管、招投标等涉及公共资源配置和重大项目方面的信息公开应当重点推进；教育、科学、文化、卫生、体育、环境保护、灾害救助、社会救助、市政公用事业建设等涉及民生的信息也应加大公开力度。

二是丰富公开平台，创新公开形式。重点是建好、用好“四大平台”。第一是政府网站。政府及部门网站是第一平台，应当加快推进政务服务网和各级政府网站集约化建设，加强资源整合与开放共享，增强政府网站的回应性，使其真正成为全面、权威、及时、有效的政务公开平台以及回应社会关切和便民服务的平台。第二是微平台。充分发挥微信、微博等新平台作用及其传播速度快、受众范围大、投送精准的优势，将其打造为高效发布政务信息的重要平台。第三是政府公报。作为政府公开重大决策事项最权威、最正式的法定渠道之一，应当继续及时准确刊登本级政府及其部门发布的规章和规范性文件，并在政府网站和本地主要媒体同步公开政府公报电子版；建立健全本级政府公报刊登内容的数据库，在本级政府网站等提供在线服务。第四是新闻发布会。应当积极主动提供素材，畅通采访渠道，原则上至少每季度举办一次新闻发布会。

三是尊重民众知情权，做好依申请公开。第一是及时更新网上依申请公开的基础信息。一些地方政府和部门的网上依申请公开相关信息无效或更新不及时，如负责该项工作的电话、电子邮件不准确或者系无效信息等，部门和设区市门户网站内涉及依申请公开的内容与其发布的信息公开指南的规定不完全一致。第二是增强申请公开的便利性。从便利性角度而言，门户网站在线申请方式尚未全覆盖。据调查发现，2015 年，仅 64% 的部门门户网站提供有效的在线申请方式，绝大部分部门和设区的市都还以信函、传真、现场申请方式为准，提供在线申请的，也部分存在无法获取验证码以及强制输入座机电话号码、传真号码等情况。第三是加强部门内部的政务公开协调机制建设。调查发现，由于政府内部相关处室间协调不畅，常造成申请者须多次电话咨询确认相关事宜，给申请人的申请过程带来不同程度的困难。

五 深化行政复议体制机制改革

依法有效化解社会矛盾纠纷是一项系统工程。从法治政府建设的角度而言，依法有效化解社会矛盾纠纷的要点是行政机关在预防、解决行政争议和民事纠纷中的作用充分发挥，通过法定渠道解决矛盾纠纷的比率大幅提升。围绕这一要点，需要完善行政复议制度，改革行政复议体制，积极探索整合地方行政复议职责。今后一个时期，行政复议将成为化解行政争议的主渠道，因此，重点突破口是加强和深化行政复议体制机制改革。浙江省的行政复议体制机制改革在全国领风气之先，形成了成立行政复议局、集中行政复议职责的浙江模式。2017 年 6 月，浙江省人民政府印发《关于深化行政复议体制改革的意见》，对深化行政复议体制改革作出重要部署，要求 2017 年设区的市率先进行行政复议体制改革，有条件的县（市、区）同步推进改革，2018 年全省全面推进并基本完成行政复议体制改革。在这场改革中，深化的运行场域在以下三个方面。

一是进一步集中行政复议职责，将矛盾化解在基层。对以市、县（市、区）政府工作部门及其依法设立的派出机构等为被申请人的行政复议申请，原则上由该部门的本级政府统一受理，建立起以“块”为主的行政复议体制。通过更加彻底的行政复议职责集中，更有效地将矛盾纠纷及时化解，防止矛盾纠纷“上交”或者流向信访、诉讼，并从源头上减少行政争议的发生；对于当事人来说，通过行政复议更有利于解决实际问题，减少“讼累”，从而更好地维护社会和谐稳定。

二是进一步优化行政复议程序，实施“阳光复议”“公正复议”。使人民群众以一种看得见、听得懂、说得出的方式参与复议，以公开透明的程序设计保障审理结果的公正，要通过公开听证、实地调查等方式增强办案的透明度，使行政复议“公堂化”。如果行政复议机关维持或变更原行政行为，应当听取复议申请人的陈述和申辩意见并形成证据；如果行政复议机关撤销原行政行为，要求被申请人在一定期限内重新作出具体行政行为，应当告知被申请人作出撤销决定的原因和原行政行为中存在的瑕疵。引入约谈、通报、督办、责令整改等机制，提高办案纠错的实际效果。加强行政复议文书的论证和说理，促进案结事了。把调解制度贯穿于行政复议案件审查处理的全过程，提高调解质量，加强争议化解的绩效和层级监督的效力。

三是进一步整合资源，加强多种矛盾化解渠道的联动机制建设。完善行政复议与信访、行政监察、行政诉讼的衔接和联动机制。根据十八届四中全会提出的“完善调解、仲裁、行政裁决、行政复议、诉讼等有机衔接、相互协调的多元化纠纷解决机制”的总体要求，建立联席会议制度、共同调解制度、信息共享制度，促进行政复议与其他纠纷解决机制无缝对接，发挥层级监督和争议解决的整体合力。

第五章

推进公正司法

全面推进依法治国，推进公正司法，是以习近平同志为核心的党中央从坚持和完善中国特色社会主义司法制度、推进国家治理体系和治理能力现代化的战略高度出发，立足国情，对深化司法体制改革的总体设计和战略部署。推进公正司法，努力让人民群众在每一个司法案件中感受到公平正义，是建设更高水平法治浙江的必由之路。

第一节　公正司法的基本标志和目标

公平、正义是法的价值之一。党的十九大提出“深化司法体制综合配套改革，全面落实司法责任制，努力让人民群众在每一个司法案件中感受到公平正义”，这是对司法体制改革和司法体制综合配套改革提出的顶层设计目标和要求。浙江省委十四届二次全会在深入学习贯彻党的十九大精神基础上，对“两个高水平”建设作出了全面部署，不断推进公正司法成为浙江下一阶段建设法治浙江的重要组成部分，也是深化实践“八八战略”的重要内容。

一　公正司法的价值基准

司法，是国家司法机关根据法定职权和法定程序，处理案件、解决纠纷的专门活动。司法公正是公正这个一般概念在司法领域中的具体体现，而公正是法的价值的核心概念之一，反映的是人类社会成员相互之间的一种特定关系。[①] 司法公正是司法活动的基本原则之一。在司法活动中坚持公正司法，也即指司法机关和司法机关工作人员在司法活动的过程和结果中坚持和体现公平、正义的价值。在整个法律运行的一系列环节中，司法处于末端环节，发挥最终定分止争的功能和效力，所以公正司法也就成为维护社会公平正义的最后一道防线。

（一）司法权与公正司法

司法权具有中央事权的属性，其本身是一种判断权，即关于争端中是非曲直、事实真伪的判断。其具有被动性、中立性、稳定性、专属性、法律性，注重权力过程的形式性，内含司法效力的终极性、权力运行方式的交涉性等，[②] 以司法公正为首要价值目标，不同于行政权力的行使。而行政权在本质上属于管理权，多数不具有终局性，其合法性需要接受法律衡量；行政官员上下级之间是领导与被领导的关系，讲究上命下从，令行禁止。[③]

判断权是司法权的本质属性。对于司法活动的判断，与逻辑学上的事实判断有所不同，是一种法律判断。这种判断蕴含了各种利益的复杂性和价值的博弈过程。具体而言，司法权以“不告不理”为原则，保持相对克制，被动于社会活动和个人生活。裁判者行使司法权，居中裁判，保持司法中立原则。虽然司法权行使的程序规则和实体规则会有相应的调整，包括修订、废除旧法或立新法，但在相当长的一段时期内，司法权始终尽量保持稳定性，为社会提供可预期的裁判规则。司法权的行使始终由宪法、法律作出规定，并由少数、专业的主体来承担，不可转授于其他机构，具有专属性。[④] 而法官作为司法权的行使主体之一，对其的职业化要求往往要高于其他人员。法官的法律解释行为和固有的法律思维，是司法权法律性的另一种表

① 姚莉：《司法公正要素分析》，《法学研究》2003 年第 5 期，第 3 页。

② 参见孙笑侠《司法权的本质是判断权——司法权与行政权的十大区别》，《法学》1998 年第 8 期。

③ 《最高人民法院关于深入做好司法改革政策解读工作的通知》（法〔2017〕86 号）。

④ 约定采用仲裁方式解决纠纷的除外。

现。司法权还具有终极效力，对争端解决具有最终的、权威的判断权。在司法权的运行过程中，不论是采用当事人主义还是职权主义诉讼模式，审、辩、控三方均有角色分工，尤其是控辩双方展开交互对抗，使得司法权的运作发生了交涉性。

（二）对公正司法的认知与评价

一般认为，公正司法主要包括程序上的公正司法和实体上的公正司法。在过去相当长的一段时间里，实体公正一度曾代替程序公正，使大多数人几乎忽略了“程序公正”的存在。然而，没有程序正义的保障，“实体公正”往往难以看得见的形式实现，甚至有可能成为“毒树之果”。程序公正主要指司法过程的公正，即司法程序具有正当性，当事人在司法过程中受到公平的对待。而实体公正则指司法裁判的结果公正，当事人的权益得到充分保障，违法犯罪者受到应有的惩罚和制裁。[①] 程序公正是实体公正实现的前提，但二者又共同构造了公正司法这一整体。

对公正司法的评价可以立足于逻辑性和经验性两个视角。逻辑性主要是从司法实践抽象出一般要件，作为公正司法的评价依据，如审判独立、程序合法等。逻辑性评价试图从普遍的行为中抽象出一般的、超越主观差异而形成可观测的司法公正的尺度，从司法活动的过程、方式反向推导司法公正的结果。[②] 经验性则主要是根据人在社会中的主观理性和良知而形成的对司法公正的一般要求和判断。需要注意的是，这里的经验并非社会中某个个体形成的经验，而是整个社会公众对公正司法所形成的普遍共识，具有一般性，但相较于逻辑性，其并不能通过抽象的文字规则予以表达和固化。因此，经验性评价之于司法公正，是促使司法权行使主体对司法公正的理性认知形成影响与理解，例如法官在形成内心确信的“自由心证”过程中发挥作用等。

二 新时代的公正司法

党的十九大报告明确提出：“中国特色社会主义进入了新时代，这是我

① 张文显主编《法理学》（第四版），高等教育出版社，2011，第 215 页。

② 参见顾培东《当代中国司法公正问题研究》，《中国法律评论》2015 年第 2 期。

国发展新的历史方位。”全面依法治国，是中国特色社会主义的本质要求和重要保障。坚持全面依法治国，是十九大确立的新时代中国特色社会主义思想的法治要求，也是在新的发展历史方位下，对新时代建设法治国家、法治政府、法治社会的响应与落实。十九大报告还提出：“全面依法治国是国家治理的一场深刻革命，必须坚持厉行法治，推进科学立法、严格执法、公正司法、全民守法。”公正司法作为全面依法治国的重要组成部分，在新时代背景下也需要有更新、更深的认识和解读。

（一）社会主要矛盾的变化对公正司法提出新要求

站在“两个一百年”的历史交汇点，也是立足于新的历史起点，我国社会主要矛盾已经转化为人民日益增长的美好生活需要和不平衡不充分的发展之间的矛盾——这是十九大报告对新时代我国社会主要矛盾作出的新判断。一方面，人民群众的物质生活水平大幅提高，对精神生活的需求大大增加。另一方面，国家和社会发展仍不能完全跟上人民群众对民主、法治、公平、正义、安全、环境等价值向往。抓好这一社会主要矛盾，才能把握新时代中国发展的方向和脉络。社会主要矛盾的变化在司法领域具体体现为，人民群众对公平正义和伦理道德的诉求愈发强烈，对司法需求呈现出多元化多层次的特点，然而现有司法体制机制尽管在不断改革的过程中得到完善，但同时司法队伍建设仍亟待加强、司法供给尚不能满足人民对美好生活尤其是公平正义的向往。社会发展导致的利益多元化以及争端复杂性程度的加深，对公正司法提出了比以往更高的要求。

社会主要矛盾的变化对司法公正提出新要求，司法机关应当在准确理解、把握社会主要矛盾的基础上，主动、积极地适应社会发展与纠纷的新形态变化，围绕解决纠纷这一核心功能，不断调整优化组织形态与运行机制，探索司法工作的新思路、新方法。既要立足司法职能为创造更多物质财富和精神财富提供司法保障，也要更好发挥职能作用切实维护国家安全和社会稳定，同时提供更多优质高效的司法产品，满足人民日益增长的公平正义需求，努力使人民的获得感、幸福感、安全感更加充实、更有保障。

（二）新时代公正司法的历史定位

全面依法治国迈开新时代步伐，要牢牢把握公正司法在这一历史进程中的定位。第一，推进公正司法，脱离不了中国仍处于并将长期处于社会主义初级阶段的基本国情。司法体制改革的全面落实与深化扎根于中国社会的发展环境与现状，中国仍然是世界上最大的发展中国家，而法治的发展也有很长的一段路要走。第二，推进公正司法，有赖于中国特色社会主义法治体系的建成与完善。在中国特色社会主义法律体系已经形成的历史条件下，习近平总书记与时俱进地确定法治建设中心转向法治体系的构造。推进公正司法是中国特色社会主义法治体系建设的一部分，其参与建构整个法治体系，并与其他体系要素相互联动与耦合。第三，推进公正司法，与推进全面深化改革同频共振。十八届三中全会通过的《中共中央关于全面深化改革若干问题的重大决定》，确定了推进法治中国建设、深化司法体制改革的重要任务。经过五年努力，我国司法体制改革有效实施，十九大报告提出要“深化司法体制综合配套改革”。因而在下一步改革进程中，司法体制综合配套改革要进一步为完善和发展中国特色社会主义制度、推进国家治理体系和治理能力现代化提供司法供给的深度保障。

三 “两个高水平”建设背景下浙江推进公正司法的目标导向

省委十四届二次全会提出“建设更高水平的法治浙江”，要求统筹推进科学立法、严格执法、公正司法、全民守法，努力在建设中国特色社会主义法治体系中走在前列。这一要求明确了公正司法在更高水平建设法治浙江过程中的地位及其与立法、执法、守法之间的关系。首先，推进公正司法是法治浙江建设的重要组成部分，与科学立法、严格执法、全民守法一道构成了新时代法治浙江建设的主要内容。其次，推进公正司法的路径既具有独立性，又与其他部分相互联动。司法与立法、执法、守法等各成一体，有各自独立的体制机制和改革进路，但同时建设法治浙江的过程，也是对司法、立法、执法、守法统筹推进的过程，其各部分会相互联动和影响，并通过法治实践反映出来。因而，推进公正司法的同时，也需要与科学立法、良法善治，法治政府建设与依法行政，以及法治文化建设等联动考量。再次，对建设法治浙江的要求也是对推进公正司法的要求，即建设“更高水平”的司法公信。在党的十九大精神引领下和省委“两个高水平”战略部署下，浙江理应干在实处、走在前列，以更高水平推进公正司法，显著提升司法质效和公信力，并以此作为推进公正司法的目标导向。

在上述目标定位下，浙江省委十四届二次全会对推进公正司法的要求是：“全面落实中央深化司法体制综合配套改革任务，强化司法责任制，努力让人民群众在每一个司法案件中感受到公平正义。”当前和今后一个时期，是决胜全面建成小康社会、开启全面建设社会主义现代化国家新征程的关键阶段。要高举习近平新时代中国特色社会主义思想伟大旗帜，全面贯彻党的十九大精神和省十四次党代会决策部署，坚持以“八八战略”为总纲，紧紧围绕“努力让人民群众在每一个司法案件中感受到公平正义”的目标，不忘初心，牢记使命，全面加强司法工作，深化司法体制综合配套改革，打造过硬司法队伍，为加快“两个高水平”建设提供更加有力的司法保障。

第二节　巩固和完善司法体制改革的“四梁八柱”

全面深化司法改革，是党中央作出的重大战略部署，是全面深化改革、全面依法治国的重要组成部分，对完善中国特色社会主义司法制度、促进国家治理体系和治理能力现代化具有重大意义。目前，浙江已全面完成以司法责任制改革为核心的四项体制改革任务，新型司法权力运行机制初步形成，正规化、专业化、职业化的司法人员队伍基本建立。继续巩固和完善浙江省司法体制改革的“四梁八柱”，对推进公正司法、建设法治浙江，实现“两个高水平”建设具有重要意义。

一　进一步通过体制机制建设解决案多人少的矛盾

司法体制改革以来，我国围绕提高司法公信力、保障司法公正进行了系列改革创新。然而，社会的急剧转型给司法体制改革的成果深化和巩固完善带来难题，其表现之一是基层法院的“案多人少”问题。

（一）“案多人少” 矛盾一直存在

法院“案多人少”的矛盾并非缘起于司法体制改革。早在2012年和2013年，最高人民法院工作报告就提出“案多人少”是我国“基层法院工作面临的困难”，2014年和2015年工作报告指出案件数量“持续快速增长”“案多人少、人员流失”成为法院的普遍现象，2015年特别强调“案多人少”问题已经非常“突出”。[①] 可以认为，在司法体制改革初期，“案多人少”的矛盾已经生成，而这一矛盾也是要通过司法体制改革和司法体制综合配套改革解决的问题。

据统计，2018年上半年，浙江全省法院共新收各类案件88.6万件，收案量居全国第三；办结案件82.8万件，结案量居全国第一。[②] 尽管浙江法院在主要办案质量、效率、效果指标居全国法院前列，但不得不承认的是，“案多”已然成为我省法院在案件数量上面临的挑战，因而“案多人少”问题不容轻视。

（二）“案多人少” 矛盾形成的原因

立案登记制使立案门槛降低，法院受理的案件增幅明显，而一旦高于法官人数增长的数量，则会导致法官没有充足的时间审理和执行日益增多的案件。“案多人少”其实是一个关系概念，它反映的是法院审理的案件数与法官人数之间的比例关系。如果法官在单位时间内审理的案件数量超出其能够承受的范围，那么案件裁判质量就会难以保证。在法官审理案件数量既定的情况下，如果案件数量越多，那么法院“案多人少”的问题就会越突出。[③] 而员额制改革实施以来，“案多人少”的矛盾有加剧的倾向。

从外部看，我国经济社会结构正在转型升级，衍生的各种矛盾纠纷日益增多，越来越多的纠纷涌入法院。劳动教养制度废除后，大量轻微刑事案件进入司法领域，行政诉讼法修改以来，行政诉讼案件数量也大比例上升。再

---

① 张海燕：《法院“案多人少”的应对困境及其出路——以民事案件为中心的分析》，《山东大学学报》（哲学社会科学版）2018年第2期，第48页。

② 《全省法院着力实现司法工作高质量车俊作批示》，《浙江日报》2018年8月4日，第1版。

③ 胡夏冰：《法院“案多人少”现象的根源》，《人民法院报》2014年5月30日，第5版。

加上立案登记制改革的推动，“案多”趋势明显。从内部看，小额诉讼程序、民事和行政简易程序的优势未完全彰显，不同诉讼程序分流作用有限；庭审功能未充分发挥，审判中心地位不明确；裁判文书繁简不得当，说理不充分但证据罗列堆积过多；审判资源配置仍有待完善，法官、法官助理和书记员的相互关系需进一步明确，进而使“人少”问题不可忽略。总的来说，“案多人少”矛盾是由于司法体制和机制仍存在一系列问题造成的，只有深化司法改革才能真正解决“案多人少”矛盾。①

（三）从体制机制上破解“案多人少”矛盾

浙江作为收案大省，破解“案多人少”的矛盾是否可以直接从增加“人数”的角度入手？答案是否定的。从法院实践来看，法官办案力量并未明显减少，但通过增加法官数量增强办案力量的传统方法不再可行，尤其在司法体制改革引领下，办案力量实际上未明显减弱。员额制改革后，法官员额基本确定，通过增加法官数量解决“案多人少”矛盾更不具有可能性。②因此，要破解“案多人少”矛盾，就应当从完善体制机制的角度出发，避免简单粗暴地在案件数量、法官数量上做文章。

一是注重多元化纠纷解决机制的建立与完善。切实践行“国家主导、司法推动、社会参与、多元并举、法治保障”的现代纠纷解决理念。加强与综治组织、行政机关、各类调解组织、仲裁机构等社会力量的联动，不断推进诉调对接工作，鼓励在线立案、咨询、调解，探索适用电子督促程序，引导传统纠纷解决方式向现代纠纷解决方式的转变。

二是通过诉讼程序进行案件分流。要充分发挥不同审理程序的分流作用，如民事简易程序、小额诉讼程序、督促程序等，完善庭前准备，推进庭审方式改革和裁判文书的繁简分流。

三是大力推广和提高审判专业化水平。对于案件数量集中的类型化案件，由专业法官集约化审理。健全类案的加速处理机制，区分简单案件与复

---

① 李少平：《深化“繁简分流”改革破解“案多人少”矛盾》，《人民法院报》2016 年 6 月 8 日，第 5 版。

② 青岛市中级人民法院课题组：《中级法院审判团队配备问题研究》，《山东审判》2017 年第 1 期，第 102 页。

杂案件，形成不同的类案化庭审模板和案例工作制度。

四是加快推进法院人员分类管理改革。坚持“以案定额”“岗额适配”，做好法官队伍的力量挖掘，将员额向基层法院倾斜。要配足审判辅助人员，科学配置法官、法官助理和书记员比例，完善审判辅助人员管理制度。[①]

二 推进以审判为中心的诉讼制度改革

推进以审判为中心的诉讼制度改革，是党的十八届四中全会部署的重大改革任务。2016 年，经中央全面深化改革领导小组第 25 次会议审议通过，最高人民法院、最高人民检察院、公安部、国家安全部、司法部联合印发《关于推进以审判为中心的刑事诉讼制度改革的意见》。此后，最高人民法院又出台了《关于全面推进以审判为中心的刑事诉讼制度改革的实施意见》以及配套的《人民法院办理刑事案件庭前会议规程（试行）》《人民法院办理刑事案件排除非法证据规程（试行）》《人民法院办理刑事案件第一审普通程序法庭调查规程（试行）》三个规程。

（一）以审判为中心的诉讼制度改革目前存在的问题

根据《关于推进以审判为中心的刑事诉讼制度改革的意见》（以下简称《意见》），改革主要集中在刑事诉讼领域。《意见》分别从侦查环节、检察职能、法院审判工作、司法行政职能等角度对刑事诉讼制度提出了严格要求，是在我国社会主义司法制度和刑事诉讼制度自我完善的基本框架内进行制度机制的完善。《意见》围绕冤假错案暴露出的有罪推定等错误司法理念不同程度存在，关键性诉讼制度未能真正落到实处，侦查、起诉、审判等职能作用未能得到充分发挥等问题，有针对性地从贯彻证据裁判要求、规范侦查取证、完善公诉机制、发挥庭审关键作用、尊重和保障辩护权和当事人诉

① 参见李少平《深化“繁简分流”改革破解“案多人少”矛盾》，《人民法院报》2016 年 6 月 8 日，第 5 版。

讼权利义务等方面提出改革举措。[①]

浙江大力推进侦查人员、证人、鉴定人出庭作证，充分发挥庭审在查明事实、认定证据、保护诉权、公正裁判中的决定性作用。浙江省全面开展庭前会议、非法证据排除和法庭调查等“三项规程”试点工作，推进庭审实质化、规范化。温州、绍兴等地推行法检“两长”同庭履职，公安局局长旁听庭审，合力推进以审判为中心的刑事诉讼制度改革不断深入。[②] 其中，浙江温州庭审实质化的成功经验还得到了最高人民法院的推广。[③]

然而，在深化改革的过程中，仍然存在诸多问题和困难。一方面，改革举措的协同性不足，关联度高、相互制约的改革举措推进不同步，改革的系统性不够强。以审判为中心的刑事诉讼制度改革，需要进一步加强公检法配合制约，加强跨部门数据交换。[④] 另一方面，改革的各项配套制度仍需不断完善，改革措施有待全面和严格落实、落地见效。这些问题在下一步的全面落实司法体制改革过程中仍应予以重视。

（二）以审判为中心的诉讼制度改革的全面落实与完善

全面落实和完善以审判为中心的诉讼制度改革，防范冤假错案，需要公、检、法等行政部门和司法机关的通力合作。“以审判为中心”并非“以庭审为中心”或“以一审为中心”，庭审制度以外的其他诉讼环节、体制、机制均应当纳入“以审判为中心”。

1. 确立司法系统内部的审判权中心地位

在司法系统内部确立审判权中心地位，构建新型侦审关系、控审关系和审辩关系。在侦审关系中，审判权应当坚持客观中立，以在事实认定和法律适用上的权威对前期的侦查行为形成规制与制约。在控审关系中，实现控、审分离，法院独立作出事实认定，严格执行刑事诉讼法相关规定。在审辩关

① 依法惩罚犯罪切实保障人权——最高法、最高检、公安部、司法部有关负责人解读《关于推进以审判为中心的刑事诉讼制度改革的意见》。

② 《浙江省高级人民法院工作报告》，2018 年 1 月 27 日。

③ 《最高人民法院工作报告》，2018 年 3 月 9 日。

④ 《最高人民法院关于人民法院全面深化司法改革情况的报告》，2017 年 11 月。

系中，在切实解决律师会见难、阅卷难、调查取证难的基础上，继续回应律师在庭审中发问难、质证难、辩论难的“新三难”问题，确保对律师权利的保障落到实处。①

2. 确立司法系统外部的审判权中心地位

在司法系统外部确立审判权中心地位，防止外部权力干预。严格落实《领导机关内部人员过问案件处理的记录、通报和责任追究》《司法机关内部人员过问案件的记录和责任追究》《关于进一步规范司法人员与当事人、律师、特殊关系人、中介组织接触交往行为的若干规定》，防止领导干部以私人名义干预“人情案”“关系案”，以及领导干部以“组织”名义干预其他具体案件，建立干预司法的通报、追责机制，营造尊重司法的氛围。

3. 全面落实庭审实质化，严格把握证据规则

庭审实质化是推进以审判为中心诉讼制度改革的重要路径。地方法院在庭审实质化的进一步改革的过程中，要注重完善庭前会议程序，规范非法证据排除和法庭调查程序，确保在法庭上出示诉讼证据、查明案件事实。在庭审中落实证人、鉴定人、侦查人员出庭作证制度。在证人出庭作证制度上，找准证人出庭问题的突破点，这就是要着重解决有争议的关键证人出庭，尤其是控辩双方或者辩方要求出庭的有争议的关键证人，并原则上以当庭证据为主要裁判依据。如此才可能促成控辩双方积极对抗，实现庭审实质化的改革目的。②

4. 健全与完善相关配套制度

配套制度解决的问题是保障以审判为中心的诉讼制度中的主体有充足的精力和能力承担相应的诉讼任务，其中主要是员额制的完善与司法责任制的完善。“员额制”改革虽然意在确保法官职业化、审判专业化，但实践中，由于“员额”有限而案件数量不断增加，案多人少的矛盾依然存在，法官

① 参见钟朝阳《“以审判为中心”新解及司改路径的调整》，《中国人民公安大学学报》（社会科学版）2018 年第 1 期。

② 左卫民：《地方法院庭审实质化改革实证研究》，《中国社会科学》2018 年第 6 期，第 132 页。

的时间和精力难以保证以审判为中心所要求的“庭审实质化”。因此，应当在配备员额外司法辅助人员的基础上，明确界定法官助理、书记员的职责、任务等，提高审判团队运作效率。在司法责任制的健全上，应当让法官敢于在庭审中审查证据、查明事实、适用法律，避免在庭前完成，使庭审虚置。另外，在刑事诉讼程序各阶段，均应当把好案件的证据、事实和法律适用的各个关口，对于错案的认定标准和追责程序应适用于各阶段，以此确保诉讼程序的所有环节均能扎实履行司法职能，防止重大错误出现。

三　全面深化和落实司法责任制

司法责任制改革被称为是司法体制改革的“牛鼻子”。党的十九大报告要求“全面落实司法责任制”，2019 年 1 月，习近平总书记在中央政法工作会议上指出，要全面落实司法责任制，让司法人员集中精力尽好责、办好案，提高司法质量、效率、公信力。强化司法责任制是中央站在新时代的历史定位上，对司法改革取得重大阶段性成效后如何在下一阶段继续落实所提出的目标要求。完善和深化司法体制改革，首先要牵起司法改革的“牛鼻子”，即全面落实司法责任制。这是贯彻落实党的十九大精神推进全面依法治国的必然要求，也是完善公正高效权威的中国特色社会主义司法制度的关键所在，更是全面推进司法体制改革的基础工程。[①]

通过责任司法倒逼依法独立公正行使职权是社会主义法治理论创新对公正司法新话语的贡献。[②] 司法责任制，一方面是要“让审理者裁判”，意即合议庭或独任法官具有独立审判权，独立签署裁判文书，院长、庭长等不得干预案件审判活动，也不再签署裁判文书。另一方面，是要“裁判者负责”，意即合议庭或独任法官要对其享有的独立审判权终身负责，实行错案责任倒查制。

① 李少平：《正确处理放权与监督坚定不移全面落实司法责任制》，《人民法院报》2018 年 3 月 28 日，第 5 版。

② 胡明：《用中国特色社会主义法治理论引领法治体系建设》，《中国法学》2018 年第 3 期，第 13 页。

（一）进一步完善员额制改革

员额制改革被称为是改革的“硬骨头”，在整个司法体制改革中具有基础性、先导性作用，也是司法责任制的前提和基础。唯有让那些最优秀的司法精英进入法官员额，并大幅度减少法官的数量、提升法官的福利待遇和社会地位，合议庭和独任法官独立行使审判权才有实施的前提：也只有在入额法官“实现精英化”，且“隆其地位”的前提下，对法官违反审判责任的追究才有现实基础。[①] 经过一系列探索，员额制改革已经基本到位，初见成效，今后的工作主要是如何保证员额制的良好运行。一是优化司法资源配置，科学配置审判团队。二是实行动态员额制，不断推进法官检察官精英化建设。三是加强入额法官检察官的职业保障。四是确立法官权力清单，使其与法官责任相合，明确权力边界。

（二）优化监督管理体系

2019 年 1 月，习近平总书记在中央政法工作会议上指出，要聚焦人民群众反映强烈的突出问题，抓紧完善权力运行监督和制约机制，坚决防止执法不严、司法不公甚至执法犯法、司法腐败。根据司法责任制改革的要求，不同监督机制和主体要充分发挥各自监督功能。院长、庭长、审判管理部门、审务督察部门、审判团队与合议庭、专业法官会议与审委会等，均应当在各自职责职权范围内，做好审判流程与质量监督。继续深化司法公开，通过主动向当事人和社会公开，实现阳光司法。充分利用大数据时代的信息化手段，完善监督管理方式，全面实现电子卷宗，全程留痕。通过司法大数据的检索和分析，加强对法律的统一适用，建立类案参考制度，实现类案及关联案件强制检索机制，避免“同案不同判”。

（三）严格责任追究机制

习近平总书记在中央全面依法治国委员会第一次会议上指出，要“加

① 陈瑞华：《法官员额制改革的理论反思》，《法学家》2018 年第 3 期，第 2 页。

快构建权责一致的司法权运行新机制”。[①] 在司法体制改革前，审理者真正掌握的裁判权有限，一定范围内出现“审理者不裁判，裁判者不审理”的局面。司法责任制改革后，通过员额制改革，让入额法官具有独立审判权。而根据权责一致的要求，审理者在扩大裁判权的同时，也承担相应的审判责任。严格的责任追究机制是确保审判权独立公正行使的末端保障。责任追究，应当科学理解终身负责，包括追究司法责任的情形，司法责任追究程序的启动时间，法官、检察官的履职保障内容等，还应当加强设立改革投诉受理机构、完善投诉查处机制。

第三节　深入推进司法体制综合配套改革

深化司法体制综合配套改革，是在中国特色社会主义进入新时代、社会主要矛盾发生变化的历史条件下，站在更高起点深入谋划推进改革的时代要求，是解决好新时代司法领域主要矛盾，更好满足人民群众在民主、法治、公平、正义、安全、环境等方面新需求的必由之路。[②] 司法体制改革的最终完成和胜利必然离不开综合配套改革的支持和落地。

一　司法体制改革的新阶段：司法体制综合配套改革

党的十九大对深化司法体制综合配套改革提出了明确要求。司法体制综合配套改革，是司法体制改革在中央顶层设计下的第二阶段，是进一步深化司法体制改革的延续和发展。司法体制改革以来，以司法责任制为核心的“四梁八柱”总体框架已经建成，但司法改革的辅助框架仍有待搭建和完善。如果说司法体制改革所涉及的四项基础性改革是“点”上的改革，那么司法体制综合配套改革，则是串联各“点”的“线”、汇聚各“线”的“面”以及连接各“面”最终形成的“体”。

---

① 《习近平主持召开中央全面依法治国委员会第一次会议》，http：//www. gov. cn/xinwen/2018－08/24/content_ 5316286. htm，2018 年 8 月 24 日访问。

② 李少平：《深化司法体制综合配套改革促司法公正》，http：//www. court. gov. cn/zixun-xiangqing-97792. html，2018 年 8 月 24 日访问。

深化司法体制综合配套改革，一方面是夯实和固化司法体制改革现有成果，以及改革中出现的新问题和被实践证明行之有效的一些改革举措，建立稳定长效的机制。例如，员额制改革完成后，如何通过绩效考核提升办案质效，进一步破解“案多人少”的矛盾，如何在法官享有独立审判权的基础上规范责任监督机制，等等。另一方面，是综合各项制度间的“缝隙”，促进其相互联动时的联通性。在司法体制改革中，各项制度改革并非孤立，而是相互影响。虽然整体框架已经搭建完成，但制度间缺少的是“耦合剂”，综合配套改革的作用就在于跟进和协调基础性改革，查漏补缺，通过精细化、科学化、体系化的配套完成系统性工程，避免改革过程中的制度断裂和效能抵消。

深化司法体制综合配套改革，一是要始终坚持党的领导。“坚持党对一切工作的领导”是建设新时代中国特色社会主义的基本方略。在司法体制综合配套改革过程中，也应当增强政治意识、大局意识、核心意识、看齐意识，自觉维护党中央权威和集中统一领导，在思想、政治、行动上自觉与党中央保持高度一致。二是要坚持以人民为中心。改革必须积极回应人民对法治、公平、正义、安全的新要求新期待，把坚持以人民为中心的价值追求转化为深化改革的具体举措，以保障人民根本利益为出发点和落脚点，依靠人民推进公正司法。[①]“努力让人民群众在每一个司法案件中感受到公平正义”这一改革目标也正表明人民是司法体制综合配套改革最终受益者，人民对改革的成功与否具有最直接的获得感。三是要坚持问题导向。司法体制综合配套改革既要破解司法体制改革已经出现的问题，尤其是改革的制约性、瓶颈性问题，又要直面建立和完善配套措施过程中的重点、难点。在问题导向下，不断推进改革在“深水区”探索，通过改革解决实际问题。

省委十四届二次全会对建设更高水平的法治浙江提出的要求之一即为“全面落实中央深化司法体制综合配套改革任务”，这为浙江在新时代推进公正司法吹响了新的号角。深化司法体制综合配套改革，是推进国家治理体系和治理能力现代化的重要内容，是浙江省贯彻落实省第十四次党代会精

① 姜伟：《司法体制综合配套改革的路径和重点》，摘自张鸣起等《学习十九大报告重要法治论述笔谈》，《中国法学》2017 年第 6 期，第 42 页。

神，推进“两个高水平”建设和“六个浙江”奋斗目标的关键一招。[①] 目前，浙江省已制定了司法体制综合配套改革框架意见，明确了规范权力运行、加强法官检察官正规化专业化职业化建设、推进政法信息化建设、优化法治环境四个方面内容。[②] 这为下一步实施司法体制综合配套改革打下了基础。

二　着力提升司法办案质效

司法体制改革后，案件增幅高位运行和审判权运行结构重组的矛盾显现，如何从内部和外部同时发力，在面对“案多”情势时仍然高质量、高效率办案，是当前司法体制综合配套改革过程中面临的一个重要问题。着力提升司法办案质效，可以通过审判权监督、法官的法律适用、审判资源配置、审判绩效考核以及社会监督等方式展开探索。

第一，规范权力运行，加强审判监督管理。落实法官审判去行政化，以清单形式将院长、庭长审判监督管理权力予以明确，将审判监督管理的职责集中到对程序事项的审核批准、对审判工作的综合指导、对裁判标准的督促统一、对审判质效的全程监管和排除案外因素对审判活动的干扰等方面。[③] 院庭长要向宏观的全院、全员、全过程的案件质量效率监管转变，确保放权不放任，保证司法公正廉洁。[④] 错案追究落到实处，细化法官办案责任，完善法官惩戒制度。既要避免审判管理权限过于扩张，否则必然影响司法权威，导致案件不能公正审判，同时也要处理好司法改革后放权与监管的关系，完善监管体系，改进监管方式，细化监管内容。

第二，统一法律适用，探索“类案类判”。保障法律适用的统一性，提高司法标准化，是司法体制改革的重要内容。一是加强对案件的研判指导，

---

① 李洁、王志浩：《王昌荣在省司法体制改革试点工作领导小组会议上强调深化司法体制综合配套改革切实提升司法公信力》，《浙江法制报》2018 年 4 月 23 日，第 1 版。

② 《我省深化司法体制综合配套改革》，《浙江日报》2018 年 4 月 21 日，第 2 版。

③ 马渊杰：《论进一步深化司法责任制改革的路径》，《人民司法（应用）》2018 年第 34 期，第 18 页。

④ 程春华：《司法责任制改革的成效与完善》，《人民政协报》2018 年 8 月 22 日，第 12 版。

积极发挥审判委员会和专业法官会议的作用。重点研讨重大、复杂、疑难、敏感案件，具有普遍性法律适用问题案件，上级法院不予核准、发回改判、申诉上访案件中的类案问题等，提出咨询意见供独任法官或合议庭参考。专业法官会议定期对所研讨类案进行总结提炼，研究裁判思路、裁判标准、审理要点，形成裁判指引和类案参考等，强化对类案的甄别与研究。[1] 二是加强法院信息化建设，借力司法大数据提升类案指导在“统一裁判标准”当中的司法实践价值，以实现个案审判当中的严格司法。

第三，优化资源配置，健全审判团队。员额制改革实施后，法院审判力量集中在员额法官和合议庭。如何使有限的入额法官有效承担大量审判工作，需要从多角度予以考虑。在取得现有改革成果的基础上，进一步优化审判资源配置，加强审判团队建设，实现审判业务的扁平化管理和行政事务的集约化管理。以员额法官为核心，以案件类型为基础，对审判团队进行多元化组合，开放“1 + N + N”的独任法官、法官助理、书记员的组合模式。例如，宁波市江北区人民法院的做法值得借鉴。其在人员配备上，根据法官助理的特点，将经验丰富、调解能力强、资历较长的法官助理编入诉前调解团队，最大化消化案件；将资历较浅、文书制作能力强的法官助理编入速裁团队，有利于案件快速审理；将比较成熟的法官助理编入难案组团队，以实现员额法官的梯队培养。[2]

第四，推进审判绩效考核，完善法官激励、约束机制。科学的审判业绩考核机制是员额制改革完成后，为司法体制相配套的重要举措。审判业绩考核在遴选优秀员额法官的基础上，还应定位于服务法院组织管理，促进审判效能最大化。对审判业绩的考核，应从“以案件数量为中心”转化到“以审判实绩为中心”上来，除了对审判结果进行评定外，还应增强对审判流程的把控，将对庭审和裁判文书的考核作为重点。在考核指标的设置上，应当遵循司法规律，避免“唯数字论”，科学设置考核指标，力求真实反映审判质效。通过科学、系统的审判业绩考核体系，促进法官良性竞争，实现切实、有效的激励目的。

---

① 《探索“类案类判”机制确保法律适用统一》，《人民法院报》2018 年 1 月 26 日，第 4 版。

② 葛先国：《员额制改革背景下基层法院新型审判团队构建的实践阐释》，《人民法院报》2018 年 6 月 28 日，第 5 版。

三 夯实司法人才正规化专业化职业化发展的制度保障

司法人才建设是推进司法公正、维护社会公平正义的组织保障。2013年，十八届三中全会提出要推进司法机关工作人员的分类管理改革，经过几轮试点后，改革已在全国铺开。长期以来，法院在人事管理方面长期沿用公务员管理模式，在全面依法治国背景下，司法领域人事管理的行政权与司法权矛盾凸显，法官职业化程度不高、审判资源无法有效利用等问题极大阻碍了司法人才和审判事业的健康发展。[①] 没有正规化，全面落实司法责任制就可能步入歧途；没有专业化，全面落实司法责任制就难以落地生效；没有职业化，全面落实司法责任制就可能流于形式。[②] 法院人员分类管理是深化司法体制改革和司法体制综合配套改革的重要内容，是司法为民、公正司法的必然要求，是符合司法职业特点、适应审判工作规律的客观需要，是司法人才正规化专业化职业化发展的制度保障。

一是规范法官检察官遴选制度。员额制是司法责任制改革的核心，法官检察官是员额制的根本和基础。在司法体制改革过程中成立的法官检察官遴选委员会，是法官检察官成为员额法官检察官的制度通道，也是其选任主体。浙江省已于2015年成立了法官检察官遴选委员会。在司法体制综合配套改革中，委员会在运作上应当确立党管干部、客观公正、竞争择优的原则，减少行政干预。对法官检察官的选任除笔试外，还应加强对业绩考核、庭审面试的全面考察，突出业绩和能力导向，设置理论与实践相结合的能力考试方式。此外，目前法律服务市场规模庞大，其开放性将刺激法官“离职”心理，并不断冲击司法改革，这与司法机关形成人才竞争关系。因此，对法官的选任与评价还应充分考虑外部法律市场因素。[③]

二是完善员额法官检察官退出机制。严格落实司法责任制，需要健全完善常态化的员额退出机制，实现员额有进有出。退出机制的设立，意在对员

---

① 参见最高人民法院编写组《公正司法的理论与实践探索》，人民法院出版社，2015，第127页。

② 姜伟：《全面落实司法责任制》，《光明日报》2017年11月9日，第2版。

③ 董邦俊、黄珊珊：《法官员额制之异化风险与未来路径》，《湖北警官学院学报》2018年第1期，第17页。

额法官检察官实行动态管理、反向激励，维护其正当权益和专业权威，设置履职保障，并为其职业流动和转化提供畅通渠道。[①] 退出机制应当着重从业绩评价、惩戒措施和人事管理等角度分别考量员额法官检察官的退出模式，并对符合再入额的人员设计可能的再入额程序，保持机制开放，实现法官检察官的良性循环。区分不同原因退出的法官检察官，在转岗时给予有针对性的安排，如部分退出的法官检察官可尽量安排在法官检察官助理岗位接受锻炼，储备人才。

三是提升法官助理的职业保障与职业能力。在目前的法官助理中，未入额的原因较多，有的因为未受过法律专业的学历教育，缺乏相应的任职资格，有的因为从事业务工作年限不足或考试考核未通过，还有的则是因为员额的比例限制而未入额。而是否入额，意味着在工资收入、岗位津贴等方面将面临巨大差异，这对仍在一线办案的未入额法官助理影响较大，因而应当做好这些人员的职业保障，调动其积极性。[②] 法官助理是未来员额法官产生的主要来源，要充分发挥法庭对法官助理的职业能力养成功能，尽可能让其完成审判辅助工作，发挥职业优势，实现理论和业务水平的综合提升。通过细分未入额法官助理的类别，明确其职责权限，促使法官助理走专业化、职业化道路，提高司法产品质效。

四 维护司法权威，优化法治环境

早在十八届三中全会上，党中央就已提出“深化司法体制改革，加快建设公正高效权威的社会主义司法制度，维护人民权益，让人民群众在每一个司法案件中都感受到公平正义”。建设公正高效权威的社会主义司法制度是司法体制改革的目标，而维护司法权威，当然地成为司法体制改革的重要任务。所谓司法权威，从静态效果来说，是指司法在社会生活中所具有的地位和力量，具体体现为司法活动受到制度、法律的保障，并有高度公信力，司法功能可以充分实现；从动态效果来说，是指司法权的行使受到各方面的

① 参见李鑫《员额法官退出的理论检视与制度构建》，《社会科学家》2018 年第 1 期。

② 参见张智辉《论司法责任制综合配套改革》，《中国法学》2018 年第 2 期，第 73 页。

尊重和服从。[①] 司法体制改革和司法体制综合配套改革指向了解决司法权威的诸多方面和问题，如领导干部干预司法活动、插手具体案件、对失信被执行人的信用监督、威慑和惩戒、保障审判权独立行使，等等。当然，维护司法权威仍然是一个不断深化的过程。

司法规律与司法职业本身的性质决定了司法必须具有权威性。司法权威来源于司法的公正审判。司法公正不仅取决于个案公正，也取决于整个司法活动和司法事业的公正，不仅需要实体公正，也需要程序公正。司法息讼止争的公正性为司法权威的树立奠定了基石。因此，司法活动不允许任何法外干预，只能限定在有权的司法主体在相应的职责和权限范围内。司法权威的树立，有利于社会公共利益的维护。社会作为一个庞大群体，其公共利益具有普遍的受益性。公共利益的实现和保障离不开司法的促进和保障，而司法的权威性恰恰在这一推动进程中发挥确定的终局性权力和威望。司法权威还能促进司法主体获得职业尊荣，以司法为荣，为司法服务。司法主体愿意履行司法职责、遵守职业道德，有提高专业能力的兴趣、推进法治建设的动力、追求司法公正的激情和促进司法职业健康发展的热情。在司法权威下，法官检察官等将对司法确立强烈的职业认同感，对司法活动的公正具有牢固的理念和信心，主观上也增强了防止外部干预的能力。

维护司法权威，离不开法治环境的建设和优化，需要国家、社会、公民和司法主体等共同努力。十九大报告提出“坚持法治国家、法治政府、法治社会一体化建设”，这正为维护司法权威、优化法治环境提出了总的建设路径和方向。第一，就国家和政府而言，应当从体制机制上为法治环境创造条件。司法体制改革是国家对司法机关依法独立公正行使职权的顶层设计，改革的大量措施与其有关。例如，现实中主要存在个别领导干部为个人利益或小团体利益，插手案件处理乃至直接指挥司法机关。改革的具体措施是，宏观上探索推进司法管辖制度改革和推动省以下地方法院、检察院人财物统管，微观上提升司法透明度，明确责任内容和追责程序，

① 参见田幸主编《当代中国的司法体制改革》，法律出版社，2017，第 396 页；方工、邢杰《维护和强化司法权威》，《人民法院报》2017 年 3 月 7 日，第 2 版。

明确司法主体日常与他人的交往规则，防止“破窗效应”。[①] 第二，就社会而言，应当积极、全方位地形塑依法治国、建设法治国家的理念，营造法律至上、尊重和崇尚法律的社会认同，大力弘扬法律精神和法治精神，推动全民守法，全民普法。社会和公共媒体对司法的监督应当理性、客观，否则将对司法造成不当干预。第三，就公民个人而言，应当敬畏法律，形成对内心法律的信仰。个人行为受法律约束，而非任由其主观价值进行判断。懂得利用法律武器保护其合法权益，而非选择私力复仇，尊重法律的最终裁判，才是现代公民应有的价值观和行为准则。第四，就司法主体而言，应当以自身行动推进公正司法。法官、检察官等司法主体身居司法第一线，既是维护司法权威的直接责任者，也是司法权威的直接受益者。他们了解司法动态，能够从无数的个案中感知司法权威的重要性。因此，司法主体应当坚决抵制法外干预，公正裁判，加强审慎和自律，以专业的司法能力推动维护实质的司法权威。

第四节 科技融合释放司法改革红利

2019 年 1 月，习近平总书记在中央政法工作会议上指出，要推动大数据、人工智能等科技创新成果同司法工作深度融合。新科技革命为司法改革带来了巨大的机遇与挑战。机器人能否代替法官等问题一时成为当下科技界与法律界均予以关注的热点。当我们将目光从快速迭代的数据转向具有数千年历史的法律时，技术与思维间理性的桥梁可以促使科技与司法相融合。

一 新科技革命对司法带来的挑战和机遇

2013 年 3 月 4 日，习近平在参加全国政协十二届一次会议科协、科技界委员联组讨论时指出：“当今世界，新科技革命和全球产业变革正在孕

① 参见胡明《用中国特色社会主义法治理论引领法治体系建设》，《中国法学》2018 年第3 期，第 13 页。

育兴起。"[①] 2013 年以来，习近平多次提及"新一轮科技革命"或"科技革命"。在经历了蒸汽革命、电力革命、计算机与信息技术革命后，以互联网产业化、人工智能为标志的第四次科技革命已经登上世界历史舞台，其具体表现为互联网、物联网、大数据、机器人、虚拟现实，等等。始于 21 世纪 10~20 年代的"新一轮科技革命"或第四次科技革命，主要以创新为特色，以信息技术为核心，各个技术领域交叉融合。[②] 新科技革命的大潮覆盖了人类生活与社会发展的方方面面，司法体制改革也当然地受其影响并受惠其中。习近平总书记就曾指出，要遵循司法规律，把深化司法体制改革和现代科技应用结合起来，不断完善和发展中国特色社会主义司法制度。[③]

以人工智能为例，司法领域利用大数据与人工智能在今天已非鲜见。2016 年《华盛顿邮报》曾报道过美国一家律师事务所首次公开声称其"雇用"一名机器人律师以协助其办理破产案件。[④] 而国内推出机器人法官辅助办案也是司法领域近年来深入应用人工智能的例证。北京法院的"睿法官"可以在庭前准备阶段自动梳理出待审事实，生成庭审提纲，并推送到庭审系统中。庭审结束后，对案情要素进行进一步提取，根据法官进一步认定的内容，向其推送更为精准的相似案例、裁判尺度、法律法规等服务，最终帮助法官完成裁判文书撰写。[⑤] 机器人法官对大数据下的卷宗与文书数据深度学习，似乎已经在逻辑分析、数据抓取能力和记忆力上超越了法官本身。机器人是否能真正代替法官，这一问题的答案本身并不重要，关键是这一疑问既代表了新科技革命对司法带来的巨大挑战，也预示着新科技革命为司法开创了新的机遇。

---

① 中共中央文献研究室编《习近平关于科技创新论述摘编》，中央文献出版社，2016，第 75 页。

② 参见冯昭奎《科技革命发生了几次——学习习近平主席关于"新一轮科技革命"的论述》，《世界经济与政治》2017 年第 2 期。

③ 《习近平：坚定不移推进司法体制改革坚定不移走中国特色社会主义法治道路》，http://www.xinhuanet.com/politics/2017-07/10/c_1121295680.htm，2018 年 8 月 29 日访问。

④ Karen Turner, Meet 'Ross,' the newly hired legal robot, https://www.washingtonpost.com/news/innovations/wp/2016/05/16/meet-ross-the-newly-hired-legal-robot/?noredirect=on&utm_term=.5b81e392adaf, 2018 年 8 月 30 日访问。

⑤ 徐隽：《"睿法官"辅助审案还远吗》，《人民日报》2017 年 1 月 4 日，第 19 版。

新科技革命的挑战涉及司法业务领域和司法管理领域。以法院审判工作为例，在审判业务领域，随着互联网的广泛普及，民商事审判中新兴的电子商务、互联网金融、互联网知识产权、公民隐私权救济等案件的审判受到挑战。[①] 在刑事领域，网络安全面临巨大威胁，打击国内、国际网络犯罪成为审判工作中新的难点。在法院管理领域，在“互联网＋”时代，裁判文书公开上网对法官的办案质量、裁判文书撰写等提出了更高的要求。互联网信息的海量与快速迭代，能够短时间内生成庞大的网络舆情，这对于司法公开下的法官独立、公正行使审判权也提出了挑战。目前开发的各类智能审判辅助系统在发挥其先进功能的同时，法官是否能充分信任并利用机器智能化的判断力与处理结果，这既是对法官以往经验与智慧的考验，更是对法官与机器“共生”的挑战。

当然，新科技革命也为司法带来了机遇。人类需要与科技的融合，尤其是司法与科技在理性上的融合。新科技革命对审判时空与裁判习惯的改变，使远程审判与法院信息化管理成为可能。司法数据和业务应用、外部协作、诉讼服务等无缝对接，能够满足不同平台、不同网络、不同法院、不同部门数据共享和业务协同需要。在大数据办案平台下，法院与公安、检察机关统一数据规格和交换标准，实现办案系统互联互通、数据自助推送，并推动解决送达难、执行难等问题。大数据下的裁判信息为“类案类判”提供了数据支持。互联网促使司法在阳光下运行，拉近了民众与司法的距离，增强司法廉洁。信息技术减少了司法服务的成本，提高了效率，使诉讼更经济、便捷，某种程度上甚至拓展了“一元官司”，提高了公民的法律意识和法治意识。

科技是一把双刃剑，新科技革命对司法既是挑战，也是机遇。在把握机遇的同时，客观面对挑战，是司法应有的态度和方向。最后回到前文的问题——机器人是否能真正代替法官？司法是一门高超的技术和艺术，因此，让人工智能完全替代人类法官，从而让司法成为“自动售货机”应该为时尚早。理论研究和人工智能发展实践都表明，在未来相当

① 参见孙佑海《互联网：人民法院工作面临的机遇和挑战》，《法律适用》2014 年第 12 期。

长一个时期内，“人类法官 + 人工智能”的模式或许是一个更为理想的愿景。[①]

二　充分发挥杭州互联网法院的“头部效应”

新一轮科技革命的孕育和兴起，推动浙江从网络大省走向网络强省。互联网技术的高速发展也为司法审判带来新的发展契机。在此基础上，公众对司法的需求也从公平、公正等实体性与程序性权利保障上升到对高效、智能、多元、便利等更多的期待。例如，人们希望能像网上购物一样足不出户完成诉讼程序，既能实现即时通信、网上支付，又能在线查阅诉讼文书，出现纠纷时缩短矛盾化解的流程，能够以最优的规则、最简便的程序实现公正处理，等等。实际上，这些富含互联网元素的司法审判机制和模式早已在浙江启动和运行，互联网法院、移动微法院等的设立极大丰富了“互联网 + 司法”的内涵。

（一）地方实践的先行先试

1. 杭州互联网法院成立

杭州是电子商务发展先行区，网络交易发达，被称为“移动支付之城”，但大量的网络交易纠纷也随之而来。为适应互联网发展大趋势，满足现实的诉讼需求，全国首家互联网法院于 2017 年 8 月 18 日落户杭州。而早在 2015 年 4 月，浙江省高级人民法院即主导了电子商务网上法庭的试点建设，分别审理网络交易纠纷、网络支付纠纷、网络著作权纠纷及其上诉案件。2017 年 6 月 26 日，中央全面深化改革领导小组第三十六次会议审议通过了《关于设立杭州互联网法院的方案》，对杭州互联网法院建设、加强涉

---

① 有关人工智能与司法裁判的讨论，可参见左卫民《关于法律人工智能在中国运用前景的若干思考》，《清华法学》2018 年第 2 期；季卫东《人工智能时代的司法权之变》，《东方法学》2018 年第 1 期；吴习彧《裁判人工智能化的实践需求及其中国式任务》，《东方法学》2018 年第 2 期；盛学军、邹越《智能机器人法官：还有多少可能和不可能》，《现代法学》2018 年第 7 期；雷震文《算法偏见对“智慧司法”的影响及其防范》，《法制日报》2017 年 12 月 27 日，等等。

网案件审判、促进互联网和经济社会深度融合等作出重要部署。从2017年8月杭州互联网法院挂牌至今，已有一年有余。截至2018年8月17日，杭州互联网法院共受理涉网案件12074件、审结10391件；已关联当事人的案件100%在线开庭审理，庭审平均用时28分钟，平均审理期限38天，相较传统审理模式分别节约用时五分之三和二分之一；一审服判息诉率达99.1%。[①]

2. 从宁波移动微法院到4.0全国版

2017年10月8日，余姚法院率先试点微信小程序“余姚微法院”，这是全国法院首批投入实战应用且全流程覆盖的移动办案诉讼平台。在试点基础上，2018年1月2日，宁波市两级法院全面上线运行微信小程序“宁波移动微法院”，全面适用于民商事案件和执行案件。2月，“浙江微法院”集群平台在全国率先上线，当事人在微信中搜索“浙江微法院”小程序，就可以向法院申请刑事、民事、行政案件的立案，并利用这个小程序进行开庭、调解和执行。8月14日，宁波移动微法院从3.0版升级到4.0全国版，并于9月10日在全省正式上线。从余姚试点到全省上线，从宁波移动微法院到4.0全国版，移动诉讼平台既满足了当事人多元化、一站式的司法服务需求，又满足了法官减少事务性工作、提升办案效率的需要，为浙江打造“互联网+司法”创新高地又树立了一块“金字招牌”。

（二）充分发挥杭州互联网法院等的“头部效应”

在杭州互联网法院成立一周年之际，全国第二家互联网法院——北京互联网法院于2018年9月9日挂牌成立，而广州互联网法院也于9月28日成立。杭州互联网法院等改革成功经验为其他地区乃至全国设立互联网法院提供了借鉴，是司法体制改革的重大成果。浙江应在现有基础上，充分发挥杭州互联网法院和移动微法院的“头部效应”，为实施司法体制综合配套改革提供丰富的先进理念和实践经验。

---

① 余建华：《公正＆效率，在网络互联互通——写在杭州互联网法院挂牌成立一周年之际》，《人民法院报》2018年8月18日，第1版。

1. 深入拓展互联网技术、融合互联网理念

互联网法院利用先进的互联网技术实现了从线上立案到线上送达的全流程网络覆盖，提升和优化了运送正义的速度和方式。正所谓“互联网时代向我们诠释了，正义不仅应该实现，而且应该允许也无法回避地，以便利和高效的网络载体方式实现”。[①] 然而，仅仅是互联网技术的运用，显然不能满足人们对智慧法院的期待和需求。更重要的是，互联网法院将互联网理念融入司法审判，其并未改变传统的诉讼程序，但通过网络提供网上场景式、一站式的诉讼服务，实现“最多跑一次、最好不用跑”，通过大数据提供“类案推送”，完成从庭审到执行的线上全流程覆盖，等等。互联网法院的下一步，正是应当在加速技术升级的同时，深化审判全流程再造，进一步将扁平化、智能化、集成化、大数据的互联网理念与司法为民、司法公开、公正司法相融合，将互联网大数据时代下司法审判之路走稳、走扎实。

2. 进一步推动多元化纠纷解决

2018 年是毛泽东同志批示学习推广“枫桥经验”55 周年，也是习近平总书记指示坚持发展“枫桥经验”15 周年。枫桥经验是化解矛盾的经验。通过互联网法院、移动微法院实现矛盾化解、纠纷解决，是新时代人民法院深化和发展枫桥经验的重要组成部分，也是将成为互联网纠纷多元化解体系的“主导者”作为其目标之一。目前，浙江移动微法院已经与浙江在线矛盾纠纷多元化解平台（ODR 平台）无缝对接，实现了社会解纷主体提供的纠纷调解服务。互联网法院和移动微法院的诉前调解功能，加上类案推送前置，帮助当事人进行判断，决定是选择调解、撤诉还是继续请求立案。便利的多元化纠纷，不仅提升司法效率，还有助于改变“有纠纷就找法院”的传统观念。应当进一步推动多元化纠纷的在线解决，充分发挥和推广多元主体的调解功能，在“案多人少”的诉讼环境下，为司法改革发挥配套改革的作用。

---

① 邓恒：《从智慧法院的视角理解互联网法院》，《人民法院报》2017 年 8 月 7 日，第 2 版。

3. 加速推进网络空间法治化

互联网法院集中管辖涉网案件。2018 年 9 月 3 日最高人民法院审判委员会第 1747 次会议通过《最高人民法院关于互联网法院审理案件若干问题的规定》（法释〔2018〕16 号），其中对北京、广州、杭州互联网法院的集中管辖范围作出了明确规定。在成立的一周年里，杭州互联网法院已制定了《诉讼平台审理规程》《电子送达规程》《电子证据司法审查标准》等 15 件网上诉讼规则。这些证据审查标准、送达规程、审理规程等有关审判程序和操作指引的规则体系为涉网案件的审判提供了指南式的网上诉讼规则，使网络空间的部分民事、行政纠纷以及检察机关提起的互联网公益诉讼形成了新的审判方式和网络治理规则。互联网法院旨在更有效地依法处理涉网纠纷，营造公正、效率、有序的网络空间。应当继续通过杭州互联网法院的先行先试，为中国其他互联网法院的制度和规则构建提供地方样本，加速推进网络空间法治化进程，从而进一步为中国在网络空间国际规则制定积累国内司法实践经验，探索形成全球互联网治理体系的中国方案。

三 推动全方位“智能司法”

2015 年 7 月，最高人民法院首次提出智慧法院的概念，目标是通过法院信息化建设转型升级，实现审判体系和审判能力现代化。近年来，最高人民法院、最高人民检察院在司法改革中致力于“智慧法院”“智慧检务”建设，并取得了可喜的成绩。2017 年，全国法院大力推进信息化建设转型升级，全国法院第四次信息化工作会议提出“全业务网上办理、全流程依法公开、全方位智能服务”的目标。[①] 同年，最高人民法院发布《关于加快建设智慧法院的意见》（法发〔2017〕12 号），力求全面落实《国家信息化发展战略纲要》和《“十三五”国家信息化规划》对智慧法院建设的总体要求，确保完成《人民法院信息化建设五年发展规划（2016~2020）》提出的 2017 年总体建成、2020 年深化完善人民法院信息化 3.0 版的建设任务，以

① 李林、田禾主编《中国法治发展报告（2018）》，社会科学文献出版社，2018，第 8 页。

信息化促进审判体系和审判能力现代化，努力让人民群众在每一个司法案件中感受到公平正义。该意见明确了加快建设智慧法院的意义、目标，并提出了二十项具体要求，这为地方建设智慧法院，推动全方位的智能司法指明了方向和路径。2018 年 4 月，浙江也将“推进政法信息化建设”纳入推进司法体制综合配套改革的框架意见中。[①]

推进政法信息化建设，加快建设智慧法院，是浙江推动全方位“智能司法”的主要任务。

第一，明确智能司法的定位。在司法改革中加快推进智能司法，是智能司法在新科技革命下不可避免的发展和实施路径。然而，就其本质而言，智能司法只是一种手段，是司法人员可以借助之“物”，而非可替代之物。[②]不应因智能司法的推进而使司法的本质发生异变。

第二，善用大数据与人工智能。在小数据时代，受理念与技术的限制，司法信息化驱动的司法现代化呈现出一定的“管理本位”，既无法充分满足社会公众对便捷化、个性化司法服务的需求，也不能有力回应司法人员对智能化司法的期待，[③] 而大数据与人工智能则推动司法现代化从“管理本位”升级至“审判本位”和“服务本位”。

第三，积极推进技术的深度融合。智能司法建设，应在现有基础上注重司法需求与技术的准确对接，将新技术深度融合于司法审判与检察等业务，与时俱进探索新的融合点，结合司法规律，切实发挥技术优势。

第四，确保程序公正与实体公正的价值本源。在新技术广泛运用的数据化时代，司法公正所遵循的程序公正和实体公正在任何智能之力下不可偏离和异化。以同案参照为例，并非所有数据导出的“同案”都具有“同判”的要件，何为“同案”，何时“同判”，其判断基准仍然是裁判程序和裁判结果的公正性。

推动全方位“智能司法”，还应注意到，智能司法在发展与成熟的过程中仍面临技术智能化本身所依附的问题。一是技术外包对司法权威的影响。

---

① 《我省深化司法体制综合配套改革》，《浙江日报》2018 年 4 月 21 日，第 2 版。

② 参见冯姣、胡铭《智慧司法：实现司法公正的新路径及其局限》，《浙江社会科学》2018 年第 6 期。

③ 左卫民：《大数据与人工智能的司法实践》，《中国法律评论》2018 年第 2 期，第 25 页。

技术智能的运用需要大量技术人才和企业，而对需求匹配、算法干预、数据安全的操作则可能存在影响司法公信力的潜在风险。在智能系统中，司法运行的各个环节和内容可能由于技术外包而发生介入性风险。而数据服务商对诉讼参与人的隐私也具有一定威胁，甚至导致司法信任危机。[①] 二是技术建设与司法需求相匹配的矛盾并未完全解决。现实面临的问题是，懂司法的人不懂技术，懂技术的人不懂司法。技术供给与司法的现实需求往往达不到无缝对接的效果。三是智能化网络下数据联动不足。智能司法，需要打通司法的各个环节，仅在审判系统或检察系统内部实现数据联动还不足以形成全方位的“智能司法”。即使在各个系统内部，数据孤岛、信息烟囱的现象目前也未能完全解决。因而，要形成“大数据”覆盖下的智能司法，就无法回避“大”的技术与制度瓶颈，推动形成全司法领域数据的整体联动，实现真正的司法智能化。

① 参见徐骏《智慧法院的法理审思》，《法学》2017 年第 3 期。

第　六　章

促进全民守法

法律必须被信仰，否则形同虚设。但法律是以静为常态，法治以动为常态，法治发展在社会机体运转的每一个环节都可能遇到障碍，相应地，法治前景并不是在社会机体运转的任何一个环节中都能得到全面和准确的展现。所以，法治浙江建设，一方面需要国家或地方对人民的诉求尽快予以回应。另一方面，也需要从地方到民众对法治进程的艰巨性有恰当的认知。就如伯尔曼所说，真正能阻止犯罪的，乃是守法的传统，这种传统又植根于一种深切而热烈的信念之中。这里的信念便包含在我们整个社会需要树立的法治信仰里。对法治的信仰程度如何，将影响社会法治化水平的高低和进展。浙江素有“以人为本、注重民生的观念，求真务实、主体自觉的理性，兼容并蓄、创业创新的胸襟，人我共生、天人合一的情怀，讲义守信、义利并举的品行，刚健正直、坚贞不屈的气节和卧薪尝胆、发愤图强的志向”，这种来自民众的道德素养和行为方式需要用法治的精神引导，继而用法律的方式固定和强化，通过法治建设推进并形成浙江先行的法治精神，反过来再助推法治浙江的建设，进而实现多个因素之间的良性循环，最终达致全民守法的法治社会状态。

全民守法就是要求所有的人都必须在宪法和法律范围内活动，都要依照宪法法律的规定行使权利或者权力，履行义务或者责任，依法行事。亚里士多德说：“虽有良法，要是人民不能全都遵守，仍不能实现法治。”全民是法治建设的主体，只有人人参与的法治，才具有坚实的社会基础。党的十八届四中全会提出“增强全民法治观念，推进法治社会建设”。党的十九大报告强调，必须坚持厉行法治，推进科学立法、严格执法、公正司法、全民守法，将全民守法提升到前所未有的高度。全民守法由此成为全面推进依法治国战略的五大环节之一。[①]

全民守法与法治社会建设密切相关，在法治社会中形成了私权保障、自由、平等、公正等价值愿景，这些愿景的实现离不开全社会对法治的普遍信仰，离不开全民守法的法治观念。可以说，作为社会主体的人能不能够遵守法律，是法治社会能不能形成的关键。从这个意义上讲，全民守法是法治社会最核心的构成要素和基本特征。

普法责任制是促进全民守法的一大抓手。其中，在深化普法责任制方面，需要按照“谁主管谁负责”“谁执法谁普法”的要求，搭好“谁执法、谁普法”的体制机制架构，解决好谁普法、普何种法、如何普法以及普法绩效评估等关键性问题。

进入新时代，自治、法治、德治等“三治融合”是促进全民守法的另外一个主要抓手。其中，德治是自律，主要依靠自我监督，体现为守信；法治是他律，主要是依靠他人的监督，体现为守法；自治是在德治和法治的基础上的一种自我治理，是法治社会建设的重要组成部分。

由此，法治社会建设关系到全民守法的核心内容和价值取向，只有站在法治社会建设的高度上，才能够深入把握全民守法的主要内容和精神内核。而普法责任制和“三治融合”则是推动全民守法的两只轮子。本章即围绕法治社会建设、普法责任制和“三治融合”等三个方面展开。

第一节 法治社会的价值愿景

法治社会建设是全面依法治国的基础性工程，只有不断打造整个社会尊法、信法、守法、用法的法治环境，才能为全面推进依法治国提供广泛的社会基础。建设法治社会，需要平衡好权利保障、自治、自由等价值愿景之间的关系。

---

① 参见江必新编著《全面推进依法治国战略研究》，人民法院出版社、商务印书馆，2017，第109～135页。其他四个环节分别为：执政党依法执政；权力机关科学立法；行政机关建成法治政府；司法机关不断提升司法公信力。

一　法治社会概念

社会是共同生活的人们通过各式各样社会关系联合起来的集合体。法治社会是指社会领域的各种关系、各方面的公共事务都由宪法和法律来调整，社会的整个运行都基于法治的轨道来实现。或者说，法治社会是指法律在全社会得到普遍公认和遵从的一种社会状态。2019 年 1 月，习近平总书记在中央政法工作会议上指出，要坚持依法办事，让遵法守纪者扬眉吐气，让违法失德者寸步难行。这正是对法治社会中人人遵法守法的一种具象化表达。

法治社会分为广义和狭义两种：广义的法治社会，指立法机关科学立法，行政机关依法行政，司法机关公正司法，执政党依法执政，公民和社会组织、团体在宪法和法律范围内活动。狭义的法治社会，更多强调的是公民、社会组织和社会团体等社会主体行为的法治化。即所有公民、组织、团体都以法律作为行为指南，各种组织、公民个人对于自身权利的行使，都以宪法为纲、以法律为本；依据有效、完善的法律体系，社会可以进行合理、合法的有序自治，社会各领域都能受到有效的规范、管理。本书将科学立法、严格执法、公正司法与全民守法并列，因此，是从“狭义说”的角度来论述法治社会问题。

在法治社会的范畴内，法治意味着：在经济和社会生活领域，有法可依、有法必依，无论是公民，还是法人，都必须尊重法律，维护法律的尊严和权威；全体公民和法人学法、懂法、用法、守法、护法，树立社会主义民主法治、自由平等、公平正义理念；广泛的社会自治，各种各样的非政府组织诸如城市的居民委员会、农村的村民委员会、受国家机关委托代行某种社会公共行政权力的中介组织（如消费者协会、律师协会、会计师协会等）日益扮演着公共治理的角色，各种各样的民间法、软法、社团规范、乡规民约、道德习俗、纪律政策等发挥着法律无法替代的作用。[①]

---

① 参见张文显《论中国特色社会主义法治道路》，《中国法学》2009 年第 6 期。

2012 年 12 月 4 日，在我国现行宪法公布实行 30 周年的纪念大会上，习近平总书记第一次提出依法治国、依法执政、依法行政共同推进，法治国家、法治政府、法治社会一体建设。“共同推进”和“一体建设”的重要论断，不仅是法治中国建设的顶层设计，而且也是第一次把法治社会提到这么明确的位置。

二 法治社会建设的必要性

在“共同推进”和“一体建设”的总体战略布局中，法治社会建设对高水平建设法治浙江具有重要意义。

其一，法治社会建设为法治国家建设创造适宜的环境。法治国家不可能在虚无缥缈的空间建设，而必须在现实社会中建设。现实社会是法治国家建设的无可选择的空间。很显然，只有培育公民的规则意识、契约精神，整个社会遵法、信法、守法、用法，才可能不断推进法治国家的建设。试想，如果我们的整个社会都不尊奉法律，不信仰法律，我们的大多数国民都不懂法、不信法、不守法，在这样的社会环境中，我们还能建设法治国家，建成法治国家吗？当然，法治社会与法治国家的建设是一个互动的过程，法治社会的建设也有赖于，而且更有赖于法治国家的建设。①

其二，法治国家建设有赖于法治社会建设为之提供一定的协助治理机制。现代国家治理不同于传统的国家管理，需要社会的广泛参与。所谓“国家治理现代化”，最重要的特征就是治理主体的广泛参与。在法治社会中，公民生活在各种不同的组织和单元之中，他们同时是各种不同的组织体和单元体成员。为此，必须加强法治社会建设，促进各种组织的生长、发展，提高其参与国家法制监督的能力。②

其三，法治国家建设的主体是公民，建设法治国家需要有高素质的公民，高素质的公民源于法治社会的供给。没有法治社会培养、锻造高素质的

① 参见姜明安《论法治国家、法治政府、法治社会建设的相互关系》，《法学杂志》2013 年第 6 期。

② 参见姜明安《“法治中国”与“法治社会”的关系》，《北京日报》2016 年 1 月 25 日，第 17 版。

各种社会共同体成员，高素质的公民就没有来源。而没有高素质的公民，就不可能，或至少是难以真正建成法治国家。

其四，法治社会建设为法治国家、法治政府建设提供完善的制度机制。法治国家、法治政府赖以存在的法律，往往是在社会中内生出来的法律。因而，加强法治社会建设，能为规范国家权力提供扎实的制度前提和完善的机制保障。

其五，法治社会建设为法治国家、法治政府建设不断注入动力、活力。在法治化程度较高的社会，公民的权利也往往能够得到更好的保障，人们才可能更多地通过法律来表达权利诉求，从而推进立法、司法、依法行政水平的提高。因而，对于法治国家和法治政府建设而言，法治社会是其取之不尽、用之不竭的法治之源。[①]

其六，从作为人类文明的法治演变进程来看，往往首先是在法治化社会的自我发展之后，法治建设的重心才偏向于法治国家和法治政府建设。绵延不绝的法治主义传统、历久弥新的市场经济实践、成熟发达的社会结构、不断巩固的民主制度实践、科学合理的理性思维、不断完善的法治理论，是法治社会得以形成的主要条件。在此基础上，通过各种立法，使得国家公权力受到制约，法治国家、法治政府才得以实现和完善。[②]

总的来讲，法治政府、法治国家、法治社会建设紧密相连。其中，法治政府建设主要侧重于行政权的合法化行使，或者说政府要“依法行政”、政府行为要符合法律规定。法治国家建设除强调依法行政之外，还强调立法权、司法权等公权力的行使要依据法律，不能逾越法律。比如，法律的制定不能逾越宪法的规定、司法裁量要严格依据现行法律。法治社会建设则要求法治思维贯穿于公权力覆盖之外的私权和社会公共领域，要求政府、立法机关、司法机关以外的组织、公民个人也要依据法律进行思维，具有法治观念，按照法律规定来约束自己的行为，倡导法律深入并能够调整社会生活的各个方面。在法治中国建设“三位一体”工作格局中，法治社会是法治国

① 参见史丕功、任建华《法治社会建设的价值选择及主要路径》，《山东社会科学》2014 年第 9 期。

② 参见史丕功、任建华《法治社会建设的价值选择及主要路径》，《山东社会科学》2014 年第 9 期。

家、法治政府建设的重要基础和基本前提，法治国家、法治政府是法治社会建设的重要保障。①

三 法治社会建设的价值愿景

在法治社会建设中，必须合理界定国家、政府和社会三者之间的关系，确立法治社会建设的基本目标，平衡好权利保障、自治、自由等价值愿景之间的关系。②

价值愿景一：权利保障。法治社会同时必须是一个有着良好秩序的社会，但在社会秩序的形塑方式上或者说在社会治理的价值选择上，法治社会的秩序维持建立在公民权利保障基础上。即在经济生活中，减少行政干预和不必要的市场管制，降低市场进入壁垒，保障各种类型市场主体之间的公平竞争；在社会生活中，保障公民享有的各项社会权利，防止公权力侵害私权；在文化生活中，保障公民的言论、出版等方面权利。在上述权利保障的基础上，形成一种合理的、健康的社会秩序，防止权利滥用，同时杜绝为了秩序而秩序，在法律框架内将维稳和维权有机统一起来。这就需要划定国家和政府干预的法律边界，“公权力，法无授权不可为”，“私权利，法无禁止即自由”，这是法治社会建设中必须遵循的基本原则。

价值愿景二：自由、平等、公正。保障公民的自由，切实维护宪法确定的公民权利，激发社会活力，是法治社会建设中必须遵循的基本原则。从民主政治的建设角度来讲，需要扩大公民有序参与；从公民参与市场活动角度来看，需要为公民提供充分的自由保障和公平竞争环境；从公民的私人生活领域、人身自由、通信秘密、个人信息保障等角度来看，则需要进一步严格实施法律，对侵犯私人自由的行为，必须依法严惩。另外，法治社会要为道德、人情、风俗、习惯、宗教信仰等留足空间。公民在法律面前一律平等，其价值取向是不断实现实质平等，要求尊重和保障人权，人人依法享有平等

① 参见史丕功、任建华《法治社会建设的价值选择及主要路径》，《山东社会科学》2014 年第 9 期。

② 参见史丕功、任建华《法治社会建设的价值选择及主要路径》，《山东社会科学》2014 年第 9 期。

参与、平等发展的权利。整个社会保持公平和正义，以人的解放、人的自由平等权利的获得为前提，是国家、社会应然的根本价值理念。

总之，在法治社会中形成的权利保障、自由、平等、公正等价值愿景，这些愿景的实现离不开全社会对法治的普遍信仰，离不开全民守法的法治观念。只有不断打造整个社会尊法、信法、守法、用法的法治环境，才能为全面推进依法治国提供广泛的社会基础。只有公平正义得到切实维护，公民权利得到有效保障，广大群众才会发自内心地崇尚和拥护法治，才能为全面推进依法治国夯实群众基础。

第二节　各类社会主体守法观念的全面养成

建设法治社会，就是要通过营造尊法学法守法用法的良好氛围，促成全社会守法观念的养成。唯有办事依法、遇事找法、解决问题用法、化解矛盾靠法，才是一个真正的法治社会。

一　全民守法观念是现代法律意识的重要内容

法律意识是人们对于各种社会现象，包括生产与生活以及由此发生的各种社会交往现象，从法律的角度感觉、认知、评价并且用以支配自己行为方式的心理活动，是人们将自己置身法律世界、法律生活和法律秩序中的自觉性，其主要内容是对现实法律制度以及环绕于法律制度的各种法律现象的分析、思考、评价和期望。一国具体的法治模式的构建，总是反映和体现着被社会成员普遍接受的法律意识；法治模式的变迁及其运行，往往也必须先经过法律意识的变革，再反映到现实的政治生活中去。[①] 在现代法治社会中，公民的法律意识在本质上应呈现为与民主政治和市场经济相适应的社会主体的自由追求和理性自律精神，体现为对公民与国家、个人与社会、法律与秩序、权利与义务、利益与责任之间关系的正确定位与判断，对公正合理的法律制度的自觉维护与遵从。法律意识是法治模式构造、运行与变迁的先导和

① 参见苗连营《公民法律意识的培养与法治社会的生成》，《河南社会科学》2005 年第 5 期。

基础，直接决定和反映着一个国家的法治状态和法治水平。

一个成熟的法治社会，具备精神和制度两方面的因素，即具有法治的精神和反映法治精神的制度。简约而言，法治的精神方面主要是指整个社会对法律至上地位的普遍认同和坚决支持，养成了自觉遵守法律法规，并且通过法律或司法程序解决政治、经济、社会和民事等方面的纠纷的习惯。也就是说，成熟的法治社会必须以现代法律意识作为观念基础，守法观念是现代法律意识最为重要的内容之一，是法治社会的最高境界。[①]

二 良好法律秩序的建构必须以公民守法观念为支撑

首先，具有良好的守法观念，才能使守法成为一种本能和习惯。守法观念是人们以法律为准则和程式的一种稳定的、自觉的行为模式取向。基于对法律权威性、有效性、合理性的确信不疑，人们在意识底层对法的价值与理想的执着与向往被激发起来，这种心理情感外化为行为模式的选择时，必然表现为人们能够严格以法律准则为标准来规范、衡量自己的行为，依法行使自己应有的权利和履行自己应尽的义务，从而成为自觉的、以理性精神和法律意识进行自我约束与定位的自律者。

其次，具有良好的守法观念，才能自觉维护他人的自由和权利。公民不仅是自身权利的主张者与维护者，履行自己的义务，树立权利义务守法观。[②] 同时也能充分尊重他人的权利和自由，主动抵制破坏法律秩序的行为，并能为捍卫法律的尊严和实现一定的利益而积极地去参政议政及监督国家权力的合法运行。

再次，具有良好的守法观念，才能充分尊重法律的程序。公民对于现行法律制度的缺陷和国家权力的失范，不是通过激烈的对抗或破坏方式，而是自觉地通过合法与理性的方式，促使公权力主体加以矫正以实现与法治目标的耦合。这种建设性的守法、护法精神与行动不是来自外在的国家物理性力量的强制，而是源自公民内心深处对法律的信仰以及对法律所内含的民主、

① 参见宋玉波、赵子尧《法治社会的最高境界在于全民守法成为习惯》，《探索》2014 年第6 期。

② 参见江必新《法治社会的制度逻辑与理性建构》，中国法制出版社，2014，第 163 页。

自由、平等、人权等诸价值要素的深切认同与自反依归，是公民之理性选择与追求。

在公民内在的积极守法、护法精神的驱动与支撑下，在社会对法普遍信任和尊重的情感氛围中，法律也就从根本上找到了自己正当性与合理性的基础和根源，也就获得了真正的、有普遍社会感召力的至上性和权威性，法律秩序的构建也就有了坚实稳固的根基。因此，守法观念的形成过程实际上也就是法律逐步获得并保有权威性的过程，在此过程中，它与法治的制度性因素有机地融会在一起，互相促进、协调配合，共同推动着法治社会建设的进程。

三 营造尊法学法守法用法的良好氛围

尊法就是要尊崇法治、敬畏法律；学法就是要了解法律、掌握法律；守法就是要遵纪守法、捍卫法治；用法就是要厉行法治、依法办事。只有思想上尊崇法治，敬仰法律，才能行动上学法守法用法。在尊法上，应当更加坚定自觉，真正内化于心、外化于行；在学法上，应当更加全面深入，做到先学一步、高出一筹；在守法上，应当更加严格自律，时时处处以宪法法律为准绳；在用法上，应当更加积极主动，养成遇事找法、办事依法、解决问题靠法的行为习惯。

从现实中看，我国公民法律意识的总体现状与法治的内在要求相比仍有较大差距，许多人对法律还缺乏一种基本的认同感与亲和感，对法律与自身的关联性缺少足够的感悟，并往往游离于法律之外进行价值选择和评判。在某种意义上说，人情高于国法的观念还深深影响着人们的思维，贱诉、厌诉、惧诉、缠诉意识还影响着相当一部分人；片面理解市场经济的利己本性和自由精神，扭曲权利与义务、公共利益与个人利益之间的关系，甚至为了追逐私利而采用各种不正当的和违法犯罪的手段去损害国家利益和他人利益的案例还屡见不鲜；以权代法、权力滥用的现象也还存在；这些现象的存在，都与守法观念欠缺密切相关。建设法治社会，就是要通过营造尊法学法守法用法的良好氛围来尽量减少甚至不让此类现象存在。

首先，应当增强宪法意识。宪法是国家的根本大法，是治国安邦的总章程，是党和人民意志的集中体现。习近平总书记指出：我国宪法实现了党的主张和人民意志的高度统一，具有显著优势、坚实基础、强大生命力。宪法意识是法律意识的灵魂与核心，其主要内容包括：人民主权意识、人权意识、有限政府意识、宪法至上意识等。宪法意识是公民理解宪法原理，对宪法现象进行分析、判断和评价的前提和基础。公民宪法意识的成熟，既需要加强宪法的宣传和学习，同时，还必须完善宪法监督制度，保障宪法的全面贯彻和执行。这就要求在宪法适用、宪法解释、合法性审查的方式、内容和程序等方面进行制度创新，以使宪法监督制度真正发挥出应有的功效。

其次，应当增强权利意识。权利保障意识是法律意识的重要内容，它催生了民商法律制度，同时也是近现代许多重要法律制度的渊源。权利意识的勃兴与完善是国家保障公民（私）权利的前提，是实行法治的有效推动力。权利意识的主要内容是：人权保障、身份平等、意思自治、契约自由等。改革开放以来，我国公民的权利意识在逐步觉醒，权利观念正在逐步树立并在不断得到强化。法律对于权利的赋予与对权利的保护缺一不可，完善的制度是对权利的有效保障，没有保障的权利犹如没有屏障的花园。法的权威在公民争取权利而适用法律的过程中得以确立。

再次，应当增强程序意识。在一个文明的、法治的社会中，公民争取权利应当诉诸理性的法律救济程序。这里的法律救济程序，包括诉讼、仲裁、复议等多种制度，以诉讼为例，对诉讼制度和诉讼现象的认识、感受与评价，在很大程度上决定着公民权利的实现方式，并进而影响着人们对法律的态度。在诸多社会规范（伦理、道德、风俗、习惯、法律等）中，由于不同的规范被信任的程度与应用来排难解纷的比重会有所差异，这便牵涉到所谓“诉讼意识”的问题。人们如果认为诉讼能够公平、经济、合理地解决纠纷，则会积极主动地运用诉讼手段，相反，则会对诉讼予以逃避，即使不得已而为之也只会采取消极态度去应付。对诉讼活动的体验巩固了人们对已有诉讼制度的认识。当然，人们对诉讼制度的看法和评价可能与诉讼的实际运作状况不一致或相反，通过具体的诉讼行为也可以改变人们对诉讼制度的看法。诉讼观念的不同制约着人们对制度的评价并对诉讼制度的发展和完善产生影响，而诉讼制度对公民法律意识的形成和发展也有重要影响，在一定程度上塑造并改变着人们的法律观念。如果在制度设计上为诉讼设定种种限制和障碍，不鼓励通过诉讼途径去解决问题，就必然会影响人们的诉讼观念和对法律的信心。

四　深入推进依法治理，推动全社会树立守法观念

依法治理，就是要强化社会治理的法律之治，使社会建设走上法治化轨道。积极推进多层次多领域依法治理，努力使依法办事成为执政党、国家机关、社会组织和全体公民的基本行为方式，使得守法成为一种常态。

（一）深化基层组织和部门、行业依法治理

开展基层组织、部门、行业等依法治理工作，是我国法治建设中一项重要的实践创新和理论创新。近年来，我省各地和部门、行业等依法治理工作全面开展，取得明显成效。在高水平建设法治浙江的新背景下，需要进一步充分调动人民群众参与依法治理的积极性，尊重人民群众的主体地位，依法规范各类公权力行使，支持各类社会主体自我约束、自我管理。

（二）深入开展多层次多形式法治创建活动

开展法治创建活动，是推进依法治理的重要载体和有效途径。开展“民主法治示范村”“民主法治社区”创建是法治浙江建设中的重要经验。将来需要继续深入开展法治创建活动，拓展领域，创新形式，增强实效，通过完善科学完备的法治建设指标体系和考核标准，推进法治创建活动制度化、规范化。

（三）建设完备的公共法律服务体系

2019 年 1 月，习近平总书记在中央政法工作会议上指出，要深化公共法律服务体系建设，加快整合律师、公证、司法鉴定、仲裁、司法所、人民调解等法律服务资源，尽快建成覆盖全业务、全时空的法律服务网络。建设完备的公共法律服务体系有助于增强人民群众的法治获得感，切实感受到法治的利好。完备的法律服务体系是法治社会的必备要素，也是保障公民依法行事的外部条件。在高水平建设法治浙江的进程中，需要加快推进覆盖城乡

居民的公共法律服务体系建设，统筹城乡、区域法律服务资源，制定完善法律服务发展规划，推动法律服务业均衡发展。同时，大力加强法律援助工作，扩大援助范围，提高援助质量；大力发展律师业，加强涉外法律服务，努力提升我国律师业的国际竞争力；大力发展公证服务业，健全完善公证执业规范体系，加强公证执业管理，不断提高公证公信力。

（四）健全社会矛盾纠纷预防化解机制

依法预防化解社会矛盾纠纷需要健全的机制。目前，浙江已经形成了调解、仲裁、行政裁决、行政复议、诉讼等有机衔接、相互协调的多元化纠纷解决机制。从法治社会建设的维度，应当进一步充分发挥人民调解机制成本低、效率高的优势，全面提高人民调解工作制度化、规范化水平，使得人民调解成为解决社会纠纷的重要路径。需要着力提高调解质量和水平：一方面，明确调解工作不是和稀泥，而是仍然应当建立在事实清楚的基础上，依据法律，分清是非，互谅互让，从而达致解决纠纷的目的。另一方面，开展行业性、专业性人民调解工作，广泛吸收各行各业的专家，包括法律专家在内，运用专业知识、借助专业力量化解矛盾纠纷，提高调解成功率、协议履行率和群众满意度。

第三节 深化和落实普法责任制

全民守法，首先需要“知法”，从“供给端”来说，则是要深化和落实普法责任制。在明确“谁主管谁负责”“谁执法谁普法”的基础上，科学厘定普法的重点内容，与时俱进地推进普法工作机制和方法创新，提升普法实际绩效。

一 搭好“谁执法、谁普法”的体制机制架构

建设法治社会，需要进一步加大全民普法力度，建设社会主义法治文化，树立宪法法律至上、法律面前人人平等的法治理念，按照“谁主管谁负责”“谁执法谁普法”的要求，进一步明确普法职责任务，形成党委统一领导，部门分工负责、各司其职、齐抓共管的“大普法”工作格局。

（一）落实责任主体

全省各级国家机关、人民团体、企事业单位、社会组织应当把普法作为推进法治建设的基础性工作来抓，纳入本系统、本部门、本单位工作总体布局，广泛开展法治宣传教育，在全社会营造办事依法、遇事找法、解决问题用法、化解矛盾靠法的良好氛围。

党委工作部门应当加强党内法规制度的学习宣传，带头运用法治思维和法治方式推动各项工作。人大常委会工作机构应当深入推进科学立法、民主立法，加强立法过程中的法治宣传教育工作。政府部门应当根据法定职责，在规章制定、行政决策、行政许可、行政执法、行政监督、行政复议等过程中实行动态普法，加强向社会公开征求意见和政务公开工作，建立规章和重大政策的解读机制，推广说理式执法，面向全社会开展以案释法。政协机关应当在服务保障政治协商、民主监督、参政议政履职过程中，开展法治宣传教育工作。审判机关、检察机关应当立足职能，在司法实践中通过公开庭审、巡回法庭、庭审直播、生效法律文书上网、发布典型案例等形式开展法治宣传教育工作。工会、共青团、妇联等群团组织应当加强特定社会群体权益保障和权利促进等有关法律法规的宣传教育工作。其他单位也应当结合工作特点和特定群体的法律需求，开展法治宣传教育。

司法行政机关、普法办具体负责法治宣传教育工作的组织、协调、指导和监督，督促各地、各普法责任主体建立健全普法领导和工作机制，明确具体责任部门和责任人员。宣传部门将法治宣传教育纳入宣传思想文化工作总体部署，会同司法行政机关、普法办做好普法相关工作。

（二）加强组织领导

加强组织领导有助于普法绩效的提升。各级党委、政府应当高度重视、切实加强对法治宣传教育工作的领导，把法治宣传教育纳入本地区发展总体规划和年度工作计划，把普法责任制落实情况作为法治建设的重要内容，纳入各级领导干部实绩考核、法治浙江建设考核和法治政府（依法行政）考核。党政主要负责人应当认真履行推进法治建设第一责任人职责，定期研究法治宣传教育工作，解决落实普法责任的重大问题。

（三）完善工作机制

司法行政机关、普法办应当完善以正反两方面激励为核心的普法工作机制，牵头制定普法责任制年度考评办法等制度，加强与相关部门、单位的沟通配合，定期研究工作重点，交流工作经验，推动形成工作合力和长效机制。对责任落实到位、普法工作成效显著的部门和单位，按照国家有关规定予以鼓励；对措施不力、工作滞后的部门和单位，在一定范围内通报督促、限期整改。

（四）开展社会第三方评价

第三方评价具有客观评价和引导工作的双重功能，应当通过人大代表、政协委员调研考察、新闻媒体跟踪调查、社会评估调查、网络调查、专家评估等方式，对普法责任制落实情况进行独立、客观评价。探索通过公开述职、媒体旁听、网络直播等形式，主动向社会公布普法责任制落实情况。

（五）落实工作保障

进一步加强各级普法教育领导小组办事机构工作力量建设，把高等院校、研究机构、执法司法机关以及其他组织的法律专家、学者等资源通过一定方式纳入全省普法智库，为落实普法责任提供智力支持，把普法经费纳入各地、各部门、各单位财政预算予以保障。

二 普何种法：科学厘定普法的内容重点

普法工作已经进入第七个五年规划（“七五”普法），普法的内容也应当与时俱进地进行更新和完善。

（一）把握普法重点内容

深入学习宣传党的十九大关于全面依法治国的基本方略，宣传以习近平同志为核心的党中央关于深化依法治国实践的重大部署，突出学习宣传宪法，增强宪法观念和宪法意识。习近平总书记明确提出，要加强宪法学习宣传教育，弘扬宪法精神、普及宪法知识，为加强宪法实施和监督营造良好氛围。宪法法律的权威源自人民的内心拥护，加强宪法学习宣传教育是实施宪法的重要基础。要在全社会广泛开展尊崇宪法、学习宪法、遵守宪法、维护宪法、运用宪法的宣传教育，弘扬宪法精神，弘扬社会主义法治精神，增强广大干部群众的宪法意识，使全体人民成为宪法的忠实崇尚者、自觉遵守者、坚定捍卫者。要坚持从青少年抓起，把宪法法律教育纳入国民教育体系，引导青少年从小掌握宪法法律知识、树立宪法法律意识、养成遵法守法习惯。要完善国家工作人员学习宪法法律的制度，推动领导干部加强宪法学习，增强宪法意识，带头尊崇宪法、学习宪法、遵守宪法、维护宪法、运用宪法，做尊法学法守法用法的模范。

深入学习宣传中国特色社会主义法律体系和党内法规制度，深入学习宣传与本系统、本部门、本单位职责相关的法律法规。紧跟学习宣传贯彻党的十九大精神、“最多跑一次”改革等中心工作，将推进重点工作的过程变成增强全民法治观念的过程，让主题宣传活动更有重点、更显成效。

（二）把握普法重点领域

围绕建设富强浙江、法治浙江、文化浙江、平安浙江、美丽浙江、清廉浙江的目标，开展全省中心工作和改革发展重点领域的主题法治宣传、法律服务活动。围绕切实保障人民群众的合法权益，着重加强经济金融、收入分配、社会保障、教育就业、医疗卫生、食品安全、道路交通、环境保护、安全生产、社会救助等与群众生产生活密切相关法律法规的学习宣传。围绕促进社会和谐稳定，大力开展诉讼、行政复议、仲裁、调解、信访等方面法律法规的学习宣传。

（三）把握普法重点对象

根据《中央宣传部、司法部关于在公民中开展法治宣传教育的第七个五年规划（2016～2020年）》，我国“七五普法”确定的法治宣传教育对象是一切有接受教育能力的公民，重点是领导干部和青少年。因此，在高水平建设法治浙江的第一阶段，应当继续高度关注领导干部和青少年的法治宣传教育。各地应当做好国家工作人员特别是领导干部和司法、执法人员的法治培训，健全领导干部学法考法述法制度，推动各级领导干部做尊法学法守法用法的模范，健全完善领导干部学法、述法和任前法律知识考试制度。每年定期开展党委（党组）理论学习中心组集体学法、政府常务会议会前学法、专题讲座、读书会等法治学习。各普法责任主体每年组织本单位公职人员法律知识学习不少于一定的学时。教育部门应当组织好《青少年法治教育大纲》的贯彻实施。各普法责任主体要积极支持和参与青少年法治教育工作，共建社会法治教育网络；立足职能特点，深入学校开展法治宣传教育，为学校提供法治教育资源和实践机会；协同建设青少年法治教育“第二课堂”，开展体验性、互动性青少年法治教育。省、市、县（市、区）均应建成青少年法治教育校外实践基地。①

领导干部作为关键少数，在增强法律意识，提高法治思维和依法办事能力方面尤为重要。党的十八大以来，习近平总书记强调领导干部是全面推进依法治国的重要组织者、推动者、实践者，领导干部运用法治思维和法治方式的能力如何，直接关系到贯彻落实全面依法治国战略部署的成败，全面落实依法治国必须抓住这一关键少数。领导干部要做尊法、学法、守法、用法的模范，必须坚持重大改革要于法有据，坚持重大决策要符合程序，坚持重大事件处置要心中有法，坚持重要环境营造要融入法治，坚持重要场合要常讲法治，坚持重要顾问要既聘又用。② 这些方面，为新时代的以领导干部为对象的普法提出了更高的要求。

（四）把握普法重点环节

各普法责任主体应当坚持普治并举、法德并重，在履行好系统内普法责任的同时，积极承担面向社会的普法责任。依托“尊法学法守法用法”“法律六进”“全民学宪法”、国家宪法日等主题活动和载体，广泛开展国家机关开放日、体验日等法治实践活动，大力增强全民法治意识、提高全民法律素质。

---

① 参见冯玉军《全面依法治国新征程》，中国人民大学出版社，2017，第 141～142 页。

② 参见俞世裕《提高法治思维和依法办事能力》，《浙江日报》2019 年 6 月 12 日。

（五）广泛开展宪法教育

“宪法只有深入人心，走入人民群众，才能真正成为全体人民的自觉行动。”[①] 应当进一步学习宣传党的十九大提出的“树立宪法法律至上、法律面前人人平等的法治理念”，组织开展好“宪法进万家”活动，加大以宪法为核心的中国特色社会主义法律体系的宣传力度，不断弘扬宪法精神，树立宪法权威，营造崇尚宪法、遵守宪法、维护宪法的社会氛围。

（六）深化《民法总则》及将来“民法典”的学习宣传

2014 年 11 月，党的十八届四中全会明确提出编纂民法典。2017 年 3 月 15 日，第十二届全国人大第五次会议表决通过了《中华人民共和国民法总则》（自 2017 年 10 月 1 日起施行）。《民法总则》是中国民法典的开篇之作，开启了中国民事法律制度的“民法典时代”。“民法是公民权利的保障书”，各地应当充分认识学习宣传《民法总则》对维护最广大人民的利益、完善中国特色社会主义法律体系和全面推进依法治国的重要意义，应当将社会主义核心价值观融入《民法总则》学习宣传的全过程，重点宣传民法基本原则、民事主体、民事权利、民事法律行为和民事责任的相关规定，让《民法总则》的学习宣传成为营造尊法学法守法用法浓厚氛围的有力一环。

按照民法典编纂工作“两步走”的思路，先制定民法总则编、再编纂民法典各分编。目前，立法机关正在加紧推进民法典各分编的编纂工作，力争在 2020 年全部完成民法典编纂工作。在 2020 年前后完成民法典编纂工作后，我们将来也应当认真实施民法典各编的宣传学习工程，让这部“社会生活的百科全书”真正成为全社会民商事活动的行为准则。

（七）加强党内法规制度的学习宣传

中国特色社会主义法治体系由国家法律体系和党内法规体系构成，因此，党内法规的宣传教育也是普法工作和普法责任制的重要内容。应当利用

---

① 王宗礼：《四个全面战略布局之全民推进依法治国》，人民出版社，2017，第 104 页。

“两学一做”、公务员学法用法轮训、领导干部网络学院学法等载体，发挥全省各地廉政、法纪等阵地作用，深入学习宣传《党章》《廉洁自律准则》《纪律处分条例》等党内法规制度。

三 如何普法：普法形式与方法之转型升级

法治建设进入新时代，普法形式、方法亦当与时俱进，以促进普法成效的提升。

（一）努力推进法治宣传教育供给侧改革

创新工作理念、制度、机制和方法，从“用法端”需求出发，推进“普法端”供给侧改革，实施订单式、差异化普法。结合工作实际，建立健全受众普法需求采集、分析、反馈机制，确定工作重点，开展精准化、互动式普法，确保法治宣传教育与执法司法工作有机结合。

（二）健全普法责任清单制度

发挥重点单位建立法治宣传教育清单制度的示范引领作用，推动普法责任清单制度在全省各级普法责任主体全覆盖。各普法责任主体应制定普法责任清单和年度普法项目任务书，明确重点任务、主要方式、时间进度、预期目标等内容。司法行政机关、普法办应当负责制定普法责任清单和年度普法项目任务书模板，指导、督促各普法责任主体及时发布、更新普法责任清单和项目任务书。

（三）共建融媒体法治宣传平台

加强全省新媒体普法矩阵建设，各普法责任主体应在本单位网站和通过微博、微信公众号、手机客户端等新媒体开展法治宣传，确保频次和质量。党务、政务网站和主流新媒体要在客户端开设法治类宣传专栏、专题。报刊、广播、电视台、新闻网站要积极开展公益普法宣传。加强公共设施、公共场所普法平台建设，全省所有车站、码头、机场、地铁等公共场所都由主管单位牵头设立展示栏、标牌、视频播放终端等固定普法设施。

（四）共建以案释法发布平台

充分发挥各普法责任主体的职能优势，整合资源，完善以案释法工作机制，共同参与全省以案释法发布平台建设。组织法官、检察官、行政执法人员、行政复议人员、法律服务工作者等对社会热点问题进行法律评析，编写发布典型案例，开展精品案例评选，引导法治舆论。

（五）共建法治文创平台

加强法治文创作品资料库建设，支持、鼓励各普法责任主体加入全省"互联网＋"法治文创联盟，为法治动漫、微电影、微视频等新媒体作品创作提供案例、素材等支持，共享普法创意和资源。宣传、文化、新闻出版广电等部门要引导、鼓励专业文化团队参与普法活动，创作普法产品，为群众性法治文化活动提供专业支持。鼓励司法机关和主要行政执法部门创作普法公益宣传作品。

（六）共建法治实践平台

坚持自治为本、法治为要、德治为基，将法治宣传教育融入法治建设等法治实践全过程。以法治宣传教育为切入点，深化多层次多领域依法治理，深入开展文明执法示范窗口、诚信守法企业、依法治校示范校、民主法治精品村（社区）示范等法治建设活动，提高各项工作的法治化水平。

（七）加强新媒体普法

充分发挥电视、广播、报刊等传统媒体和微博、微信、客户端等新媒体的优势，积极开展形式多样、丰富多彩的主题法治宣传实践活动。加大微信塔群推进力度，不断加强以"之江法云"微信塔群为龙头的全省普法新媒体平台建设。

四　完善实质化的普法绩效评估

客观测评普法的绩效，对于改进普法内容和方式，评价法律法规宣传普及度具有重要意义。从面上情况来看，普法工作考核基本已经实现量化考核，但在总体上尚限于“体制内的验收 + 考核”的定位。在这一定位下，考核指标的设置基本围绕普法任务的落实情况，即考核“规定动作”和“制度制定”，着重于对普法工作组织实施过程的考核。普法任务的落实情况当然是法制宣传教育绩效评估的内容之一，但如果整个评估指标体系仅限于这些指标，一是难以评判各被评估单位普法工作的好与差；二是难以体现出年度之间或者每个五年普法规划之间的差异和进展；三是可能造成重复考核某些既成的制度或工作，使被评估单位的普法工作“一劳永逸”。因此，应当改变沿用近 30 年来惯用的以“台账检查”为主要形式、以定性判断为总体特征的验收考核模式，引入“内部评估 + 专业机构第三方测评 + 社会满意度”三位一体的绩效评估模式。在内部评估、第三方测评、社会满意度测评三大板块分别细化具体的指标，用三者各自的优势有效对冲和避免单一评估体系带来的评价失真风险。具体指标设计，建议可从以下方面考量。

（一）普法内部评估指数体系设计

普法内部评估以目标责任制考核为主，建议在实施绩效评估实施初期，将内部评估的比重确定在 60% 左右，后期随着第三方评估和社会满意度测评趋于成熟，应当逐步降低其比重。内部评估建议由 8 个一级指标构成。

第一，“组织领导”指标。该指标应当主要包括“普法组织机构建设情况”“党政领导的关注度和重视度”“齐抓共管的普法工作格局形成情况”等二级指标。

第二，“重点对象”指标。即测评针对普法重点对象的普法工作和法律法规普及情况，重点就“领导干部”“公务员”“青少年”等群体进行测评。

第三，“法治实践与主题活动”指标。该指标应当从“民主法治村（社区）建设”“诚信守法企业创建”“基层依法治理载体”“国家宪法日”等角度进行测评。

第四，“法治文化”指标。该指标可由“法治文化宣传队伍”“法治文化阵地”“法治文化活动”等要素组成。

第五，“普法媒体”指标。覆盖“传统媒体”和“新兴媒体”两个层面，测评要素包括媒体的建设、运维、使用情况等。

第六，“工作保障”指标。重点测评普法工作的保障机制和保障力量，包括“普法队伍建设”“普法经费保障和落实”“普法档案管理”等方面。

第七，“普法工作成效”指标。前面6个指标主要从工作层面加以测评，在内部评估中，也应关注普法工作所产生的成效，可以从“领导干部法治思维和遵法守法情况”“公务员依法行政意识和能力状况”“青少年法治意识和犯罪预防”“法治社会建设总体状态（和谐与平安指数）”等结果性指标切入，测评普法工作成效。

第八，“普法工作创新加分项目”指标。主要针对普法体制机制建设、普法载体、普法形式、普法与法治实践平台打造、法治文化培育等方面的创新举措以及针对重点普法对象、重点普法内容开展的创新性普法活动，鼓励创新，推动普法工作。

（二）普法专业机构第三方评估指数体系设计

普法专业机构评估指数以绩效评估为主，在早期阶段，第三方评估的权重和分值可以20%～30%，随着第三方评估技术和数据可获得性的增强，可以逐步加大其权重。第三方评估可以由综合反映普法末端绩效的指标以及反映重点对象和重点领域普法实效的专项性指标构成。

第一，“综合性指标”。“综合性指标”可以从多少人接受普法，以什么渠道接受普法，以什么形式开展普法，普法内容有哪些，重要法律法规的知晓度如何，普法对于理性维权的影响效果等几个面向进行设计。在具体指标上，可以包括但不限于“普法内容覆盖率”“重点法律法规知晓度”“普法绩效考核结果运用”“辖区内相关领域信访/诉讼案件数量比”“部门普法责任落实”“普法载体和形式综合情况”等。其中，“普法内容覆盖率”描述的是普法工作或活动涉及的法律内容同年度普法目标或“七五”普法规划确定的法律内容的比率，测评的是普法工作实际内容所达到的程度，可以反映普法工作的含金量。“重点法律法规知晓度”描述的是接受普法人员对普法涉及法律知识的知晓程度，它可以直接反映学法、知法的实际效果。“辖区内违法信访/诉讼案件数量比”描述的是某地区在一定考核周期内发生的信访案件数量与诉讼案件数量的比率，它反映了民众通过法律途径解决纠纷、实现其权益的意愿度，从而检验民众学法用法情况，一个地区诉讼案件数量横向比较较小而违法信访案件横向比较较大的，说明地区整体法治意识普及程度较弱。“普法载体和形式综合情况”是反映普法载体使用效率、便捷度和普法工作状态的一个指标，从媒体和阵地两个方面进行实测。

第二，“专项性指标”。“专项性指标”针对重点对象和领域的普法实效进行设计。其中，针对领导干部可以设置包括“行政机关首长出庭应诉情况”“重大行政决策与政府法律顾问制度运行情况”“重点执法部门领导干部述法制度实施情况”等在内的指标；针对公务员可以设计“公务员法律意识和法律素养综合反映”指标；针对青少年可以设计“未成年人犯罪情况”和“义务教育阶段学生法律意识、关键性法律知晓度”等指标；针对企业则可以设计“企业执行劳动和社会保障法情况”等指标；针对基层（村和社区）则可以采用“基层依法自治情况”等指标。

（三）普法社会评估指数体系设计

普法社会评估指数，即满意度测评，是通过委托专门的调查机构对普法受众的满意度、感受度进行问卷、电话访谈等形式的评测。所以，具体问卷及问题的设置还有赖于受委托的专门的调查机构进行确定。主要的要素包括但不限于：

第一，针对多少人接受普法，以什么渠道接受普法，以什么形式开展普法，普法内容有哪些，接受普法的感受如何等几个面向设计具体问题。每个面向可设计 1 ~ 2 个问题，问题表述应简明扼要，不产生歧义。

第二，将普法专业机构评估指数中的“知晓度测评”借由满意度测评予以实施，可以通过统计特定人群（如公务员）的问卷测算该特定人群的知晓度。

总之，在指标体系设计上，除了提高上述指标体系的整合度和逻辑性之外，需要进一步剔除与普法工作绩效关联度不强的指标，剔除或者修改过于强调普法形式的指标，剔除或者修改过于抽象、操作性不强的指标，从普法对象（接受者）的视角增设或者修改若干指标，进一步量化以数值为内容的指标。将来根据法治发展进程，修正或者更新某些指标的测评内容，使之更符合全面依法治国和法治浙江建设的理念和要求，从而形成一个动态的指标体系。

第四节 构建“三治融合”的法治社会治理体系

党的十九大报告提出，健全自治、法治、德治相结合的乡村治理体系。“三治融合”是在浙江省桐乡市等地首创的基层社会治理模式，具有浓厚的“浙江元素”。从法治浙江建设的角度，自治、法治、德治，是在现代治理框架下的一种以规则为核心的法治社会构建路径。确立法治为治国理政的基本方式，并不排斥道德、纪律、行政、经济、乡规民约等，而是强调要综合运用多种规范手段，形成综合治理体系，加强法治建设，既要警惕法治虚无主义，也要防止法治万能主义。[①]“三治”之中，其中，德治是自律，主要依靠自我监督，体现为守信；法治是他律，主要是依靠他人的监督，体现为守法；自治是在德治和法治的基础上的一种自我治理，是法治社会建设的重要抓手和组成部分。三治融合构成实现基层社会治理体系和治理能力现代化的“三脚架”。即法治发挥定纷止争的规范作用，德治发挥自我教育的滋养作用，自治发挥自我管理的修复作用，三者相辅相成。[②] 这一“三脚架”（以自治消化矛盾、以法治定分止争、以德治春风化雨）将支撑起法治浙江建设的坚实社会基础。

一 高质量党建是引领“三治融合”的关键

应当把加强基层党组织建设、巩固党的执政基础贯穿“三治融合”基层社会治理体系建设始终，强化基层党组织领导核心地位和政治功能，旗帜鲜明地加强党组织对村（社区）各类组织和各项工作的领导，理顺党组织与其他村级组织的关系，推进党组织与其他村级组织成员交叉兼职，积极探索党建引领基层社会治理有效途径。全面实施基层党组织“堡垒指数”管理，实施基层党建“整乡推进、整县提升”工程，落实农村基层党建“浙江二十条”，从力量上、基础上保证党组织对“三治融合”的有效领导。加

① 全国干部培训教材编审指导委员会组织编写《建设社会主义法治国家》，人民出版社、党建读物出版社，2019，第 16 页。

② 《全面深化法治浙江建设读本》，浙江工商大学出版社，2016，第 283 页。

强党风廉政建设，推动全面从严治党向村（社区）延伸，加大对基层党员干部的法治宣传教育力度，大力开展宪法法律、党章党规和社会主义核心价值观等学习宣传活动，提高基层党员干部法治意识和道德自觉。

二 自治活力催化“三治融合”

大力倡导和推广村级民主恳谈会、村民议事会、民情沟通日、村民票决制、村民说事等民主自治形式，依法保障基层群众的知情权、参与权、表达权、选举权和监督权。一是完善民主选举制度。规范选举程序，公开选举过程，严格选举纪律。二是加强民主协商制度建设。建立健全社会立法协商、社会公示、决策听证、专家咨询等机制，凡是涉及群众切身利益的决策都要充分听取群众意见。三是增强民主决策参与。对涉及村（社区）集体和村（居）民利益的重大事务，积极征询村（社区）法律顾问的意见建议，按照“五议两公开”程序和民主集中制原则实行决策。四是强化民主管理。严格执行自治章程、议事规则等管理制度，完善财务支出审批、建设工程实施、经济合同管理等工作流程。五是优化民主监督运作方式。制定和完善村级“小微权力清单”“监督责任清单”，将党务、村务、财务分项目分类别列入监督内容，并及时公开，不断提高民主监督的针对性和实效性。

三 民主法治村（社区）创建活动深化“三治融合”

总结民主法治村（社区）建设经验，制定修订各级民主法治村（社区）建设指导标准，深入实施民主法治村（社区）建设“四大”工程。一是“亮牌提升工程”。对已获批的民主法治村（社区）实行“挂牌子、亮身份”，扩大民主法治村（社区）的社会影响力。二是“阵地建设工程”。建立“公共法律服务窗口、自助法律服务终端机、法治文化场所、人民调解室、社区矫正工作站、法律服务微信群”等基层民主法治阵地，为基层干部群众尊法学法守法用法提供场所。三是“法治人才工程”。培育一批以村（社区）干部为重点的“法治带头人”，挖掘一批具有法律知识背景的党员、村（居）民代表以及居住在村（社区）的法官、检察官、警官、律师等

“法律明白人”，命名表彰一批“尊法学法守法用法示范户”，为基层民主法治建设工作打造一支良好的人才队伍。四是“法治惠民工程”。落实村（社区）法律顾问制度，开展常态化法治文艺表演、法治讲座、法律咨询等法律服务活动。

四　德润人心培育“三治融合”

道德是法治的当然内容，道德建设是培育公民法治意识的重要力量。[①]这就需要以培育和践行社会主义核心价值观为根本，扎实推进农村乡风文明建设：一是深化“千万农民素质提升工程”。围绕形势政策、民主法治、道德规范等内容，运用培训讲座、文艺演出、知识竞赛等多种形式，开展宣传教育。二是加强农村文化礼堂建设并丰富其法治元素。充分发挥农村文化礼堂“传承传统文化、弘扬主流价值、普及科学知识、丰富文体活动”的功能作用，丰富文化礼堂法治元素，挖掘当地法治典故、道德故事、法治案例等植入文化礼堂，积极利用文化礼堂组织开展法治讲座、法治咨询、法治文艺巡演、展播法治电影等活动。三是广泛开展村级道德评议、乡风评议活动。发动村民挖掘当地好人好事，突出对不文明现象进行评议，以道德评议和社会舆论的力量革除陋习、改进民风，形成良好的守法习惯。

德法互融的另一个关键是把社会主义核心价值观融入法治社会建设，这有利于发挥法治和德治在国家治理中相互补充、相互促进、相得益彰的积极作用，对于推进国家治理体系和治理能力现代化具有重大而深远的意义。社会主义核心价值观融入法治社会建设，需要不断健全矛盾纠纷化解机制，完善基层民主制度，推进现代治理中的德法互融。同时，在浙江“义利并重”“工商皆本”文化传统的基础上，关注行业组织、社会组织的培育和发展，不断完善行业规则、增强公民道德意识，将社会主义核心价值观融入行业、社会治理体系。此外，大力推进社会信用体系建设，完善社会信用管理法规和重点领域诚信制度，依法严厉打击失信被执行人，逐步将企事业单位、社

① 龚廷泰主编《当代中国的法治社会建设》，法律出版社，2017，第89页。

会组织及个人的违法失信行为纳入记录范围，从而推动形成诚信守法的良好社会氛围。

五 多元载体丰富“三治融合”

针对乡村的社会形态和“熟人社会”的特性，把自治、法治、德治结合起来，统筹推进源头治理、系统治理、综合治理、依法治理。通过组建“三治融合”研究会、高峰论坛、现场推进会、示范馆等载体，深化“三治融合”理论研究、丰富“三治融合”基本内涵、提升“三治融合”时代价值、创新“三治融合”形式模式，建立健全“三治融合”共生机制。重点发挥百姓参政团、道德评判团、百事服务团、村民议事会、乡贤参事会“三团两会”作用；探索开展以“无讼、无案、无毒”等为主要内容的村（社区）创建活动；推动基层普遍形成“大事一起干、好坏大家评、事事有人管”的社会治理新格局。另外，在有一定规模的村庄，可以尝试通过制定乡村典章、乡规民约等方式，对农村的各种矛盾纠纷，可以通过村民公决方式解决，这样可以有效地形成舆论，培养自治意识。[①]

六 社会组织助力“三治融合”

社会组织是国家治理体系和治理能力现代化的有机组成部分，也是法治社会的重要组成部分，对于强化公民的法治意识，强化全民守法观念，具有重要作用。同时，社会组织也是自治性组织，是促进德治、实现法治的重要阵地。正因为如此，有学者认为“社会组织是法治社会建设的重要主体力量。社会组织的发达程度和功能发挥程度，是衡量一个社会法治成熟程度的重要标尺”。[②] 未来，需要进一步拓宽社会组织参与社会治理渠道，比如，积极发挥浙江商会在企业经营和社会整合过程中的作用，一方面通过商会内部的机制形成有效约束，引导会员遵纪守法，抵制低劣产品；另一方面，通

① 参见孙笑侠等《先行法治论——法治浙江三十年回顾与未来展望》，浙江大学出版社，2009，第229页。

② 龚廷泰主编《当代中国的法治社会建设》，法律出版社，2017，第3页。

过商会内部的纠纷解决机制处理各种矛盾，发挥政府部门、法院无法发挥的作用。①

此外，还需要积极搭建村（居）民参与社会治理平台，探索社会组织参与社会治理的领域和方式，充分发挥各类社会组织寓治理于服务的独特作用，鼓励和引导老年协会、文体协会、环保协会、调解组织、志愿者队伍、爱心基金会等社会组织及专业社会机构，围绕村（社区）基本生活服务需求，在扶贫帮困、防灾减灾、健康养老、文体娱乐、教育培训、公益慈善、社区矫正、纠纷调解、预防犯罪等方面提供多层次、多样化、高质量的社会服务，有效参与社会治理。探索乡贤参与乡村治理机制，鼓励发展乡贤组织，培育有地方特色和时代精神的新乡贤文化，吸引支持企业家、党政干部、专家学者、医生教师、技能人才等回馈故里，参与乡村治理。

社会组织发挥上述作用，需要强化自身建设。一是完善章程。社会组织章程是社会团体内部管理和活动的根本准则，是规范会员行为规则的基本规章，是社会团体民主决策与自律的重要依据。章程修订应本着与时俱进、于法有据、兼顾连续的原则进行，应体现有利于保障会员权利、维护会员合法权益，有助于加强自身自治自律、依法开展活动的宗旨。重点围绕宗旨使命、业务范围、会员资格、会费管理、负责人资格条件及其职权职责、资产管理、重大事项报告、诚信建设等内容对社团章程相关章节和条款作相应的修改和完善，深入推动和促进规范运作，健康发展。

二是建立健全社会组织自治机制。社会组织应当以章程为核心，建立健全现代法人治理结构和运行机制。落实民主选举、差额选举制度，扩大直选范围。规范社会组织民主议事、民主决策的范围、程序和方法。涉及社会组织人、财、物等重大事项的决策，要经过民主程序，不得由个人专断。社会组织要设立监事会或者监事，建立健全内部监督约束机制。

三是健全社会组织信息公开制度。社会组织应当主动向会员公开年度工作报告、财务工作报告、会费收支情况以及经理事会研究认为有必要向会员

---

① 参见孙笑侠等《先行法治论—法治浙江三十年回顾与未来展望》，浙江大学出版社，2009，第236～241页。

公开的其他信息，向社会公开登记事项、章程、组织机构、接受捐赠、承接政府转移职能以及政府购买服务事项等信息。

四是加强社会组织财务管理，严格财务管理。社会组织财务收支必须全部纳入单位法定账户，实行账务独立核算，不得使用其他单位或个人的银行账户进行账务往来，不得账外建账，不得设立“小金库”。社会团体制定或修改会费标准必须经会员（代表）大会采取无记名投票表决方式确定，会费标准不得具有浮动性。

七 “互联网＋”促进“三治融合”

紧跟“云上浙江”“数据强省”战略步伐，着力提高乡村信息基础设施和技术装备水平，加快释放“互联网＋”基层社会治理新效能，探索运用新媒体平台引导基层群众参与村级公共事务。加快推进视频监控建设集约化、联网规范化、应用智能化，积极构建“全域覆盖、全网共享、全时可用、全程可控”的视频大联网应用体系。加速构建网络立体化的法律服务模式，扩大法律服务覆盖面，提升法律服务实效。

八 基层法律服务改革保障“三治融合”

准确把握基层法律服务定位和发展方向，深入推进乡村法律服务改革，通过持续深化减次数、减材料、减时间，拓展层级、拓展范围，使基层群众能用最少材料、最短时间办成事。推进司法行政审批权力下放，探索部分司法行政事务村（社区）代办制。健全社会矛盾风险防范化解新体系，不断巩固和完善基层人民调解组织队伍建设，明确村级公共法律服务平台的设置要求，强调突出“人民调解”功能。加快基层社区矫正中心建设，探索创新安置帮教方式方法，完善多元化社会力量参与社区矫正工作机制。创新村（社区）法律顾问工作机制，把“微法律顾问”打造成老百姓私人定制、时刻在线的法律顾问。依托村（社区）便民中心建立健全“一窗式”法律服务平台，积极推行村（社区）公共法律“一厅式受理，一站式服务”模式，确保寻求法律帮助时找得到门、找得对人。

九 深入推进社会诚信体系建设

市场经济是一种信用经济，社会信用体系的建立和完善是市场经济不断走向成熟的重要标志之一，也是促进全民守法的关键举措之一。“社会成员对法律对规则的恪守，恰恰是诚信的一个重要面向。”① “社会诚信建设是培育全社会法治意识的制度动力。”② 唯有坚持全民守法与社会诚信相统一，强化社会信用体系建设，才能真正地促进全民守法，促进法治浙江的实现。③

浙江社会信用体系建设始于2002年，是全国起步最早的省份之一。当前，社会信用体系建设主要包括守信激励体系建设和失信惩戒体系建设，构建“让守信者得益，让失信者受限”的机制。社会信用体系建构的核心机制在于，建立和完善信用信息共享机制，从而发挥其记录社会主体信用状况，揭示社会主体信用优劣，警示社会主体信用风险，并整合全社会力量褒扬诚信、惩戒失信。

第一，完善相关法律法规，建立健全标准规范。宏观上要推动诚信信用法律法规的制定和实施；微观上，则要自行制定信用信息采集、存储、共享、公开、使用和信用评价、信用分类管理等标准，逐步确定各级信用信息共享平台建设规范，统一数据格式、数据接口等技术要求。

第二，建立健全信用信息归集共享和使用机制。建立全省信用信息共享平台，发挥信用信息归集共享枢纽作用。加快建立健全各行业信用信息系统，归集整合本行业信用信息，实现互联互通和信息共享。依托全省信用信息共享平台，根据有关部门签署的合作备忘录，建立守信联合激励和失信联合惩戒的信用信息管理系统，实现发起响应、信息推送、执行反馈、信用修

① 龚廷泰主编《当代中国的法治社会建设》，法律出版社，2017，第79页。

② 龚廷泰主编《当代中国的法治社会建设》，法律出版社，2017，第81页。

③ 有学者认为社会信用体系和社会诚信体系是两个不同的概念，前者存在于经济领域，后者则还包括文化领域和狭义的社会领域，因而范围更广。所以，从社会信用体系到社会诚信体系，诚信建设应从经济领域扩展到社会各方面。参见江必新《法治社会的制度逻辑与理性建构》，中国法制出版社，2014，第199~205页。

复、异议处理等动态协同功能。政府及其部门应将全省信用信息共享平台信用信息查询使用嵌入审批、监管工作流程中，确保“应查必查”“奖惩到位”。健全政府与征信机构、金融机构、行业协会等组织的信息共享机制，促进政务信用信息与社会信用信息互动融合，最大限度发挥守信激励和失信惩戒作用。

第三，建立健全信用红黑名单制度。在各地、各行业推行诚信“红名单”制度和严重失信“黑名单”制度，依法依规规范各领域红黑名单产生和发布行为，建立健全退出机制。在保证独立、公正、客观前提下，鼓励有关群众团体、金融机构、征信机构、评级机构、行业协会等将产生的“红名单”和“黑名单”信息提供给政府部门参考使用。

第四，建立激励和惩戒措施清单制度。梳理法律法规和政策规定明确的激励和惩戒事项，建立守信激励和失信惩戒措施清单，主要分为两类：一类是强制性措施，即依法必须执行的激励和惩戒措施；另一类是推荐性措施，即由行业协会等推荐的，符合褒扬诚信、惩戒失信政策导向，各地区、各部门可根据实际情况实施的措施。

第五，建立健全信用修复机制。按照法律法规和政策规定明确各类失信行为的惩戒期限。在规定期限内纠正失信行为、消除不良影响的，不再作为惩戒对象。建立有利于自我纠错、主动自新的社会鼓励与关爱机制，支持有失信行为的从业人员通过社会公益服务等方式修复个人信用。建立健全信用主体权益保护机制。建立健全信用信息异议、投诉制度。

第六，建立跟踪问效机制。各地区、各有关部门应当建立完善信用激励惩戒工作的各项制度，充分利用信用信息共享平台的相关信用信息管理系统，建立健全信用激励惩戒的跟踪、监测、统计、评估机制并建立相应的督察、考核制度。对信用信息归集、共享和激励惩戒措施落实不力的部门和单位，进行通报和督促整改，切实把各项联合激励和联合惩戒措施落到实处。

第七章
高水平建设法治浙江的评估体系

法治浙江建设是我国“地方法治先行先试”的重要场域和地方经验，是“法治中国”的重要萌发地。多年来，浙江全方位、立体式铺开了法治浙江的建设实践，取得了重大成就与阶段性进展，浙江总体法治水平一直位居全国前列。在民主法治村（社）创建、三治融合等基层法治与社会治理现代化，互联网法院、在线矛盾调处、智慧检察院、电商网络交易平台地方立法等智慧法务、法治智能化方面，以及“最多跑一次”改革、“四张清单一张网”等诸多法治建设领域，形成了丰富的地方法治建设经验。如何评估法治浙江建设取得的成就和经验，诊断法治浙江建设中存在的短板，成为高水平建设法治浙江的重要组成部分。

国内最早的法治指数评价实验也诞生在浙江。目前，浙江在法治浙江建设评估、立法评估、司法透明指数评估、区县法治综合评估、法治政府评估、检察院法治水平评估等方面，不断将法治量化指标体系与评估机制建设继续深化、全面渗透，充分运用评估工具与科学机制提升浙江法治建设水平，实现高水平建设法治浙江的目标。回顾过往评估实践，总结经验，提炼规律，提升改进，构建更加科学、规范、标准化的法治浙江评价体系，意义重大。

第一节　法治评估体系的基本架构

法治作为一种公认的现代治国理政方式，其在某个时空某些部门建设的成效或者说法治发展的状态、水平如何，有必要加以客观和科学的衡量。事实上，法治也能够被衡量。随着世界银行首次发布全球法治指标评估体系，评估学就逐渐渗透到法治建设中，在国内外形成了法治评估的热潮。作为法学与评估学以及相关学科的交叉的产物，法治评估有其自身的理论基础和本体要素、内容体系。

一 法治评估体系的科学内涵

随着十多年来法治评估在我国掀起的实践与研究热潮，“法治评估”成为一个法学和法治建设中的热词，需要真正把握法治评估的科学内涵，方能为法治浙江评价体系的建构提供基础。

（一）法治评估的内涵释义

法治评估，简单理解，就是在评估原理的指导下，运用特定的评估方法与技术工具，以法治为评估客体或对象，围绕法治展开的评估活动。这是一个笼统的、宽泛的界定，凡是属于法治的议题，比如立法评估、法治政府评估、法院执行成效评估等，涉及政法部门、属于法治内涵内容体系中的，均可以称之为法治评估。十多年前法治评估刚被引入国内时，曾有一些学者试图对法治评估这一概念进行定义，如对于法治状态进行定量评价、通过法治指标评估法治状况[①]，等等。但正如法治的概念很难定义一样，已有对法治评估的定义也往往是车轮式定义、模糊不清。在这种宽泛模糊的法治评估界定下，就难以准确把握各种法治评估类型中具体运行环节的差异，也难以推进更有针对性的精细化研究。[②] 围绕法治评估，也出现了法治指数、法治评价等相近词汇，甚至被一些人用来与法治评估替代、混同使用。法治评估与法治评价可以认为是等同含义，但法治绩效评价、法治成效评估、法治水平评估等加了限定词的一些概念，在法治评估的整体性概念框架下，略微体现出了评估思路、技术方法、理念认识、流程机制等方面的差别。本章在介绍浙江法治评估实践与理论探索时，也倾向于将法治浙江评价与评估含义等同，且为了研究方便，统一使用“评估”表述。

① 朱景文：《如何开展科学的法治评估》，载《中国党政干部论坛》2016 年第 1 期。

② 钱弘道、杜维超：《法治评估模式辨异》，载《法学研究》2015 年第 6 期。

（二）法治评估体系的内容要素

若要对法治评估的内涵、定位、功能、目标给出一个全面的、综合的、深刻的理解，远非一个简单定义就能解决。事实上，作为一项法治活动或者说社会活动，法治评估的开展是个系统工程，有其一套成熟的、规范的内容要素和体系框架，即法治评估体系。法治评估体系，可以理解为是围绕法治的评估活动形成的关于评估规划、指标设计、权重标准设置、评估施测、指数分析与反馈应用等全过程中的相关评估事项与内容。对于法治评估体系的理解，是在评估学的范畴下，以法治评估的实践流程为基本遵循展开的，主要包括如下几项要素。

第一，法治评估指标。指标，是对衡量对象表征的反映。法治指标是法治具体内容的指向。欲进行法治评估，首先要设置好评估的指标。指标的设置是对法治内容的分解和指标化的诠释。因为法治往往有多个面向，包含丰富的内容要素，所以法治评估的指标也往往不是单一的而是多维度的指标共同形成一个指标体系。当前我国的法治评估指标体系常常成为遭受诟病的首选，主要在于评估指标与法治目标与内容的衔接、前者对后者的分解与诠释存在多种进路，如果不作出科学的厘定，往往导致指标以偏概全不能全面反映真实的法治面貌，或过于繁复庞杂，难以突出法治的重心。从统计学角度看，如果评估指标的质量不高，直接导致评估的效度较低。

第二，法治评估标准。法治评估的首要目的是发现法治建设的成绩和不足，对法治建设作出一个诊断，给出一个成绩单。那么，就需要对各指标设置分值和标准。标准解决的是对指标赋分的依据问题。科学、严谨的评估学要求对每个指标都进行可操作性定义，给出最高分到最低分之间的区间和每个区间的衡量标准。法治评估在国内的兴起、发展虽然已逾十年，但在评估标准的设置上还较为薄弱，对指标的操作性定义也作为客观化难题仍未彻底破解。

第三，法治评估的实施。评估作为一项活动，可以分为评估前、评估中和评估后三个阶段。依次分类，指标和标准的设置是评估前的环节，这里讲的评估实施指的是评估施测的环节。评估的实施最主要的是两大问题，一是评估模式，二是评估方法。评估模式往往与谁担任评估主体有关，评估方法往往也牵扯到指标和标准的方法，也往往与评估的流程和程序有关。国内外对于法治评估的类型划分，往往是根据评估施测的这两大问题展开的。

第四，法治评估的结果处理与应用。评估的基础在数据，但评估的目的不是数据，而是对数据进行的分析。所以，法治评估的亮点在于法治的量化，但法治评估不局限于量化思维，而是与定性、质性的思维密不可分。定性、质性的思维发生于评估前的评估规划和准备阶段，并贯穿到评估中和评估后。在评估后阶段，评估将回归到法治的框架内，从“法治评估对于法治发挥的作用”来分析法治分值的意蕴。所以，要避免法治评估“为评估而评估”的误区，应高度重视评估后的结果反馈与应用。这也是彰显法治评估的价值（具体后文详述）。

（三）法治评估体系的基础理论与方法工具

法治评估是以评估学和实证法学为理论基础的。评估学是关于社会研究领域的制度、政策或社会项目的价值评判、实施效率评估的学科，很大程度上是关于方法与技术的学科；实证法学、现实主义法学、社科法学、量化法学是在法学现代化的进程中随着法学的开放、包容发展以及学科间的融合、互动而逐步兴起的迈向“法学科学化”的代表性流派或学说。这些来自法学内部的和法学外部的学科的现代化演进成就了法治评估，也构成了法治评估发展的元学科。其中，评估学，加之与之关联的社会学、经济学、统计学、管理学，共同为法治评估提供了可行性的方法、技术、工具，形成了法治评估的方法论基础，具体包括指标设计的方法、数据获取的方法、指标权重与标准的设置方法、评估实施的程序与方法，等等；而现代法学、法治现代化的实践与研究进化，为法治评估提供了学理上的支撑。

二 法治评估体系的价值与功能定位

法治评估是由“法治”和“评估”组成的合成概念，也是法学和评估学、社会学、管理学的跨学科实践。站在不同的学科视野下去审视，将得出关于法治评估不同的理解。可以说，法治评估体系的功能定位是由评估实践的功能定位和法治建设的目标双重因素决定的，兼具工具和理念双重价值。

（一）法治评估的双重价值

第一，法治评估的工具理性价值。工具价值，是侧重于评估而言的，主要是指法治评估对于法治建设所发挥的工具理性的作用。这也是法治评估最初被引入国内，且备受推崇的最主要原因。首先，法治评估能够在传统的法治价值追求与实现过程中，发挥一种"指挥棒""晴雨表"的作用，使得各个主体都能对某一特定时空下的法治建设的成效、过程或成本收益，任何方面作出检视。这是管理学意义上的绩效评估与绩效管理的关系原理以及前者对后者发挥的功能在法治建设中的拓展性应用，是法治评估对法治的理性工具价值，是附着于法治、服务于法治、内含于法治的。其次，法治评估具有工具理性的另一个体现是通过评估有助于解决政府合法性的问题。关于政府的合法性，古今中外已有众多学说阐述。芝加哥大学赵鼎新教授在修正马克斯·韦伯观点的基础上，重新定义了合法性的三大来源，其中一个是"政绩型"，也即将政绩合法性列为政治合法性的一个主要方面。[①] 就法治评估而言，对具有公权力的政府和政法部门的法治建设进行评判，意味着对这些部门的政绩进行评判，即把地方"法治 GDP"列入地方政绩考核体系。这就是在间接地评估相关部门或地方政法部门的合法性来源。再次，开展法治评估，尤其是让公权部门之外的普通百姓参与评价，也是让民众参与社会事务（法治建设事务）管理，行使知情权、评价权和监督权的有效新兴载体。

第二，法治评估的理念价值。法治评估自身也具有独立于法治、独立于政府的独立价值品性。这一独立价值品性与法学学科的演化和社科法学、实证法学、现实主义法学、实践法学的发展密切相关。事实上，法治评估为理解法治、考察法治进展提供了不一样的路径，是换一种视野看法治，是通过指标体系、量化数据或指数分值的方式对法治的一种诠释与理解，是与过往对法治的规范性揭示、法条主义的解读完全不同且路径完全相反的一种解说。从这个意义上来说，法治评估或许开辟了法学与法治的新路径，丰富了法学的研究与法治的实践路径，是为法治评估的理念价值。

---

① 伍彬：《政府绩效管理：理论与实践的双重变奏》，北京大学出版社，2017，第 62 ~ 63 页。

（二）法治评估的功能预设与目标定位

对应上述关于法治评估双重价值的区分，法治评估的功能预设与目标定位也区隔为两个方面。

第一，从理性工具的角度看，法治评估作为绩效管理的一部分，发挥着对于绩效提升的描述、诊断、预测、指引等正向功能。其中，描述重在“真实样貌的如实呈现”，是一种素描、白描。诊断则比描述向前走了一步，是通过描述要揭示出一定的问题，也发现症候，把脉问诊。描述功能和诊断功能都是对法治的“回头看”，是对已经发生的事情、过去的数据进行归纳、总结、概括和把脉。评估的预测功能和指引功能着眼于未来，是基于过往对事物发展趋势进行提前预估，对可能偏离方向的行为进行预警，以便矫正，确保始终围绕事先规划的目标路径进行导航，发挥牵引、引领功能。

第二，从理念价值的角度看，法治评估的目标定位是（一定程度上）大众化，即改变传统、主流的“法”的规范、价值、文本的叙事风格，将法和法治从“庙堂之上”切换到“市井民间”，以“老百姓眼中的法”来审视、考察法治化的进展。这是改变了法学述说的主体和表达方式，是对规范法学、价值法学传统的一种改造。因此，法治评估发挥着理念变革的作用。

过去十年间法治评估在我国掀起的实践、研究热潮，总体上已经发挥出了其在理性工具和理念引导上的双重价值功能，为我国当下的法治建设与法学研究打开了新天地。

（三）法治评估与国家治理体系和治理能力现代化

无论是发挥工具理性的价值，还是理念创新的价值，法治评估都有其独立意义与价值。但，对法治评估的现实意义与时代价值的理解，不能局限于此，也应置于国家治理体系和治理能力现代化的高度来认识。尤其是自十八届三中全会明确提出“建立科学的法治建设指标体系和考核标准”，包括法治浙江评价在内的法治评估实践已经成为党和国家的制度追求，法治评估自身的意义与价值也随之从服务地方法治、全面依法治国，上升为服务于国家治理体系和治理能力建设。换言之，正如“法治已经成为国家治理体系和治理能力现代化的组成部分”[①] 一样，法治评估的时代意义已经表现为作为治理的下位变量，服务于国家治理而非仅仅服务于法治建设。

三　法治评估体系的分类

法治评估的实践运行存在着多种模式、方式方法，由此形成了诸多实践类型。

（一）法治评估的层级

根据法治评估的对象是国家、国家内部各地区，以及我国的省、市、区县或乡村，可分为不同的评估层次。世界银行发起的全球治理指数评估、联合国公布的电子政府发展指数、世界正义工程的法治评估，以及营商环境指数等国际性评估机构实施的针对各国（地区）法治或相关项目的量化评测，其中往往公布有我国在内的各国的排名次序。在我国开展的法治政府指数、司法透明指数、法治浙江建设评估、余杭法治指数等，则是在国家范围内开展的省级法治评估、市级（城市）法治评估或区县级（基层）法治评估。法治评估的不同层级，对应着宏观、中观、微观不同层次上的法治，其评估的目的不同，运用的资源不同，采用的具体评估思路、方法路径也有别。

（二）法治评估的内容

法治是个内涵丰富、外延广泛、多面向多维度的立体性概念，对法治的评估可以是涵盖所有法治面向的包含多维度的综合性评估，也可以是仅针对某一具体法治领域如司法公开、司法公信力、法治政府（依法行政）、法院执行难等问题的单独评估。由此区分为法治的综合评估和专项评估。我国过去十年的法治评估实践中，始终表现出单一地区的法治综合性评估（余杭法治指数、法治浙江评估）和某一法治领域的专项评估（立法评估、司法评估、法治政府评估）并存的评估格局。但随着法治评估向精细化、精深

① 钱弘道、王朝霞：《论中国法治评估的转型》，《中国社会科学》2015 年第 5 期。

化发展，法治的专项评估愈加受到重视和强调，目前已经衍生出了执法评估、警务评估、环境法治评估等更细致的评估项目。

（三）法治评估的运行机制

根据法治评估的实施主体、评估的具体操作方式，可分为体制内考核式评估、第三方独立评估和介于两者之间的准第三方评估。体制内考核式评估是我国在政府部门引入政府绩效评估后固化下来的一种政绩考核方式，主要特点为评估内部机关部门、政法机构业务完成情况为主、与晋升挂钩的考核，类似于企业中的员工定期绩效评估；第三方独立评估是国外较为普遍的、由世界银行这类中立的、资金独立的第三方外部主体发起的、不受制于政府和民众的评估方式，其最突出的特点是从外部获取数据、不与“局内人”接触，评估相对中立。在我国，法治评估的兴起带动了对传统的内部考核式评估的反思，也带动了一些由高校、科研院所发起的法治评估项目，但由于种种主客观原因，这些评估项目多不具备完全独立评估的条件和资源基础，目前更多地表现为政府委托高校、科研院所的准第三方评估，或可称之为中国特色的第三方评估模式。①

（四）法治评估的方法

评估是以数据为基础，以方法为载体的。无论是指标设计的方法、指标权重与标准设置的方法，还是评估的施测方法，皆可笼统概括为定性方法和定量方法，这也是常见的两种评估方法。法治评估一经发端，就备受推崇，主要在于其“量化法治”的探索与实验，因此，毫无疑问，法治评估主要是指标的定量化、数据化和指数化的过程，是以定量为主的研究方法，最主要的体现如指标赋值、分值的标准化处理、权数、客观指标与定量数据、指数等。但，这并不意味着在法治评估中仅仅运用量化方法这一单一的研究方法，事实上，即使在称之为实证研究、定量研究的其他研究领域，也不可能是纯粹的量化研究。量化往往伴随着质性（定性），二者往往混同，同时使用。就在世界银行、世界正义工程等国际性的评估中，也要运用到问卷调研

① 钱弘道、王朝霞：《论中国法治评估的转型》，《中国社会科学》2015 年第 5 期。

法、主观指标、主观感知性数据等定性方法，来解决那些不能量化，或者说不能一次量化、绝对量化、直接量化的法治主观性问题。这既是由研究的现实因素决定的，也与法治的多重属性（既是主观的法也是客观的法）有关。因此，法治评估的方法是定量和定性相结合运用的方法，不过对于习惯了规范、价值判断等定性研究的传统法学来说，量化法治、数字法学更新鲜罢了。

（五）法治评估的视角

对于一项事物（事务）的评判，往往"横看成岭侧成峰，远近高低各不同"，因为要评估的对象往往不止一面。社会现象往往过于复杂，不同人对同一事物的解读存在不同角度。由此增加了法治评估的复杂性和难度。目前已经形成了立法成本收益评估、法治效果（成效）评估、民众法治评估、公民权利指数等各类不同名目的评估项目，凸显出法治评估的多个角度。大体可以区分为：其一，以评估的主体为依据，包括民众的法治评估、专家学者的法治成效评估和内部人的法治评估。民众的法治评估是基于广大人民群众的呼声，往往是基于"受众"的满意度评估，是一种主观性的认知评估，但往往因缺乏广泛、深入的了解，出现"局外人"对"局内人"评估的认知误差。专家学者的评估较之民众，会因对政府更加理解而显得更加专业、科学，但也容易造成"少数精英"主导的评估，失去大众立场。内部人的评估是与内部考核相挂钩的传统评估，其最大的优势是熟悉情况、知根知底，但弊端是以工作过程考核为主，且相对缺乏客观中立性。其二，以评估的具体内容为依据，可划分为权力的评估、权利的评估、法治成本的评估和收益的评估，彰显对要评估的对象"法治"的不同角度的诠释。

第二节　法治浙江评估体系的先行实践与发展经验

浙江是国内最早试水地方法治评估，并一直持续深入开展评估实践的地区之一。早在 2006 年，浙江就先行启动了法治浙江建设，随着法治浙江建设的展开，余杭法治指数、阳光司法指数、三位一体的法治政府评价、“最多跑一次”改革评估等实践相继进行。

一 浙江法治评估的发展历程

我国法治评估的兴起与发展，与经济社会的发展、法治领域的发展格局一样，基本上呈现出部分地区先行先试、局部开展的地方先行特征[①]和“实验主义治理进路”[②]。以余杭法治指数为例，其以“余杭”这一区级基层为评估层级，以“法治余杭”为评估对象，由政府委托高校法学院具体实施，基于九项法治目标层层分解，形成了评估细目，借助专家、政府和民众多方力量获取多方来源数据，计算出余杭的法治指数。总体上而言，这是一种基于县域的综合性法治评估。

2010 年之后，尤其是从 2012 年开始，关于法治政府评估、立法评估(法律制度评估)、司法评估等专项评估，随着政府信息公开、科学立法、阳光司法等顶层设计，也得以逐步展开，进而将法治评估从综合性评估带入综合评估与专项评估并存的阶段。此时的浙江，也在创建法治市、县（市、区）工作先进单位考评和余杭指数等综合性评估之外，增加了法治政府评估、司法透明指数评估（阳光司法指数）等新形态。此时的法治评估，在评估指标体系、评估内容和操作模式、方法选用上都不局限于之前对世界银行、世界正义工程、余杭等法治评估经验做法的模仿，而是视野更加开阔，联合国电子政府发展指数、绩效评估、评估学、政策评估、法治绩效评估等概念以及域外经验、其他领域的评估实践与研究，受到更广泛的关注，被更充分地吸收进各地各部门的评估实践中。法治评估表现出多样态。

党的十八大以来，全面依法治国深入开展，特别是党的十八届三中全会将“建立科学的法治建设评价指标与考核标准”列入战略部署，使法治评估又迎来一个新的发展机遇。法治评估从最初的地方先行先试的实验主义逻

① 付子堂、张善根：《地方法治实践的动力机制及其反思》，《浙江大学学报》（人文社会科学网络版）2016 年第 4 期。

② 钱弘道、杜维超：《论实验主义法治——中国法治实践学派的一种方法论进路》，《浙江大学学报》（人文社会科学网络版）2016 年第 5 期。

辑、民间探索一跃成为顶层设计规划，各地广泛开展“自上而下”式、以贯彻落实执行为主的法治评估热潮。法治评估在科研机构也更加活跃、深入，检察院法治化水平评估、司法透明指数评估等新兴评估领域频频出现。与此同时，实务部门（比如法治浙江建设领导小组、政法委）也愈加重视法治评估、指标考核在各自工作开展中发挥的督导、倒逼机制的功能，指标评估已经作为常态化工作机制成为法治领域各项工作开展的日常抓手。在平安创建、基层治理四平台等法治浙江建设的具体领域，各项工作的开展都已经制定了详细的考核标准与操作方案。这一阶段，在实务部门和理论界均达成了某种共识，将法治评估的实践推向了高潮。

近两年来，随着大数据时代的到来，以及智慧法治（法务）、法治智能化的兴起，法院、检察院、公安局等依托大数据网络织就的数据平台，解决了过往法治评估数据短缺、内部数据难以获取的缺陷，法治评估在方法上开始思索如何从传统的样本数据转向大数据评估。但这一评估尚刚刚开始，关于大数据评估何以实现仍处于探索之中。但大数据对法治浙江建设的影响，既有内容上的影响也有方法上的影响，并由此带来了对法治浙江评估的挑战，使得法治浙江的评估急需适应新时代下的法治浙江评估内容和方法，进行思维转向，对法治评估予以科学化、精准化研究。

二　建构法治浙江评价体系的几对关系

法治浙江的评估实践既有经验也有不足，既表现出我国法治评估普遍的、一般性的特征与问题，也彰显法治浙江的地方性知识和资源条件；既有评估指标体系、指数测算的方法论问题，也有评估民主性、目的实现程度的问题；既要逐一解决，又要辩证审视、动态理解；既要践行立足法治浙江的当下，又要面向“六个浙江”建设的未来。

（一）全面依法治国与法治浙江：普适性与特殊性的统一问题

法治既是人类文明的共同成果，又具有某种程度上的民族性和地域性，成为一种地方性知识。所以，如何平衡好一般性指标与特殊性指标的关系设置出具有中国特色、反映浙江法治品格与特色的指标体系和评测标准与实施办法是关键。在针对世界银行各成员国（地区）的法治指数评估中，世界银行设计的全球法治指标体系和测算方法就因其忽略中西方、不同（地区）法治发展阶段的差异性而遭诟病。其设置的国别层面的法治综合指标和国家治理框架下的考核标准，究其实质是西方法治的浓缩和体现，不能直接应用于中国特色社会主义法治的评价，不能直接照搬套用其指标标准。在我国不同层次、不同地方、不同名目的法治评估实践中，除了法治的一些通约性指标外，也往往比较强调法治指标的地方特性，尤其是在前述提及的我国法治建设总体表现出个别地方法治先行发展的地方法治现象，这种法治建设的地方差序格局决定了法治评估必然具有差异性，不容易做到各地统一。

在我国法治评估十多年的发展历程中，各地法治评估的设计与操作既互相借鉴，趋于一致，又表现出地方特性，这也是符合现实需求的，比较妥当的做法。就法治浙江的评估历史来看，在浙江率先开展县域法治评估、法治政府评估、司法透明指数等评估实践，具备法治评估先行的基础条件，关于法治评估的探索相应地也具有浓郁的浙江风格，比如高校、科研院所发起的“专家主导、政府推进”型评估模式，就具有一定的特色。体制内的考核评估进路也有较大程度的改进、优化，比如明确各牵头部门的治安、平安综合社会法治化治理的考核、基层治理四平台创建的考核，法治县（市、区）创建评估，就很有地方特色。

（二）“回头看”与“往后看”的平衡问题

以绩效考核、绩效改进为初衷的法治评估，普遍表现出事后的回溯性评估，是一种“回头看”的总结性评估。换言之，法治评估作为绩效评估在法治领域的逻辑性延伸，更多是针对过去的总结性、概括性、描述性评估或诊断性评估。余杭法治指数、法治政府评估、司法透明度评估等皆如此，通常都是以“年”作为评估周期，对过去一年内的法治评估建设成效进行总结、评判。这是基于“过去的总结、省思对于今后工作的改进是有直接帮助的”的假设，也是基于“过去”与“未来”的同一性哲学时间观和发展理念。但辩证地看，过去的经验教训能够在多大程度上助益于未来，过去的数据是否真的能够“指导”未来，并没有可靠的、稳健的研究佐证，不得而知。因此，若政府出台一项制度规定，在正式颁发生效前，对可能的群体产生的影响作出预测性评判，也是非常必要和具有现实意义的。由此说来，“回头看”和“向前看”都有其存在的意义。遗憾的是，我国的法治评估，除了在立法评估上区分立法前评估和立法后评估，并有着明显的评估目的和思路区分外，法治的综合评估或专项评估，并不区分事后评估和事先评估，且往往默认为是事后的总结性评估。由此导致评估的粗糙化和一定程度上的盲目性。事实上，在任何法治评估开展之前，明确评估的初衷与目的、选择好评估的类型，是极其重要的。

（三）“自上而下”与“自下而上”的关系问题

法治评估是对法治目标实现程度的评判，所以，作为评估对象，法治的内涵、目标是设计评估指标的信息来源。换言之，指标设计往往是对法治目标或内涵、内容、要素的可操作性定义与细化、分解。正因为如此，在传统评估学理论通说中，层层分解法、KPI 关键绩效指标法、鱼骨头法等，无一例外都是“自上而下”的目标分解方法。过往的法治评估指标设计，几乎都是采用此种方法。这种方法是基于“应然法”的指标设计思路，即从理想中的法治建设布局、规划和战略部署出发展开评价，它是从商业管理中基于战略的绩效评估与绩效管理理念中习得的。在这种方法的影响下，目前对于法治的评估实际上扮演着检验上级战略目标是否得到切实的贯彻落实的角色，本质上是关于下属执行力的评估，是一种上级到下级的、从战略到执行的垂直管理思路。而事实上，还存在相对应的另一种评估思路，那就是反向的“自下而上”的指标设计，这并不是说要从当下正在开展的实际工作出发，去检视目标规划的合理性，而是指从客户方、受众的接受度、满意度的角度设计评估指标，间接反映产品供应方、提供服务的一方的工作成效。最常见的例子就是通过公众的满意度评判政府服务水平、法治化水平，通过民意测量社会的发展进程。在已有的法治评估体系中，“自上而下”的指标设计思路居于主流，“自下而上”的指标设置还不多见，值得进一步完善。尤其是以人民为中心的发展理念之下，越来越强调人民群众满意度、越发追求“客户怎么想”而不是“我怎么想”的时代，一切商业产品或诸如法律、法治这样的公共产品，都从供给方时代进入了需求方时代，客户（公众）的评判和获得感是评估中不可或缺的组成部分。

（四）城乡法治融合的问题

前面已经提及，法治是个多层次的概念，包括国家宏观法治、社会中观法治和基层微观法治。在不同层级，法治建设的重点和表现形式迥异。对法治的评估，也应当区分、理顺层次，确定好是在哪个层次、针对哪个范围、围绕哪些议题展开评估。比如，浙江省级层面的法治评估，仅仅是针对省一级的评估，还是针对省内各个地市的城市法治水平的评估，还是也包括基层乡村的法治建设，需要界定清楚，可以单取一个层级，也可以同时评估多个层次，但关键是必须作出界定和说明。过去的法治评估作业中，层次区分并不直接、明显，或者说更多默认为是针对城市的评估，对于基层乡村、农村（社区）的法治建设状况鲜有涉及，或者往往混同不分，不做设定，笼统概括。比如，在浙江的各类法治评估体系中，就较少专门针对民主法治村（社区）创建、“三治融合”、新时代坚持和发展“枫桥经验”等基层民主法治建设进行评估，而这些恰恰是浙江法治建设的区域特色和亮点，需要着力考察。

第三节 高水平建设法治浙江评估体系的设计与优化

近年来，在推进法治浙江建设过程中，针对法治浙江的各类评估评价考核也渐次展开、成效明显，但随着形势任务的变化，如何建构更科学的法治浙江评估体系，也面临着新的挑战和压力，暴露出指标设置不尽科学、项目覆盖不完全、考核评估成果运用刚性不强、考核评估方式比较烦琐等问题。高水平建设法治浙江，需要高水平的法治浙江评估体系。如何通过高水平的法治浙江建设评估深入践行“八八战略”，在“六个浙江”的高质量建设中提升法治浙江建设实效，是摆在法治浙江评估工作面前的现实问题。这需要我们在总结归纳已有法治浙江评估的经验基础上，围绕中心工作和法治浙江建设的未来愿景，梳理积弊，提升创新，对法治浙江评价体系进行重新思考、价值重塑和方法重构。尝试在原有制度基础上拟定高水平建设法治浙江评估标准与实施办法，形成新时代法治浙江建设成效的科学评价体系，切实发挥法治评估对高水平建设法治浙江强有力的助推作用。

一　高水平建设法治浙江评价体系的制定依据与原则

（一）制定依据

设计法治浙江建设评价体系需要系统、详尽的理论支撑和科学、合理、可行的现实依据。中央关于全面依法治国的系列部署，尤其是十九大报告关于深化实践依法治国的新时代战略部署，是法治浙江评价指标体系设计的总体指导和思想基础。历届浙江省委关于法治浙江建设的重要部署，尤其是深化践行“八八战略”的法治任务与具体举措、浙江省第十四次党代会“六个浙江”部署下的法治浙江新愿景等，是高水平建设法治浙江评价指标体系设计的直接依据。

评估学作为一门成熟的学科，已经存在规范的、多样化的评估理念、方法、流程等操作指南，是高水平法治浙江评价体系科学实施、发挥实效的方法指导和理论依据。

（二）设计原则

任何一项评估实践，都理应在开展前明确要遵循的若干原则，以便框定、规范评估行为。包括法治浙江评估在内的已有众多评估实践与理论研究中，也往往都知晓这一步骤的重要性，或多或少给出了一些指标设计的原则，比如 SMART 原则，或以辩证的姿态给出一般性与特殊性（普适性与特殊性）原则、客观与主观相结合的原则等，有的是关于评估的原则，有的是关于法治内涵认识与指标提取的原则，或者是关于评估操作的原则。

确定法治浙江评估的原则，是理清评估的基本思路。设计科学、高质量的法治浙江指标体系与评估运行方案，要有系统观、全局观、平衡观，参照已有实践与理论研究中的原则，对照过去评估实践中的困境难题，明确下列几项原则。

1. 坚守法治浙江的精神传承，凸显地方先行的底蕴特色

如前所述，法治的建设与推进很大程度上是具有地域性、民族性和地方特性的。我国已有的法治评估实践，在指标体系与评估方法技术的使用上大同小异，主要原因就是对所要评估的法治的语境理解不够，对评估对象和内容的独特性、本土性把握不够，致使指标的设计和评估方案对于预设目标的回应存在偏差，评估实效降低。有学者在梳理比较深圳、温州各地的法治政府指标体系建设异同后发现，各地在指标设定上缺失地方性，因此呼吁应在充分关注法治政府作为价值准则的共性基础上，结合自身实际情况设计出适用于本地的法治政府建设指标体系，以保障其合理性和可操作性。①

今后法治浙江建设成效的评估应在贯彻全面依法治国基本精神的基础上，注重“浙江精神”影响下的浙江地方法治特色反映和法治省情的彰显。比如，浙江是互联网之都、移动之城，电商网络交易纠纷法律化处理、在线纠纷调解机制、互联网法院和法治智能化处于全国前列；“最多跑一次”贯彻落实扎实、工作成效明显、亮点多；作为“枫桥经验”发源地，基层社会治理法治化与三治融合、民主法治村（社区）创建、社会组织参与社会治理领跑全国，作出了示范。诸如此类深化法治浙江战略部署、彰显法治浙江精髓、凸显浙江高质量建设品质的地方法治建设经验、实践做法、先行先试举措，都理应通过指标量化评价体系予以反映，以与当下法治浙江的建设步伐同频共振。

2. 分层分类评估原则

法治是个内涵丰富、外延广阔、维度多样、层次多元的概念，对其评估哪怕是在浙江这一特定的省域层面上，也显得其范围太过于广、主题太过于散、内容太过于杂而无从精细化展开。过去十多年间，法治浙江的评估从最开始的综合性评估到后来的司法、法治政府乃至更聚焦的主题，向更低一级的市级（如湖州）、区级（余杭）展开，体现了分层分类，因此在很大程度

① 参见陈柳裕《法治政府建设指标体系的“袁氏模式”：样态、异化及其反思》，《浙江社会科学》2013 年第 12 期。

上提升了法治评估的科学性和可信度。分层分类评估是评估学中的一个核心思想，“分层”是指要从宏观、中观、微观等纵向层级上有所考虑，或选定特定层级，或即便是全省范围评估，也要设计出省级指标和评估方案，以及市级、区县级评估指标和实施方案，体现出一种层次化的、类型化的评估思路。“分类”是从横向的内容、要素维度，主张选取一个评估视角，理清一条评估主线，比如评估前要确定如何理解法治浙江的建设成效，是从公众感知和满意度视角、社会法治化的视角，还是政法系统的法治化建设入手，不能不加取舍面面俱到。以法治政府建设评估为例，各地的法治政府建设指标体系往往“没有根据评价对象的不同分别设定指标体系”，而事实上，法治政府建设指标体系的评价对象，既包括一级政府，也包括具有对外执法权的工作部门和不直接对外行使执法权的工作部门，他们显然在法治政府建设上承载着不同的功能，应区别对待。[①]

已有的部分法治评估，鲜有在评估前科学论证、界定清楚要“评估什么”“以何种角度评估”，而这恰恰是至关重要的一步。

3. 法治评估的社会化原则

作为全球法治评估发端、由世界银行研发的法治指数，实际上是将法治作为治理的下位变量，在治理视域下对法治水平进行评估。由世界正义工程实施的则是专门针对法治的评估，即从法治本体论的角度进行展开。我国和我省当下的法治评估，大部分也都立足于法治本身，考察其特定目标战略的完成情况。这样的评估范式对于客观、理性回顾过去的法治建设工作，查找不足，提出对策建议具有实证意义。但也并非完美，这容易陷入“只见树木不见森林”的法治局部陷阱，忘记了依法治国的目的是什么、开展法治浙江建设的目标是什么。就像国内著名法学家苏力所言“依法治国不能只是依法，不管治国”。[②] 法治既是目标也是手段，但依法治国、法治浙江建设的目标不只是法治水平的提高、法治思维的精进，更是经由法治为全面建成小康社会、实现国家治理现代化，奋力推进“两个高水平”浙江建设保

① 参见陈柳裕《法治政府建设指标体系的“袁氏模式”：样态、异化及其反思》，《浙江社会科学》2013 年第 12 期。

② 见苏力于 2018 年 5 月 8 日在华东师范大学发表的题为“探寻良法”的演讲。

驾护航。所以，今后的法治浙江建设评价，要突破法治浙江的单一目标思维，站在“六个浙江”的大局、致力于服务浙江中心工作的整体视野下构思规划评价体系，从治理体系和治理能力现代化的格局下审视法治浙江的建设成效。质言之，应当在过去侧重法治本体论（立法、执法、司法、守法）评估基础上，迈向对法治在新时代浙江经济社会各项事业中的贡献度的评价转向，加强将法治作为治理下位变量的法治浙江成效评估。

在这个问题上，浙江省的法治政府评估相对于其他法治领域的评估更好地贯彻了这一原则。浙江的一些学者曾主张从合法性和最佳性两个角度全面评价法治政府建设水平，① 推进依法行政不是单项性工作，不是孤立的，是包含了服务政府、高效政府、责任政府、廉洁政府等多重价值涵义的系统性工程，主张考核评价既要关注依法行政常规性工作任务的落实情况，也要反映法治政府建设在促进经济社会发展中的实际绩效和作用。② 在这样的处理模式下，许多反映法治推进治理的指标都应在高水平建设法治浙江的评价体系中有所反映。例如：近年来以“平安浙江”大力推进基层综合治理向基层社会治理现代化转型，在乡村（街道）、社区涌现出了一批创新发展新时代“枫桥经验”的先进做法和优秀经验，这些都应纳入法治浙江评价体系中去加以反映。

4. 体制性评估与价值性评估并重原则

评估有多重视角多个维度，可以是结果评估、行为（过程）评估，可以是体制性评估，也可以是价值性评估。体制性评估多见于我国体制内考核，是侧重于职能部门履职情况的评估，往往与个人考核、晋升挂钩，局限于对既定工作任务落实情况的检验。价值性评估则突破体制性评估进路的局限，追求对其制度初心、受众反馈的描述，进而检验其偏离目标的程度，往往是外部民众的评估，更注重外部社会效果的考察。我国已有的法治评估相比政府（政法）系统内部的考核评估，已经比较注重民意调查、外部数据获取以及第三方独立评估，大体可以归为是偏价值性的评估。中国的法治评估不适合在体制性评估和价值性评估进路中择一而居，而是应辩证认识两种

① 朱新力、唐明良：《法治政府建设的二维结构——合法性、最佳性及其互动》，《浙江学刊》2009 年第 6 期。

② 夏利阳、王勇：《浙江法治政府建设考核评价体系及其启示》，《中国行政管理》2014 年第6 期。

评估进路的利弊，彼此结合并对冲评估失真风险是相当长一个时期内的务实选择。具体的做法是分别设计履职指标（体制性评估）、结果指标（价值性评估），并加总综合评判。或者说，采取内部考核、外部统计数据和民众评价相结合的综合评估方式。

5. 吸纳舆情评估的原则

舆情，是指一定公众群体对某事件或某群体（通常是公权部门）的基本看法、情绪表达和情感认识。舆情作为公众的主观心态，不仅是意识形态层面的政治关注，也是法治建设中需要紧密关注的。尤其在全面推进依法治国的背景下，民众面临发展不充分不平衡问题，面对环境、公正、富裕、服务等各类诉求需求方面，都会表现出对公权部门的满意度和认同度的差异，都直接影响其法治获得感和对国家法治建设的信心，事关法治建设的实质性推进。但目前的法治评估中，对“法治舆情”的专门评估非常缺乏。应该说，专门围绕法治浙江进行舆情评估，是舆情监测的内在逻辑延伸，能够反映浙江法治产品供给的质量问题，得以检验法治公共产品的供求矛盾，是深入贯彻落实习近平总书记的“要让老百姓在每一个案件中感受到公平正义”“增强老百姓的获得感”的精神，深入贯彻“坚持以人民为中心”的价值理念，真正帮政府做到“老百姓关心什么，我们就做什么”，具有法治情报、信息的价值，意义重大。

二　高水平建设法治浙江的指标体系

高水平建设法治浙江评价体系，是紧密围绕高水平建设法治浙江的战略部署进行的工作细化和工作深化，主要包括加强党对法治浙江建设的全面领导、科学立法、法治政府、公正司法、全民守法五个方面。

（一）加强党对法治浙江建设的全面领导

《中共浙江省委关于全面深化法治浙江建设的决定》提出：坚持党的领导，建立“一把手”负总责的法治浙江建设领导体制机制。按照党委总揽全局、协调各方的原则，大力推进依法执政，健全党内民主制度，完善依法决策机制，加强和改进人大和政协工作，支持各级政府依法行政，加强对政法工作的领导，把党的领导贯彻到法治浙江建设的全过程和各方面。建立以省委书记为组长的省委建设法治浙江工作领导小组，形成党委统一领导，人大、政府、政协各负其责，部门协同推进，人民群众广泛参与的法治建设工作格局。坚持“一把手抓、抓一把手”，明确工作重点，落实工作责任，开展法治创建活动，统筹推进法治浙江建设各项工作。

浙江省第十四次党代会报告《坚定不移沿着“八八战略”指引的路子走下去高水平谱写实现“两个一百年”奋斗目标的浙江篇章》提出：完善党的领导方式和执政方式。发挥党总揽全局、协调各方的领导核心作用，支持和保证同级人大、政府、政协和监察机关、审判机关、检察机关依法依章程独立负责、协调一致地开展工作。加强和改善党对政法工作的领导，坚持总体国家安全观，切实履行好政法战线维护社会大局稳定、促进社会公平正义、保障人民安居乐业的职责使命。加强和改进党对工青妇等群团组织的领导，不断增强群团工作和群团组织的政治性、先进性、群众性。

如何评判党在法治浙江建设中的全面领导作用的发挥情况？在省级层面，应该侧重考察的是各级党委、党组织对“加强党对法治工作的领导”的落实执行情况，包括落实的结果、过程与行为。

表 7－1 加强党的领导的评估指标

涵义解析	一级指标(指标类型)	二级指标
全省各级党委党组织在法治浙江建设中发挥的作用、职能的履行情况、领导的成效	党领导法治建设	党领导地方立法工作
		党领导各级法治政府建设
		党领导司法工作
		党带头守法
	依法执政	党内法规制度执行情况
		依宪执政情况
		在宪法和法律的范围内活动情况
		党员领导干部违法情况

（二）科学立法的评价维度和指标体系

立法问题是制度设计、建立规则的问题。“立善法于天下，则天下治；立善法于一国，则一国治。”法治国家（社会）追求良法之治、善法之治。在亚里士多德的法治二元论中，立法问题是一个不可或缺的法治问题，是法律制度得以有效服从和执行的前提。因此，立法的质量、立法的科学性是评估法治成效绕不过去的一个问题。可以说，有法可依、科学立法是法治建设的基础性任务。

正如本书第三章所述，从学理上讲，科学立法有两层含义：

一是“科学的立法”，并将“立法”作为名词，考察已经制定的法律的质量问题，包括法律是否健全，已经制定的法律是否科学、合理，即是否成其为“良法”。此处对“科学”的理解应站在地方立法的视域下，考察地方性法规与上位法的一致性、地方性法规对本地改革发展要求的回应性、地方立法的创新性和合理性、合情境性等。

二是“科学地立法”，即对立法过程民主性、科学性等程序的考察。若说前一种理解是对立法结果的科学性的考察，那么后一种解释是对立法过程的科学性的评估，应兼顾立法结果的质量评价和立法过程的民主化科学化的评价。具体包括：围绕科学立法，健全地方法规规章。遵循法定程序，完善立法体制机制，推进科学立法、民主立法，统筹推进法规规章制定、评估、清理、修改、废止、解释等各项工作，形成更加完备的与法律、行政法规相配套，与经济社会发展要求相适应，具有浙江特色的地方法规规章体系。

如何评估立法的质量？浙江已经有立法后评估、立法质量评估等前期探索，但按照上述理论框架和思路，从地方层面对法律制度建设进行宏观总体评估，不应只从立法的结果即制度建设的完善性、及时性来衡量，还包括立法过程，是否合法、是否民主、是否科学、是否高效。立法指标应包括结果指标和过程指标，结果指标则同时涵盖新法制定、旧法修订和清理废止情况等。

至于达到什么程度才算是实现了立法的科学性？按照十八届四中全会决定，我国的良法在内容上“要恪守以民为本、立法为民理念，贯彻社会主义核心价值观”，要“符合宪法精神、反映人民意志、得到人民拥护”。

这是从法的价值（目的）、内容和形式诸方面来统一法的标准。借此，本书认为对立法质量的评估可以以这三个方面为纲设计出价值指标、形式指标和内容指标，并用合法性、科学性、民主性、有效性作为指标衡量的标准。

在此需要特别说明的是，本书认为，“以民为本、立法为民”的立法思想还应表现在对关乎民众权利（人权）的民生法制建设情况。为此，在法律内容指标之中专门设置了“人权保障立法指标”，[①] 对应于表 7－2 中的“人权保障法律制度是否完备、充分”。

表 7－2 立法科学评估的指标

涵义解析	一级指标（指标类型）	二级指标	可测内容
科学的立法 + 科学地立法	价值指标	现有法律是否反映人民意志和根本利益；现有法律是否反映公平、正义等价值追求	经济社会重大问题都有成文法；法律法规符合人道主义和人权保障原则
	形式指标	新法制定、旧法清理是否符合法定程序，具有程序正当性；立法中的民众参与和民主性；立法效率如何；是否有立法成本效益分析制度	法律供给能够满足需求 立法权的划分 程序化规范化程度 立法周期
	内容指标	现有法律是否反映国情、社情、民情 现有法规体系是否科学、合理 人权保障法律制度是否完备、充分	法规是否违宪 相关法律法规之间的协调性 主要制度设计是否科学、合理

（三）法治政府的评价维度和指标体系

在世界银行、世界正义工程以及我国各地的法治评估中，政府效能、控制腐败、负责的政府、政府问责、有限政府、负责任的政府、依法行政都是重要指标。我国作为法治成长阶段的国家，依法治国的关键是依法行政，法治改革的关键是政府改革和法治政府建设。早在十几年前，我国便在国务院

① 这里的“人权保障立法指标”与维度七的“保障人权”维度下的指标并无交叉、重复。这一点，在后面的“人权保障”维度部分，已由脚注形式作出简要说明。

层面开始了依法行政、法治政府建设[①]，并在之后开展了地方法治政府指标评估实践。

应当从哪些方面评估法治政府的建设成效？限权控权、放权抑或追求行政管理科学化？法治化与科学化是当前行政管理的两大主题。但是，我国与西方法治政府建设的路径及进程迥异。在中国特色社会主义法治政府的语境下，一方面是限制政府权力，避免政府管得太多，给政府审批权下放、政府服务水平等设计指标予以评估，一方面是对权力滥用的管控性指标。这两方面的指标存在张力，如何兼容应予以解决。因此，应以依法行政的考察为主，设置权力限制指标[②]。但除此之外，政府权力下放等彰显服务型政府的指标，以及法治决策科学化等指标也应一并涵盖。由此，形成一个包括依法行政、权力下放和行政管理科学化三个方面的指标框架体系（见表 7 - 3）。

表 7 - 3　法治政府指标[*]

涵义解析	一级指标（指标类型）	二级指标	可测内容
依法定职权行事	依法履职指标	政府行为合法性	行政立法的合法性；行政决策的合法性、民主性；行政执法的合法性（严格规范公正文明执法）
		权力控制指标	行政监督；政府信息公开；政府廉洁度；行政救济
行政程序合法 行政服务 行政决策科学	政府放权指标	高效政府	电子政府建设状况；政府便民的充分性、便捷性
		服务型政府	最多跑一次与放管服改革
	行政管理 科学化指标	行政决策科学化	行政决策失误率、重大行政错误决策事件
		行政问责	行政问责机制、纠错机制

[*] 该指标体系是从理论的角度归纳的应然层面概略性法治政府衡量指标，在实然层面，目前浙江省的法治政府建设评估按《浙江省人民政府关于印发浙江省法治政府建设实施标准的通知》（浙政发〔2013〕50 号）实施，其具体指标更为细化。

① 国务院在 2004 年 3 月专门出台了《全面推进依法行政实施纲要》，提出用十年时间基本建成法治政府目标。2008 年 5 月，国务院又颁布了《关于加强市县政府依法行政的决定》，进一步要求在基层深入贯彻、落实法治政府建设目标。

② 依法行政作为重头戏，可围绕行政职能转变，考察行政立法、行政决策、行政执法的合法性，以及行政服务、行政救济、行政监督的成效，既考察结果，又设置行为的过程考察指标。

（四）公正司法的评价维度和指标体系

如何评判司法的公正性？近年来，国内出现的司法审判质效评估、司法透明指数评估、司法文明指数评估等，都是对司法公正性权威性的衡量。从国家法治的总体框架来观察，这些司法专项评估虽重点突出但不够全面、完备，十八届三中全会和四中全会将司法体制和司法运行机制并举，[①] 为司法评估提供了思路，可作为评估的一体两翼。其次，在评估指标的类型上，既有评估侧重于司法体制的评估，是一种体制性的评估进路，少有对于司法审判的正义性评估。

在法治中国评估体系下，就可以以价值性评估进路为思路来设计司法指标，重点设计司法结果性指标，辅之以过程指标。其中，司法体制主要涉及司法机关的设置、职能、地位、人员及内外部关系等宏观结构，司法运行机制则包括司法运行规则、具体程序、制度等微观技术，涉及依法审判、法官的中立性、证据、法律解释等相关司法问题。

表 7－4 公正司法指标

涵义解析	一级指标（指标类型）	二级指标	可测内容
民众感受到司法的正义	司法审判结果指标	审判结果的正义分配	一审上诉率、错案冤案比率、错案冤案纠错状况
司法机构设置合理 司法审判过程合法 司法主体依法定职权实施司法行为	司法制度建设指标	司法机关对内对外关系	法院、检察院、公安机关办理刑事案件的关系等；司法公开情况等
	司法审判过程指标	庭审	审判程序合法性、审判独立性、法律适用情况、社会（舆论）对审判的影响、证据的使用
		法官	法官法治素养、法官裁量权、法官中立性

① 2008 年党的十七大以来我国司法改革取得的成就主要限于运行机制层面，而在党的十八大以后，以十八届三中和四中全会通过的改革决定为标志，开启了司法改革两个层面齐头并进、深入发展的新局面。参见陈光中、魏晓娜《论我国司法体制的现代化改革》，《中国法学》2015 年第 1 期。

（五）全民守法的评价维度和指标体系

“法治更应该成为一种生活方式”。全民守法是尊法尚法的问题，也是法治信仰和法治文化问题。守法问题是我国法治建设的短板，需要我们从文化的高度来加以认识，将“按规则办事”培育成为国人生活的一种内生的源泉动力。从这个角度来说，全民守法的现状急需作出客观评估，以便给出未来努力的方向。

全民守法的评估可以对各类社会主体知法懂法、尊法守法做结果性评估，也可以对法治建设部门开展全民守法普法教育的情况进行评估，此外，还应包括第三个方面，即法治文化建设。中央关于推进法治中国建设的战略规划和具体部署，都彰显着先进的法治理念和法治精神，这些法治理念和法治精神需要在全民中达成一致，凝聚共识，形成对中国法治建设的社会认同。[①] 因此，法律在普通民众心中的地位、民众对法律的认知度、民众运用法治思维和法治方式展开生产生活的问题等内容，也须纳入评估指标体系中。

表 7－5　全民守法指标体系

涵义解析	一级指标（指标类型）	二级指标	可测内容
民众对法律的尊崇 民众违法（守法）情况	结果指标	民众守法	违法犯罪率；民众违法犯罪中的不知法犯罪；知法犯法
	制度指标	法治 宣传教育	开展全民守法教育宣传的工作机制；全民对法律的认知度等（详见第六章相关部分）
法治社会建设	结果指标	法治文化建设	法律在普通民众心中的地位；民众对法律的认知度；民众运用法治思维和法治方式展开生产生活的问题；守法环境建设

① 龚廷泰：《法治文化的认同：概念、意义、机理与路径》，《法制与社会发展》2014 年第 4 期。

三 高水平建设法治浙江的标准体系

标准和指标是两个不同的概念。指标是对评估目标的细化，表明了评估的对象，标准则是给指标划定一个评判依据和基准，是对不同的法治水平给出准确区分和界定，是指标特征等级的尺度。评估标准设置的科学、合理，能够使评估客观、真实地反映法治建设的效果和收益，给未来的法治发展和改革提供决策依据，将法治带向新高度；反之，标准设置不合理，则会对指标的水平给出错误的评判，评价结果无法反映真实面貌，这将导致法治决策失误。如果说指标决定着评估的效度，标准则更大程度上直接影响评估的信度高低。

在评估实践中，人们常常将指标和标准混同，出现重指标轻标准的情况，甚至将指标涵盖标准，直接将标准问题略过，这是非常不严谨的表现。要解决法治浙江评估中的标准问题，应先了解几种标准类型，在此基础上选择适当的标准。

（一）离散标准与连续标准

从既有评估实践来看，标准的设置也如评估指标的多样化一样呈现出多种形态，可以区分为离散型标准和连续型标准。在世界银行以及一些国际性的评估项目中，出于评估客观性、易计分的考虑，运用离散型的形式设置标准比较常见。如最常见的是 0 和 1 二分法或者四分法、五分法等类似的方法设置标准，1 代表最高分（即指标表现最好），0 代表最低分（指标表现最差）。这种标准设置的方法不需要对每项指标给予定义，因为人们对于什么是最令人满意、最完美的法治情况（得分 1 的情况）和最令人失望、目标几乎没有实现或者某项法治实践没有很好的开展（得分 0 的情况）心知肚明。这种方法简便、易操作，但其误差也是显而易见的。因为，多数情况下，法治都不是完全没有建立起来的零分状态，也基本不可能达致理想中的满分状态，而是处于 0 和 1 的中间状态。这样的二分法标准无法评测出这种中间状态具体是在哪一个水平上，是 0.2 还是 0.7，因此存在很大的弊端。在国内的法治评估体系中，大多采用了 0 ~ 100 分的百分制这种连续形式作为法治水平的等级区分。这相对于前述的离散形式有了更大的表达法治水平的空间，评判的精准度提高了。

（二）主观标准与客观标准

评估标准的设置涉及指标的等级划分问题，这是个量化问题，是法治评估量化困境破解的一个重要方面。目前，国际上法治评估的标准设置有两种模式可供参考。一种是世界银行、世界正义工程为代表的，在结构化调查问卷的“民众法治满意度”评估中运用的李克特量表式标准。这种标准通常在“非常满意”和“非常不满意”之间设置3、5或7级标准，以区分指标的不同表现水平。在客观性指标中，也可以设置这种类型的标准。实践中，以3级或5级标准较为常见。这种模式下的指标标准是绝对的，往往以100分或者10分为满分，标准是在0到满分之间取值的依据。另外一种是联合国电子政府发展指数为代表的指数化评估中的标准设置模式。其指标和指数是设置在一起的，如总指数等于基础电信指数、人力资本指数和在线服务指数的加权平均值。每个分指数又各有其细分指数。每个指数都是通过客观性数据来反映一个指标的表现水平，并不需要单独设置标准。但是，这并不意味着这一评估没有标准，而是将标准内隐于指数之中。这里的标准是相对标准，是通过Z值的标准分转换，将客观的原始数据转化为一个反映各评估客体指标高低状况的相对值，比如，2012年我国电子政府发展指数得分为0.5359。之所以评估分值是个小于1的小数，其原因就在于这是一个相对性的标准，以1为最高标准的评估。这两种模式相比较，第一种模式设置标准的主观性更强，难免存在主观误差。第二种则将标准通过客观性的数据和指标隐形化，从而降低了误差幅度。

（三）理想标准与现实标准

我国法治评估的兴起始于对西方国家法治评估的引介、借鉴和效仿，但是需要明白，方法可通约但法治标准具有不可通约性，简单用当代英美的法治标准来评价中国法治，就会出现解读标准适用错误的问题。这是一种西方中心主义的法治标准倾向，应当严防。此外，我国法治评估的标准设置还存在一种理想主义倾向，许多评估以立法、执法、司法等具体环节为评测领域，以完全理想化的法治理念作为衡量标尺，可以说是一种“法治理想主义”下的绝对标准、抽象标准。这种法治评估忽略了对法治的背景因素（制约因素）和成长环境的考量，折射出的是一种发展中国家对法治急于求成的社会心理，看不到法治与社会历史的联系，看不到不同社会经济发展水平和发展阶段对法治的制约。出于对这一现况的忧虑，实践中出现了关注“法治成长”和法治与社会经济因素相关性的现实主义法治标准（典型例子是法治国情指数）。这是一种更务实的本土法治标准。

（四）全球标准和中国标准

法治标准的设定涉及人们对法治概念、内涵及其价值目标的理解，尤其是评估主体对于各法治指标的标准有正确的理解且这种理解在所有评估主体那里取得高度一致和认知统一。否则，不同评估者对同一指标的评价理由将无法统一，评估的再测信度和评估者信度势必大受影响。设置法治中国的评估标准，其可以参考的信息主要来自三种渠道。一种是关于法治的域外理念，这多是对西方法治国家的经验概括，对包括我国在内的发展中国家的法治进步有重要借鉴意义，但是，法治是长期历史发展的结果，直接搬用西方法治标准，将出现水土不服现象，在具体操作方面也会与我国现行法治理念互不相容。第二种渠道是来自国内外法学界对中国法治的历史考察、社会观察和理论阐释，这将为实践提供理论指导，但不同专家的理论有各自的分析逻辑和预设框架，孰对孰错难以评价，如何取舍无客观依据。现有法治评估实践中，不同科研机构、不同学者主导各自为政，理论基础及操作方案都各有一套，其统一几乎不可能也无必要。这种情况下，若要以专家意见形成法治中国的评估标准，主观性也较大。第三种渠道是来自中央有关法治中国的总体理念和具体部署。以十八大报告和三中全会、四中全会和十九大报告为核心，为如何评判当下中国法治状况提供了中国化的标准，这一统领最适合国家层面的法治评估，需要认真消化、领会法治中国建设的精神、内容，形成中国的法治标准。

（五）法治标准与科学标准

如果说前四种类型的标准是评估学意义上的标准类型，则法治标准和科学标准是从法治角度进行的分类。在法治的若干维度中，立法科学中的“科学”给出了立法质量评估的基本规范，这是给出了立法的科学评估立场。其余指标中的“依法”“公正”“守法”“保障（权利）”等表述是给出了评估的法治标准。法治评估须在法治和评估的双轨道上，坚持法治和科学的双重标准。也即，一方面在法治框架内审视法治从立法到执法、司法、守法各方面的制度建设和法治运行结果状况，另一方面从法的外部即整个社会、民众角度审视各环节的科学性、高效性问题。这是国家治理现代化体系下对法治实践与研究的内在要求。

上述几种标准类型中，注重中国本土元素、考虑中国法治发展时代性阶段性的现实主义法治标准更符合我国法治发展需要，是较为合理的、更具现实意义的。

四　高水平建设法治浙江的数据体系

进入大数据时代，“数据－信息－知识”的决策逻辑更为明显，基于大数据的科学分析成为显学，充分体现出“让数据说了算”的大数据思维。但与过去的小数据时代有所不同，在大数据时代，数据与信息、知识的逻辑演进关系中的工作重心发生了巨变，数据的获取不再是重点，人们不仅能够轻松捕捉数据，甚至出现数据过剩。从“数据”到“知识”的演进重点为数据的清洗、数据价值的挖掘，是小数据时代数据统计分析的高阶和精进。数据作为信息和知识的基础将更大程度地发挥基础性作用。

通过大数据在法治评估中的应用，有助于推动法治评估理念的转变和方法创新，实现对各层级、各领域法治运行的动态监测，进行法治多要素多面向多视角分析评价，引导法治评估从静态蓝图式方案评估转向系统性评估，并强调法治规划的贯彻实效①、民生民主人本法治和通向善治的法治评估导向（见图7－1）。

传统的法治评估，往往遵循法治的概念化、指标的界定、数据的收集与

① 参见康兰平《法治评估理论的跃升空间：实效法治观与我国法治评估实践机制研究》，《法制与社会发展》2017年第4期。

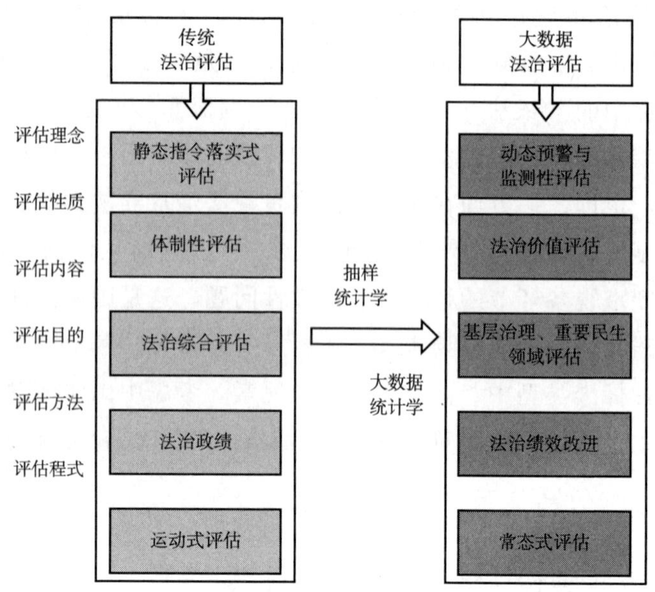

图 7－1 传统法治评估方式与大数据法治评估新理念

计算等逻辑环节，是一个从指标到数据的过程，设计好评估指标是第一步，然后围绕指标去收集数据信息。这也就是说，当指标体系构建好了，才进入数据思维，是从“应当测”到“可以测”的过程。

大数据作为一种数据思维和一种解决问题的方案，其评估思路完全翻转，是以数据为起点，先看可以获取哪些数据，然后由数据确定评估的主题以及具体可用的评估方法，这是一个从“可以测”到“应当测”的过程。不可测的事项、不可得的数据，不在考虑之内。最佳的评估实践是做到“应当测”与“可以测”相统一，但现实中两者很难完全契合。事实上，过往对法治评估乃至一切评估的批评都包括“应当测”与“可以测”的冲突问题。二者冲突反映出评估的科学主义立场和价值立场（尤其是法治评估的法治价值立场）。就法治评估而言，肯定不能不考虑评估的科学性问题，量化评估必须经得起客观性、信度效度等科学性检验。但法治评估比其他项目评估稍显特殊，价值色彩更浓厚，因为法治本身就是个有价值倾向的概念和命题，完全陷入科学主义的技术泥沼，会失去法治评估的原本意义和功能设定。大数据可以改善这一两难问题。过去的评估指标，多是主观方法建构而成的。大数据背景下，法治指标是从数据分析、整合、清理中自动生成的，是个客观过程。

大数据与传统评估逻辑起点的不同，以及指标形成方式的差别，使得法治评估的流程大不同（见图7－2），评估过程中的侧重点和关键也存在明显差异。在传统法治评估中，评估指标体系的构建是决定成败的关键；大数据评估因为以现存的公开数据为起点，其评估重点是给出可操作性强的数据清单（这类似于传统评估中的指标体系，但性质截然不同），这个数据清单完全是可测的，是数据围成的指标数据体系。此外，庞杂数据的清理与化约，以及数据的挖掘是核心。传统法治评估往往面临数据缺失的瓶颈，大数据评估则需要规避的是大数据中真正有价值的信息是什么的质疑。

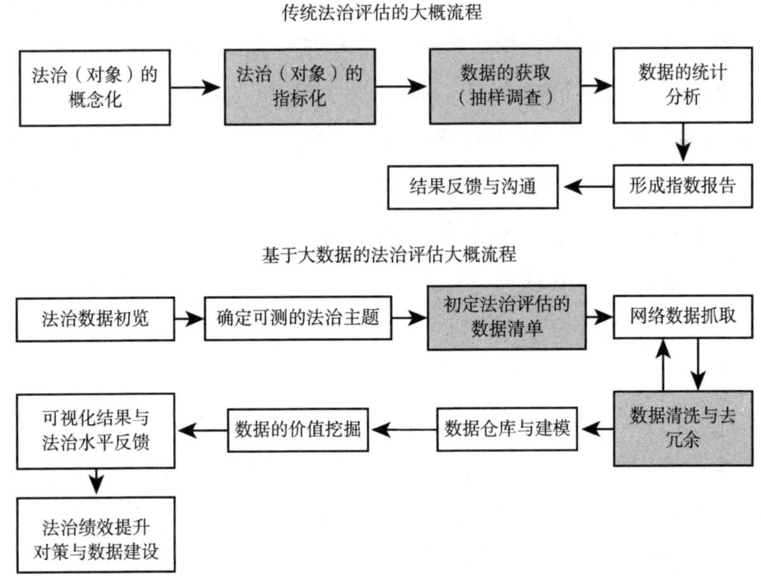

图7－2　传统法治评估与大数据法治评估的流程思路对比

第四节　高水平建设法治浙江评估体系的基础与机制建设

法治浙江评估的深入推进与规范发展不仅仅依赖方法的完善优化，更面临一些深层次的矛盾急需破解，这些矛盾制约着法治浙江的精进。法治浙江的建设步伐已经伴随着浙江的“两个高水平”建设目标而加快，法治浙江的创新举措也已进入新时代，法治浙江的评估也必须调整方向、明确重点、规范操作，及时回应、反馈、描述、解释法治浙江的进展动态，唯此才能最大限度发挥法治浙江评估的功效。浙江法治评估的下一步发展重点是夯实基础，为提升法治评估实效提供基础性保障。

一 数据思维与数据基础

尽管数据是个方法问题，但数据的改进不仅仅是提高指标和问卷等方法提升的技术本身，更在于对数据持何种态度，如何理解法治评估中的数据，也即是否具备数据思维。对比法治评估和政府绩效评估、管理绩效评估，就会发现，法学家主导和社会学、管理学（包括公共管理和企业管理）、经济学主导的评估项目在数据的采集和后期处理方法上，统计方法和社会学社会调研思路和方法截然不同。即便同样是法治评估，在由统计学、社会学专家参与（实质上的参与而不只是挂名）的评估项目中，往往采用跨学科合作、由专业调查公司和社调中心参与评估，在数据源的甄选、原始数据的采集方法和数据的标准化处理、运算及数据分析阶段，总体优于没有实施跨学科合作、由传统法学家主导的评估。所以，只从表面去增加数据量、优化问卷，小修小改，无济于事，显著的、整体的数据质量提升，必须依靠跨学科，真正吸纳法学之外的社会科学方法论。既然“法治评估”这个合成概念本身就至少涉及法学和评估学两个学科，那么，缺少评估学在场的法治评估，方法优化的动力和实力都严重不足。过去十年，法治评估处于初步发展、探索试验阶段，其方法的粗陋、数据的表浅尚能让人接受，但是在走过十年，步入转型期、深化期，倘若不能培育数据思维，则会严重阻碍法治评估的推进。

何为数据思维？是一种一切基于数据，一切结论源于数据，有数据有真相无数据无真相的数据证据思维，是一种科学思维。按照前述的“可测性”与“应当测”的关系来区分，数据思维属于“可测性优先于应当测”的思维。从法学的多属性角度来看，是一种坚持法的科学性、客观性优先于价值性、主观性的思维。遗憾的是，目前的大部分法治评估作业对于数据、统计、抽样、大数据评估均缺乏系统的知识和专业的认知，这是造成法治评估相较于其他社会评估项目而言公信力不高的一个重要原因。比如，在法治评估的众多实践中，问卷调查数据采集方法的实施过程中，普遍不是采用随机抽样而是随意的街头拦截；多数对原始数据没有进行标准化处理而直接进入运算环节；关于指标权重的赋分方法，最常见的是美其名曰“德尔菲法”实则“拍脑袋”的做法，鲜有用到绩效学中的层次分析法。大数据、人工智能、数字治理时代已经到来，尽管才刚刚到来，关于大数据的探索才刚刚开始，但是，相比于法院的人工智能辅助判案系统等大数据法务产品的开发面世，在大数据法治评估、大数据对法治评估的影响方面的研究与探索还没有引起太多人的关注。显然，这是一个很重要的时代课题。如果大数据的方法能够解决数据短缺残缺的短板，能够破解数据失真的难题，可以在很大程度上用抓取到的文本数据、业务数据反映法治运行状态，那么对过去的民众法治满意度调查来说，就是一个很好的替代。过去，人们往往因为法治评估的不可回溯性、不可检验性而予以责难，但若借助大数据的方法优势，则长期以来困扰法治评估实践者的“客观性难题”恐怕有望得以破解。大数据也好，小数据也罢，都不仅仅是个方法（论）问题，首先也是最重要的思维问题，大数据思维可以适时引入到现有的法治评估实践中，弥补数据短板。

数据的问题固然与评估机构的数据思维、对数据科学的专业理解有关，但结合前述对于法治评估权力配置的专门分析，也可以断定，我国现有法治评估的“数据之殇”还与评估模式有关，是围绕数据权展开的评估权分配问题。所以，前面对此予以长篇幅的阐述，也是为了说明，法治评估的主要问题还是在于评估体制，解决原始数据的所有者与数据的使用者之间的关系问题。浙江近年来推动的“最多跑一次”改革、政务信息平台建设，综合网格化治理、基层治理四个平台建设，有效地推动了数据共享与流动，一定程度上解决了数据孤岛、数据割裂、数据垄断问题，也一定程度上解决了评估各方因为数据产生的不信任、评估不科学的弊病，有助于推动法治评估的数据精进。看来，法治评估有望伴随着浙江的数字型政府建设和数字治理新时代迈向自己的新阶段。当下的法治评估也理应及时跟上时代脚步，趁势发展。

二　建立健全法治浙江建设的评估权体系

在一个完整的法治评估链条中，会涉及评估的决策者、组织者、参与者、实施者、需求者等多个不同主体，各主体之间的互动及其在法治评估中发挥的作用，围合成了整个法治评估权力体系。

首先是评估的决策权。在政府内部考核式评估、委托式第三方评估两种评估模式中，评估的决策权往往在法治建设的牵头部门或者督查部门，他们或者自行制定书面的具有行政效力的法治评估管理规定或实施办法，或者由相关部门牵头自行开展评估活动，或者委托外部机构（往往是大学或科研院所）施行第三方评估，但不管选择何种评估模式，法治评估的话语权和决策权往往掌握在特定的政府部门和被委托机构手中。在完全市场化的第三方独立评估中，往往是市场机构比如零点调查公司等商业机构或非营利性组织，它们认为对某国某地区特定时段的法治建设领域进行评估具有市场价值或时代意义，由此自己制定、实施法治评估项目。这种情况的法治评估模式中，评估权比较简单，评估的决策权、组织权和实施权等所有权力都集中在专业的评估机构自身。因此，关于法治评估权的配置主要涉及的是前两种情况，也是目前我国法治评估最常见的两种模式，可以概括为体制内评估和体制外评估并存的格局。

这里继续区分体制内的考核式评估和体制外的委托式第三方评估。对于前者，评估权主要是在不同层级的部门之间进行权力分配，决策权在上，具体实施权、执行权在下级单位，因为上级布置考核任务给下级部门，行使对下级部门的考核权，但接受评估的下级单位却掌握着评估的必需要素——评估数据。所以，有时候下级单位也并不必然处于评估劣势（觉得完全由上级部门说了算），会在提供数据、上报考核资料方面有自身的考虑。这种考虑往往基于自身部门的小利益优先原则，甚至出现上报利好数据、隐瞒一些不好数据，“不能数据不好看”的固有理念、传统的行政惯性思维可能占据上风，影响最终的考核结果。这种情况下，法治评估的最终成败就在于上下级单位之间，具体表现为评估的决策权和实施权的博弈。所以说，在体制内的考核式评估模式中，“上报数据”的权力行使是否规范，如何规范，衍生出评估的监督权问题。

在政府委托外部机构展开第三方评估的模式中，委托方作为购买服务的一方，往往并不置身事外，坐享其成，而是间接“参与”法治评估各环节中，对评估的总体方案进行把关。在我国，这类委托式第三方评估模式在很长一段时间内将常态化存在。因为，在我国，目前对法治评估有着最大需求的不是市场，而是普通民众和政府，政府在迈向现代化治理体系的进程中，急需绩效导向或以评估为抓手。这是“科层法治”、垂直管理不可或缺的重要管理工具。因此，我国当下的法治评估，无论是实践还是理论研究，应该着力于此类评估模式的深化研究和规范推进，重点突破此类评估的实践难题。而突破的重点就在委托方和代理方关于评估权的分配，在于厘清委托方和代理方的评估权限。

有人认为应当将评估权完全配置给专业的第三方，委托方不需要任何评估权。但是，第三方机构的专业性主要体现在对法治理念与理论的中立性、对评估方法的熟练运用，但在两个方面，第三方评估机构往往存在劣势，需要依赖委托方。一是在获取一线业务数据、工作绩效方面，往往需要委托方提供便利条件或直接提供数据；二是在把握“政府工作要求”方面往往并不非常擅长，在了解体制内的工作方式与运行规律方面往往更是外行，需要作为“局内人”的委托方给出建议。基于评估机构在这两方面的劣势，将评估权完全配置给第三方评估机构的设想过于理想化而不易操作。

三　建立共商与权力分享机制

欲解决法治评估中数据权割裂的问题，需要能够融通法治评估的不同主体，包括前文提到的理论界与实务界、决策方与组织实施方、民众与专家、上下级部门间。既然法治评估不仅跨学科，实践中还跨越多个部门，多个机构，中国的评估需要以共建共评的思路，建立一种协商、对话、沟通交流、协调的工作机制，来促进多方主体的交流互动，消除分歧，达致一致，以此提升法治评估应用价值的最大化。具体内容包括法治评估实践者与研究者的互通合作、民众实质性参与法治评估的机会赋予和能力提升等。

法治浙江指标标准体系的优化与深化，是全面践行“八八战略”、高水平建设法治浙江的题中之义，也是增强浙江法治软实力的切入点之一。与此同时，也必须正确认识法治浙江指标化评估的作用及其局限性，必须意识到，对法治的评估可以起到助推法治建设的工具性作用，但同时也应清醒地认识到，其作用是有限的。这种有限主要来自评估自身的局限性，有待我们严格控制评估误差在允许范围内，不断完善优化指标设计、评估方法，创新评估机制，在总结前期评估实践的基础上，深化法治浙江评估的实践，强化应用，切实贯彻落实党中央提出的“建立科学的法治建设考核指标和标准”的总体部署，从国家治理的高度加快法治浙江评估的转型。

主要参考文献

1.《习近平谈治国理政》（第一卷），外文出版社，2018。

2.《习近平谈治国理政》（第二卷），外文出版社，2017。

3.《十八大以来重要文献选编》（上），中央文献出版社，2014。

4. 习近平：《干在实处，走在前列——推进浙江新发展的思考与实践》，中共中央党校出版社，2006。

5. 习近平：《之江新语》，浙江人民出版社，2007。

6. 中央宣传部：《习近平新时代中国特色社会主义思想学习纲要》，学习出版社、人民出版社，2019。

7. 车俊主编《透过浙江看中国的社会治理》，外文出版社，2019。

8. 全国干部培训教材编审指导委员会组织编写《建设社会主义法治国家》，人民出版社、党建读物出版社，2019。

9. 张文显主编《法理学》（第四版），高等教育出版社，2011。

10. 田幸主编《当代中国的司法体制改革》，法律出版社，2017。

11. 李林、田禾主编《中国法治发展报告（2018）》，社会科学文献出版社，2018。

12. 江必新：《法治社会的制度逻辑与理性建构》，中国法制出版社，2014。

13. 王宗礼：《四个全面战略布局之全民推进依法治国》，人民出版社，2017。

14. 龚廷泰主编《当代中国的法治社会建设》，法律出版社，2017。

15. 孙笑侠等：《先行法治化：法治浙江30年回顾与未来展望》，浙江大学出版社，2009。

16. 冯玉军：《全面依法治国新征程》，中国人民大学出版社，2017。

17. 公丕祥主编《全面依法治国》，江苏人民出版社，2015。

18. 江必新编著《全面推进依法治国战略研究》，人民法院出版社、商务印书馆，2017。

19. 沈建明、陈柳裕等：《民主法治看浙江》，浙江人民出版社，2008。

20. 胡虎林、陈柳裕等：《法治浙江干部读本》，浙江人民出版社，2006。

21. 《全面深化法治浙江建设读本》，浙江工商大学出版社，2016。

22. 张文显：《法治与国家治理现代化》，《中国法学》2014 年第 4 期。

23. 张文显：《论中国特色社会主义法治道路》，《中国法学》2009 年第6 期。

24. 胡明：《用中国特色社会主义法治理论引领法治体系建设》，《中国法学》2018 年第 3 期。

25. 教育部习近平新时代中国特色社会主义思想研究中心：《法治政府建设在改革开放中稳步推进》，《人民日报》2018 年 7 月 25 日（执笔：马怀德）。

后　记

本书是浙江省社会科学院重大科研项目“六个浙江”系列研究的成果之一。习近平总书记在浙江工作期间，中共浙江省委十一届十次全会审议通过了《中共浙江省委关于建设法治浙江的决定》，开启了法治中国建设在省域层面的实践探索，开创了浙江法治建设的新格局。此后，历届浙江省委沿着习近平同志开创的法治浙江道路砥砺前行，一任接着一任干，续写了法治浙江建设新的篇章。法治浙江建设与全面依法治国一脉相承，理念契合，党的十八大以来，在习近平新时代中国特色社会主义思想和全面依法治国新理念新思想新战略指引下，浙江省委提出了建设更高水平的法治浙江的目标。更高水平的法治浙江，就是要在新的历史方位中，在推进“八八战略”再深化、改革开放再出发的总体布局下，为浙江谱写“两个高水平”建设的华美篇章提供坚实的法治力量，让法治真正成为浙江核心竞争力的重要组成部分。

在这样的背景下，我们以《全面依法治国　建设法治浙江》为题，在推进国家治理体系和治理能力现代化和全面依法治国的视野下，就如何“提升各领域法治化水平上更进一步、更快一步，努力建设法治浙江”展开研究和探讨，从学理上为建设更高水平的法治浙江建言献策。

本书写作分工如下：第一章：孟欣然　唐明良；第二章：孟欣然；第三章：罗利丹；第四章：唐明良；第五章：弋浩婕；第六章：王　坤；第七章：王朝霞。全书由唐明良修改、统稿。另外，徐振晓、胡若溟同志对书稿写作和论证进行了资料准备等协助工作。

衷心感谢车俊书记及中共浙江省委对“六个浙江”研究丛书的大力支持！感谢中共浙江省委办公厅、省委宣传部等各部门给予的支持！在本书写作过程中，浙江省社会科学院的各位领导给予了充分的关心、指导和支持，特别是院党委书记俞世裕，原院党委书记张伟斌（现任浙江省广播电视局党组书记、局长），副院长陈柳裕、陈野等院领导给本书的写作提供了直接的指导。院科研处处长黄宇对“六个浙江”系列研究做了统筹安排，科研处李东、朴姬福等同志为本书的写作提供了良好的科研保障。感谢社会科学文献出版社人文分社宋月华社长及诸位编辑为本书付出的辛勤劳动！夏利阳、钱天国、田斌君、戴连俊、吴江、杨治、徐立忠、王涛等法治浙江建设理论和实践领域的诸位专家为书稿的提纲和写作内容提供了宝贵的意见和资料。在此，一并致以真诚的谢意。

本书初稿完成于2019年1月。因此，2019年1月以后中央和浙江省委的一些重要文件精神以及此后出台的最新法律法规，在本书中未能完全呈现。同时，鉴于作者团队水平有限，书中必有不少纰漏，敬请读者诸君批评指正。

浙江省社会科学院法治浙江研究课题组

2019年9月

图书在版编目（CIP）数据

全面依法治国　建设法治浙江／唐明良等著．-- 北京：社会科学文献出版社，2020.9
（“六个浙江”研究丛书）
ISBN 978 -7 -5201 -6600 -3

Ⅰ.①全…　Ⅱ.①唐…　Ⅲ.①社会主义法治 - 建设 - 浙江　Ⅳ.①D927.55

中国版本图书馆 CIP 数据核字（2020）第 083859 号

·“六个浙江”研究丛书·
全面依法治国　建设法治浙江

著　　者／唐明良 等

出 版 人／谢寿光
组稿编辑／宋月华
责任编辑／范明礼　杨春花

出　　版／社会科学文献出版社·人文分社（010）59367215
地址：北京市北三环中路甲 29 号院华龙大厦　邮编：100029
网址：www.ssap.com.cn
发　　行／市场营销中心（010）59367081　59367083
印　　装／三河市龙林印务有限公司

规　　格／开　本：787mm × 1092mm　1/16
印　张：16.5　字　数：267 千字
版　　次／2020 年 9 月第 1 版　2020 年 9 月第 1 次印刷
书　　号／ISBN 978 -7 -5201 -6600 -3
定　　价／128.00 元

本书如有印装质量问题，请与读者服务中心（010 -59367028）联系